《论语》重读

张家俊  编著

吉林文史出版社

图书在版编目(CIP)数据

《论语》重读 / 张家俊编著. -- 长春:吉林文史出版社,2021.10
ISBN 978-7-5472-8046-1

Ⅰ. ①论… Ⅱ. ①张… Ⅲ. ①儒家 ②《论语》—译文
Ⅳ. ①B222.2

中国版本图书馆 CIP 数据核字(2021)第 182763 号

《论语》重读

《LUNYU》CHONGDU

编　　著	张家俊
责任编辑	王明智　靳宇婷
封面设计	牛淑娜
出版发行	吉林文史出版社
地　　址	长春市福祉大路 5788 号
印　　刷	河南省环发印务有限公司
开　　本	710mm×1010mm　1/16
印　　张	22.5
字　　数	402 千
版　　次	2021 年 10 月第 1 版
印　　次	2021 年 10 月第 1 次印刷
书　　号	ISBN 978-7-5472-8046-1
定　　价	58.00 元

读《〈论语〉重读》，知孔子，知儒家。

前言

《论语》——这部儒家重要的经典，已经存世两千多年。两千多年来，它一直以罕见、深刻的思想影响着中华民族。

《论语》看似比较容易读，但实际上对其中许多章节、字句的理解一直都存在较大的争议。正如一些资深学者所言，《论语》的难诠之点，两千多年来仍然失解或聚讼纷纭。

《〈论语〉重读》一书，取季羡林主编的《经典诗词重读》书名之意，有"以新方法、新视角来重新读和重点读《论语》"两层意思。笔者本着"依仁从善"的态度，即本着善良的愿望，从思想性、生活性、逻辑性以及古汉语的特点等多角度来研读《论语》，希望能更好地表达出原文的意思。

本书的特点：

1. 对与《论语》常见译文意思差别明显的章节给以双译文，便于读者比较。正文中，"译文"是笔者的翻译，"常见译文"是目前引用较多的译文。

2. 对《论语》译文意思分歧较大的章节给以译证。

3. 用"以论释论"的方法选择译证。即以《论语》中的相关内容作为证据解释译文，使译文、译解不脱离《论语》的时代背景和语言环境，增加译文、译解的可信度。

4. 对每一章节给以译文解释，说明作者对原文的理解、引用证据的根据和理由。

5. 意译为主。尽量用现代语言翻译、解读原文，便于读者理解。

各章体例安排如下：

1.原文：《论语》原文章节。

2.常见译文：与本书译文意思差异明显的其他译文。

3.译文：笔者译文。

4.译证：译文的相关证据。

5.译解：笔者的相关解释。

本书作为一种尝试，笔者以敬畏的心情、新的方法、新的视角来翻译和注解《论语》，为《论语》的传承尽自己的绵薄之力。不过，正如中国近代著名翻译家严复所言"译事三难：信、达、雅"，对于《论语》的翻译更是如此。所以书中出现错误在所难免，在此笔者真诚地希望得到儒学专家和广大儒学文化爱好者的批评指正。

目录

CONTENTS

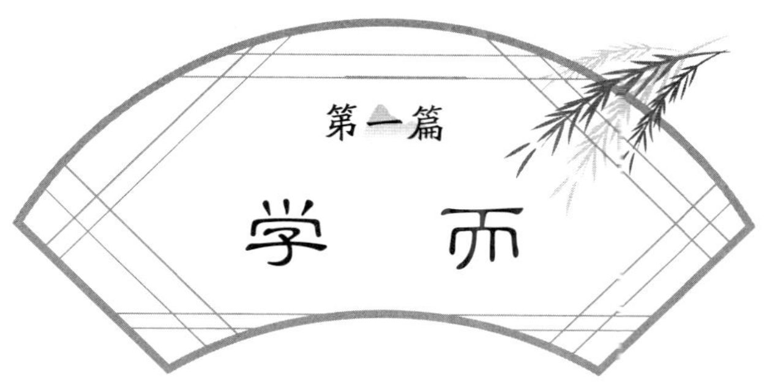

第一篇 学 而

一

原文

子曰："学而时习之，不亦说乎？有朋自远方来，不亦乐乎？人不知而不愠，不亦君子乎？"

常见译文

孔子说："学了知识，按时去温习，不是很愉快的事情吗？朋友们远道而来，不是使人快乐吗？别人不了解自己，自己也不怨恨，这不正是君子吗？"

译文

孔子讲道："同学们，好学是人一生都应当坚持的良好习惯，而学会了运用知识，会给你带来愉悦！此外，志趣相投的朋友远道而来和你相聚，当然是一件值得高兴的事情！还有，如果怀才不遇却能够淡然处之，这正说明你是一个道德修养很好的人！"

译证

1.**《公冶长篇》第二十八章**　子曰："十室之邑，必有忠信如丘者焉，不如丘之好学也。"

2.**《雍也篇》第三章**　哀公问："弟子孰为好学？"孔子对曰："有颜回者好

学，不迁怒，不贰过。不幸短命死矣。今也则亡，未闻好学者也。”

3.《**先进篇**》**第二十六章**　“……居则曰：‘不吾知也！’如或知尔，则何以哉？”

4.《**子路篇**》**第五章**　子曰：“诵《诗》三百，授之以政，不达；使于四方，不能专对。虽多，亦奚以为？”

把《论语》开篇的“学”字这样译的根据是什么呢？根据就是孔子一生对学习的热爱，对好学的推崇，以及对学生要善于学习的要求。（见译证 1、2）总览整部《论语》，有“好学”“学”，以及“有过则改”内容的用语多达近百处。学者陈舜臣认为，《论语》以“学”字打头出现，一定是刻意而为。“学”字不仅仅是一种象征，更是书中的一个关键词。（见《儒教三千年》，陈舜臣著）这种说法是有道理的。

“时习之”，《论语集解》引王肃解释：“时者，学者以时诵习之。”不过，从孔子批评能诵读《诗》三百篇，授之以政，却不“达”，使于四方，不能“专对”的人（见译证 4）来讲，则不合王肃之说。辜鸿铭解“学而时习之”说：“朱子（朱熹）注谓：‘学之为言，效也。’余窃谓，学之义甚广，不当作‘效’字解，使后之为学者只求其当然，而不求其所以然，所谓依样画葫芦者是也。”（见《辜鸿铭讲论语》，辜鸿铭著）辜鸿铭对朱熹注解的意见是合理的。

“人不知”译为“怀才不遇”是根据“居则曰：‘不吾知也！’”（见译证 3）这段话说明了“而不愠”的原因。这反映了孔子及弟子常常遇到的困境——“怀才不遇”。孔子对颜渊说：“用之则行，舍之则藏”，也表达了这个意思，不然只是别人不了解你，你生什么气呢？

“君子”一词，本为当时对贵族士人的称呼，是孔子使其道德化。在《论语》中，“君子”一词使用频繁，多达百余次，如果不译，读者是不容易正确理解的。所以对“君子”一词，本书原则上都根据原文内容给以翻译而不是直接引用，其基本含义参照辜鸿铭的译文，译为“道德高尚、聪明智慧的人”，或简称为“高尚、智慧的人”。因为在孔子眼里，一个真正的君子，就应当具备道德和智慧两方面的优秀品质。

此外，本书把“子曰”译为“孔子讲道”或“孔子说道”，以别于其他人所言，是为了表示对孔子的敬重，这是另类处理，题外之意。

二

原文

有子曰："其为人也孝弟，而好犯上者，鲜矣。不好犯上，而好作乱者，未之有也！君子务本，本立而道生。孝弟也者，其为仁之本与！"

常见译文

有子说："一个人孝敬父母，敬爱兄长，却会犯上，这很少见。不会犯上，却喜欢作乱，这种人绝不会有。君子致力于根本。根本确立了，道义就产生了。而孝敬父母，敬爱兄长，就是做人的根本。"

译文

有子说："一个人孝敬父母，尊重兄长，但喜欢和上级作对，这不多见。而不和上级作对，却爱做危害国家的事情，这绝不可能！所以做人应当从最基本的道德培养起，这样才会有成长的基础。而孝敬父母，尊重兄长，就是做人最基本的道德！"

译解

"务本"常见译文只说"致力于根本"而未作解释，读者不容易理解。这里应当指明是"培养人的基本道德"，也就是"孝敬父母，尊重兄长"。

"仁"同"君子"一词，在《论语》中出现多达百余次，在不同的章句中含义也是不同的，这应该与当时的语言表达习惯和文字记录条件有关。蔡尚思引(清)袁枚《论语解四篇》说："记言者不详载问辞，而统据大义，则曰'问仁''问孝''问政'云尔。"(见《论语导读》，蔡尚思著)所以，"仁"应当根据原文表达的意思给以翻译。否则，译文中"仁"字满天飞，读者不知其准确含义。

三

原文

子曰："巧言令色，鲜矣仁。"

常见译文

孔子说："花言巧语、面目伪善的人，很少有仁善之心。"

译文

孔子讲道："一个人养成了花言巧语、装腔作势的坏习惯，要提高自己的道德修养是很难的。"

译证

1.**《公冶长篇》第二十五章**　子曰："巧言，令色，足恭，左丘明耻之，丘亦耻之……"

2.**《子张篇》第六章**　子夏曰："博学而笃志，切问而近思，仁在其中矣。"

译解

"巧言令色"是一种不好的习惯，所以为孔子和左丘明所不耻，（见译证 1）但是还不能说是坏人。"很少有仁善之心"则近于"坏人"了。

"鲜矣仁"应该理解为"不好的习惯会影响学习，使道德修养不容易提高"。子夏说：学问好，意志坚，善于提问和思考，仁在其中矣。（见译证 2）这两处"仁"表达的应该是一个意思。这样理解原文，则更像是一个老师的训言。

四

原文

曾子曰："吾日三省吾身：为人谋而不忠乎？与朋友交而不信乎？传不习乎？"

常见译文

曾子说："我每天多次反省自己：为人办事尽心尽力了吗？和朋友交往守信了吗？老师传授的学业用心温习了吗？"

译文

曾子说："我经常从三个方面来检查自己：为人做事是否尽心尽力了呢？与

朋友相处是否严守承诺了呢？学的知识是否真的会用了呢？”

“吾日”就有“我每天”“我经常”之意，如果把“吾日三省吾身”译为“我每天多次自问”则给人以神经质的感觉，也不合常情。

“三省吾身”的“身”有多义，这里应该是指“养成的品德和行为习惯”。

“传不习乎”的“习”同前第一章，不是“复习功课”而是“学会了运用知识”。

五

子曰：“道千乘之国，敬事而信，节用而爱人，使民以时。”

常见译文

孔子说：“治理一个能出千辆兵车的大国，对待工作要谨慎专一，守信用，节俭财用，爱护官吏，役使老百姓要在农闲时间。”

译文

孔子讲道：“领导一个不大的国家，制定的政策要符合实际、稳定不变；要节约公共开支，关心爱护下属；派老百姓做义务劳动要不误农时。”

译证

《先进篇》第二十六章　子路率尔而对曰：“千乘之国，摄乎大国之间……”

“千乘之国”在当时不能算大国，（见译证）如果直译不便理解。

“敬事而信”，辜鸿铭认为这里“信”不应该作“信用”讲而应作“有恒”讲，是说制定的政策能够长期执行，而不要朝令夕改。

六

原文

子曰:“弟子入则孝,出则悌,谨而信,泛爱众,而亲仁。行有余力,则以学文。”

译文

孔子讲道:“一个学生,在家孝敬父母,在外尊重兄长,说话谨慎,信守诺言,对人有爱心,多向道德高尚、聪明智慧的人学习。做到了这些,还应当加强文化学习。”

译解

这里可以看出孔子对学生的教育是把培养良好的道德放在首位的。

七

原文

子夏曰:“贤贤易色,事父母,能竭其力,事君,能致其身,与朋友交,言而有信;虽曰未学,吾必谓之学矣。”

常见译文

子夏说:“尊敬有贤德的人,轻视美色。侍奉父母,能尽心尽力。服侍国君,能献出生命。结交朋友,能做到说话守信用。这种人,虽然说没有读过书,我也会说他学习过。”

译文

子夏说:“一个人能够像男子喜欢漂亮的女子一样去向那些比自己优秀的人学习,孝敬父母能够尽心尽力,为君主做事能够忠心耿耿、全力以赴,朋友相交能够信守承诺。即使这个人谦虚地说自己学养不够，我也会说他是个学养很好的人。”

译证

1.《八佾篇》第十九章　孔子对曰：“君使臣以礼，臣事君以忠。”

2.《里仁篇》第十七章　子曰：“见贤思齐焉，见不贤而内自省也。”

3.《里仁篇》第二十六章　子游曰：“事君数，斯辱矣……”

4.《先进篇》第二十四章　子曰：“……所谓大臣者，以道事君，不可则止……”

5.《宪问篇》第十七章　子贡曰：“管仲非仁者与？桓公杀公子纠，不能死，又相之。”子曰：“管仲相桓公，霸诸侯，一匡天下，民到于今受其赐。微管仲，吾其被发左衽矣。岂若匹夫匹妇之为谅也，自经于沟渎而莫之知也！”

译解

这一章两种译文分歧较大。“贤贤”有“见贤思齐”的意思。（见译证 2）对“贤贤易色”，有的译为“尊贤轻色”，有的译为“娶妻子应当重品德不重容貌”，辜鸿铭的译文是：“大丈夫当如欣赏女人之美一样去追求他人身上值得追求的东西。”这主要是对“易色”的理解不同。从整章内容来看，“易色”修辞“贤贤”，“能竭其力”修辞“事父母”，“能致其身”修辞“事君”。“易”字在这里有“异样、不同”的意思，所以把“易色”译为“各种漂亮的女子”。而男子喜爱漂亮的女子是人的本性，没有什么不对之处，《诗经》就有“窈窕淑女，君子好逑”的著名诗句。

“事君，能致其身”，大多数译文为“忠于君主能献出生命”，这和《论语》中多处孔子所讲的事君、做人原则有异，所列译证可以说明这一点。（见译证 1、3、4）孔子所处的时代，天下大乱，诸侯割据。孔子带领弟子周游列国，推行自己的政治主张，其目的是改变社会，拯救苍生，达到治国安天下的目的。要完成这样的政治使命，他只能去辅佐掌握国家政治权力的贵族执政者。然而，孔子选择执政者也是有条件的。本章引用的诸条译证都只能说明“致其身”意在“全身心地投入工作，为君主和国家服务”而不是要“献出生命”。所以，这里应当为“三省吾身”之“身”而非“杀身成仁”之“身”。例如，齐桓公杀了公子纠，管仲作为公子纠的臣子没有殉节而死，却辅相桓公，称霸诸侯。孔子不但没有批评他，反而赞扬他的功绩。（见译证 5）在孔子的时代，还不是“君要臣死，臣不得不死”的皇权高度集中的时代，所以常见译文缺乏一个合理的解释。

八

原文

子曰:“君子不重则不威;学则不固。主忠信,无友不如己者,过则勿惮改。”

常见译文

孔子说:“君子如果举止不庄重,就没有威严;学到的知识也不牢固。要恪守忠诚信用,不要和不如自己的人交朋友,如果有错误,不要怕改正。”

译文

孔子讲道:“一个人缺乏严肃认真的态度,就难以树立起威信。学习上,要避免粗心大意的坏习惯。要养成正直、讲信用的品格。是朋友总会有值得自己学习的优点,发现不如朋友的地方,不要怕改正。”

译证

1.《**述而篇**》**第二十二章**　子曰:“三人行,必有我师焉……”

2.《**颜渊篇**》**第二十四章**　曾子曰:“君子以文会友,以友辅仁。”

3.《**子张篇**》**第三章**　子张曰:“……君子尊贤而容众,嘉善而矜不能。我之大贤与,于人何所不容?我之不贤与,人将拒我,如之何其拒人也?”

译解

“学则不固”中的“固”有“固陋”之意,它和前面的“不重则不威”都是应该避免的不良习惯。

“主忠信”,“忠”不仅仅是忠诚,更重要的是正直。孔子讲“人之生也直”就是这个道理,是秉承正义和道德,信守诺言来做人做事,这是《论语》中“忠”的基本含义。把“忠”理解为一味地服从君主命令,维护君主利益,是以后来的“忠君”思想错解了原文。

“无友不如己者”,常见译文译为“不要和不如自己的人交朋友”。有人从《吕览·先识览·观世》中引周公旦所言:“不如吾者,吾不与处,累我者也;与我齐者,吾不与处,无益我者也。”认为孔子是借用了周公旦这句话;也有的学者看出了其中的问题，把它限定为“不和品德不如自己的人交朋友”。实际生活中，不接触又如何知道别人不如自己呢？那你愿意交的朋友，按照此逻辑别人也会认为你不如人而拒绝你，这岂不是矛盾命题？其实，紧接此句的“过则勿惮改”点明了孔子这句话的用意：那就是学习所有朋友的优点。三条译证可以佐证（见译证1、2、3），常见译文误译了原文。

九

曾子曰：“慎终追远，民德归厚矣。”

常见译文

曾子说：“慎重地对待父母的死亡，虔诚地祭祀祖先，这样会使老百姓道德归于淳厚。”

译文

曾子说：“慎重地对待父母去世，永远记住父母的养育之恩和教导。这样，老百姓的道德就会越来越好。”

译证

1.《泰伯篇》第七章　曾子曰：“……死而后已，不亦远乎？”

2.《颜渊篇》第六章　子张问明。子曰：“……浸润之谮，肤受之愬，不行焉，可谓远也已矣。”

3.《季氏篇》第十三章　陈亢退而喜曰：“……又闻君子之远其子也。”

译解

“追远”译为“祭祀祖先”是源于何晏《论语集解》引孔安国之说：“追远者，祭尽其敬。”不过这里把“追”释为“祭”似不恰当，因为“追”即“追思”，是“追溯往事”之意，有着丰富的内容，而“祭”则是一种态度和礼仪。所以译文没有把“追远”认定是“祭祀祖先”，而是作“追忆父母的养育之恩和教导”解。《论语》中的“远”有多义，可以代指“人的一生”（见译证1），可以指一个人“道德修养境界的高深”(见译证 2),也可以是“保持距离”(见译证 3),等等。而“慎终追远”应该是相关联的意思表达,其核心意义就是“孝”。什么人去世才会让人追思不已、念念不忘呢?当然是自己的父母。孔子说:“三年无改于父之道,可谓孝矣。”就是说“儿子应当守孝三年”,这是对父母去世最大的“慎终”,而“无改于父之道”就是真正的“追远”。在儒家经典《孝经》中,孔子绝大部分讲的是对父母之孝,他在《开宗明义章第一》中说道:“身体发肤,受之父母,不敢毁伤,孝之始也。立身行道,扬名于后世,以显父母,孝之终也。”班固在《汉书·艺文志》中认为《孝经》是孔子对曾子的讲道,而曾子则是有名的大孝子。所以这里曾子所言“追远”应当以“思念父母的恩德和教导”为宜。此外,在《孟子·告子下》中也有:“孔子曰:‘舜其至孝矣,五十而慕。’”(就是说“舜是最孝顺的人,五十岁还眷念着父母”。)至于祖先,应该是子张所言“祭思敬”而不是“追思”(祖先如此多,也无法去追思),也如孔子所言:“敬鬼神而远之。”

十

原文

子禽问于子贡曰:“夫子至于是邦也,必闻其政。求之与?抑与之与?”子贡曰:“夫子温、良、恭、俭、让以得之。夫子之求之也,其诸异乎人之求之与!”

常见译文

子禽问子贡:“老师每到一个国家,总要去打听这个国家的政事。他是自己求来的呢?还是别人主动告诉他的呢?”子贡说:“老师靠对人温和、善良、恭敬、谨慎和谦虚来了解政事,老师获得政事的方法,与别人的方法是不同的。”

译文

子禽问子贡:“老师每到一个国家,都要打听这个国家政府实行的政策。是他自己想知道什么呢?还是别人主动想告诉他什么呢?”子贡说:“老师对人和蔼、真诚、有礼、朴素、谦让,所以他总能了解到他想知道的事情。而他要了解的事情,又总是与其他人不同。”

“其诸异乎人之求之与”，译文认为孔子所要了解的事情与他人不同，而不仅仅是方法不同。“温、良、恭、俭、让”作为方法和态度已经言明，故不必重复。而孔子的政治追求与一般人不同，所以他要了解的事情也会与一般人不同。在《孟子·告子下》中说：“君子之所为，众人固不识也。”可以作为这里的注解。

十一

子曰：“父在，观其志。父没，观其行：三年，无改于父之道，可谓孝矣。”

常见译文

孔子说：“一个人，当他的父亲在世的时候，要观察他的志向，父亲死了，要观察他的行为。若他能多年不改变父亲的道德要求，就可以说他是个孝子。”

译文

孔子讲道：“一个人，其父亲在世的时候，看他能不能听从父亲的教导。其父亲去世后，要看他怎样做：如果能守孝三年，并且按父亲生前的教导去努力，可以说这是一个孝子。”

译证

《阳货篇》第二十一章 子曰：“予之不仁也！子生三年，然后免于父母之怀。夫三年之丧，天下之通丧也……”

译解

“观其志”应该与后面的“无改于父之道”相呼应，所以译文为“听从父亲的教导”。

“三年”应当断句，并且有具体的内容，就是“守孝三年”（见译证）。在中国古代，这是父母去世孝子必须做的事。孔子对宰我“三年之丧，期已久矣”的说法给予了批评。所以，这里应把“守孝三年”作为一个要求。“无改于父之道”应该理解为“不改变父亲的身教和言教”。只有这两点都做到了，才是孔子所言的“孝子”。当然，这里的“父之道”应是以“父父”(父亲是称职的父亲)为前提。

十二

原文

有子曰:“礼之用,和为贵。先王之道,斯为美。小大由之,有所不行;知和而和,不以礼节之,亦不可行也。”

常见译文

有子说:“礼的运用,以和谐、恰当最为可贵。先王过去治理国家,其美善就在于此。他们小事大事都用礼来衡量,使事情做得恰到好处。但是如有行不通的时候,为了求得恰当而一味地调和,不用一定的礼法制度来节制,也是不行的。”

译文

有子说:“作为国家的制度、政策,以及要求人们遵守的行为规范(礼),在制定和实施中做到相互间合理、协调是最重要的。古代圣明的君主在这方面都做得非常完美。让贫穷的人越来越穷,富有的人越来越富,这种状况是不行的;但是无原则地调和,不用好的制度、政策和道德来规范和调节,也是不行的。”

译证

1. **《子路篇》第九章**　冉有曰:“既庶矣,又何加焉?”曰:“富之。”曰:“既富矣,又何加焉?”曰:“教之。”

2. **《季氏篇》第一章**　孔子曰:“……丘也闻有国有家者,不患寡而患不均,不患贫而患不安。”

3. **《尧曰篇》第一章**　周有大赉,善人是富。

译解

“小大由之”是译文差异的重点。有的译为“小者、大者自由发展”,有的译为“小事大事都以礼来衡量”。有子这里所言的“礼”,应该是“国家的政治制度”

而非“礼节”。所以这里的“小”应当理解为“小人”，就是“贫困、卑贱之人”，如老百姓，“大”应当理解为“大人”，就是“高贵、富有之人”，如诸侯、士大夫。“小大由之，有所不行”和孔子所言“不患寡而患不均”有相同的含义，说明“避免社会贫富差距过于悬殊”是孔子以及弟子已有的共识。因为社会财富、贫富差距过大，在任何时代都是国家政权的隐患，所以才必须用“礼”——这一国家政治制度来加以调节。（见译证 1、2、3）所以，这里“有所不行”是对“小大由之”的明确否定（常见译文含糊不清），这才应该是原文意思。这一章反映了儒家“重礼仪（重视国家政治制度）、均贫富（避免贫富差距过于悬殊）、安天下（天下安定和睦）”的仁政观，体现了儒家思想的政治远见。

十三

原文

有子曰：“信近于义，言可复也。恭近于礼，远耻辱也。因不失其亲，亦可宗也。”

常见译文

有子说：“守信合乎礼仪，诺言就应当实践。恭敬合乎礼仪，就能避免耻辱。求援不要超出自己的亲族，才可以受到尊重。”

译文

有子说：“承诺符合道义，应当履行。恭敬符合礼仪，才能避免受到侮辱。需要帮助的时候，应当求助可以信赖的人，这样才有人格尊严。”

译证

《先进篇》第八章　颜渊死，颜路请子之车以为之椁。

译解

一个“亲”字有以上两种解释。从译证可以看出，颜路想让孔子卖掉车来为死去的颜渊买一具外椁。（见译证）颜路、颜渊父子都是孔子的学生而非其亲戚，但是孔子一定是他们可以信赖的人。如果这个“亲”只是“血缘之亲”而非

“亲近、信任之亲”，颜路就不应当去求助孔子。儒家既然有“四海之内皆兄弟”的仁爱思想和宽广胸怀，就不会只限于求助血缘之亲。但是“因不失其亲，亦可宗也”，以常见译文为多，还有的将“因”视为“姻亲”，即“对姻亲应该保持亲近”。这些译文各引其证，各辩其理。不过，本书译文以“依仁从善”的态度（以对《论语》原文意义理解最佳的译文）来取舍，认为“因”是“有困难自己不能解决，需要求人帮助”的意思，“不失其亲”则是“应当去找自己亲近、信得过的人”。

十四

原文

子曰：“君子食无求饱，居无求安，敏于事而慎于言，就有道而正焉。可谓好学也已。”

常见译文

孔子说：“君子饮食不求饱足，居住不求安逸，做事敏捷，说话谨慎，向有道德修养的人学习并匡正自己，这样可以说是好学。”

译文

孔子讲道：“一个读书人不把兴趣放在饮食起居上，能够勤勉于自己的事业，表达意见慎重、成熟，在道德修养上不断地提高自己。可以说他是个有上进心的人。”

译解

“食无求饱，居无求安”的“无求”，是“不应当去追求”而不是“不要吃饱饭，不要住得安逸”。在《论语》中，孔子所言“贫而乐”并不是以贫困为快乐，而是在贫困中仍然能坚守自己的志向，不用不道德的手段去摆脱贫困。不然，孔子言“富与贵，人皆欲之”岂不成了“巧言”？

十五

子贡曰：“贫而无谄，富而无骄。何如？”子曰：“可也。未若贫而乐，富而好

礼者也。”子贡曰：“《诗》云：‘如切如磋，如琢如磨’，其斯之谓与？”子曰：“赐也，始可与言《诗》已矣，告诸往而知来者。”

常见译文

子贡说：“处于贫困中却不谄媚，处于富贵中却不骄傲，怎么样？”孔子说：“当然可以，但是比不上贫困中仍然乐于闻道，富贵中仍然爱好礼节。”子贡说：“《诗经》上说：‘君子的自我修养就应当像加工骨头、象牙、玉石一样，要不断地切磋、琢磨’，是这个意思吧？”孔子说：“赐啊，现在可以和你讨论《诗经》了，告诉你过去的事，你就知道未来的事情。”

译文

子贡说：“虽然贫穷，但不奴颜媚骨。虽然富有，但不骄傲自大。这样做人应该可以了吧？”孔子讲道：“这样当然不错。但是，如果在贫困中仍然保持乐观向上，拥有财富仍然注重礼仪就更好了。”子贡回答：“《诗经》上说：‘如切如磋，如琢如磨’，说的就是像我们这样讨论问题吧？”孔子高兴地说：“赐啊，可以给你讲《诗经》了，给你讲的知识，你知道如何运用了。”

译证

《子路篇》第二十八章　子曰：“切切偲偲，怡怡如也，可谓士矣。朋友切切偲偲，兄弟怡怡。”

译解

“贫而无谄，富而无骄”，这在当时已经是一个警世的成语。而孔子将它改为“贫而乐，富而好礼者也”，使这个成语的意义得到了升华。

“如切如磋，如琢如磨”，是引用《诗经·卫风·淇奥》中的一句：“有匪君子，如切如磋，如琢如磨。”意思是：才华横溢的君子，既善于与友切磋（如切如磋），又善于独立思考（如琢如磨）。子贡认为他和老师孔子是在切磋学问，所以引用了这样一句诗文，而孔子认为子贡引用《诗经》恰如其分，所以表扬了他。孔子说“朋友切切偲偲”就是朋友间相互切磋学问。（见译证）

十六

子曰:“不患人之不己知,患不知人也。”

孔子讲道:“一个人不应当担心别人不了解自己,而应当注意自己对别人缺乏正确的了解。”

“不己知”为“不知己”的倒装句,即“不了解自己”。在孔子看来,别人不了解自己并不重要,重要的是应担心自己对别人缺乏正确的了解,这是儒家的处世智慧。

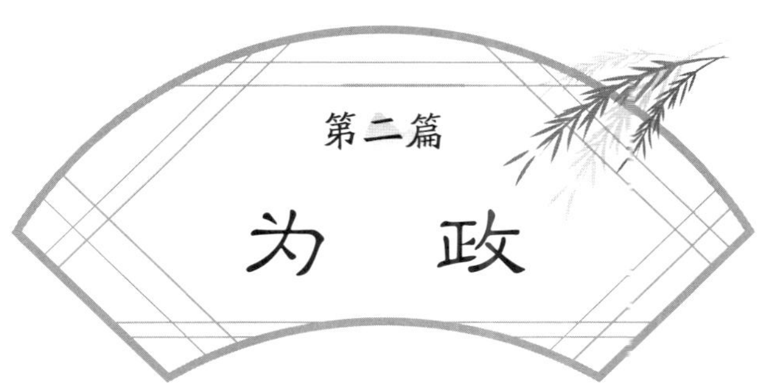

一

子曰:“为政以德。譬如北辰居其所,而众星共之。”

常见译文

孔子说:“君王用道德教化来治理国家,自己就会像处在北极星的位置,群星都会围在他的周围。”

译文

孔子讲道:“统治者成为良好道德情操的表率,人民就会像众星拱卫北斗星一样拥护他的统治。”

译证

1.《**颜渊篇**》**第十七章**　季康子问政于孔子。孔子对曰:“政者,正也。子帅以正,孰敢不正?”

2.《**子路篇**》**第六章**　子曰:“其身正,不令而行;其身不正,虽令不从。”

3.《**子路篇**》**第十三章**　子曰:“苟正其身矣,于从政乎何有?不能正其身,如正人何?”

“为政以德”，如果只是要求人民遵守道德而自己不率先垂范，那么国家是治理不好的。钱穆的译文是：“当政者当以己之德性为本。”（见《论语新解》，钱穆著）所以，为政者自己要有良好的道德情操，这样才会得到人民的拥护。这里引用的三条译证（见译证 1、2、3）都说明了这个道理，当然也包含用德教治理国家。

二

原文

子曰：“《诗》三百，一言以蔽之，曰：‘思无邪。’”

译文

孔子讲道：“《诗经》三百来首诗，可以用一句话来评价：‘表达的思想情感真挚而纯正。’”

译解

这里可以看出孔子对《诗经》的评价。《诗经》既是孔子教学的重要内容，也是孔子培养学生道德情操的重要教材。

三

原文

子曰：“道之以政，齐之以刑，民免而无耻。道之以德，齐之以礼，有耻且格。”

译文

孔子讲道：“用行政命令来指挥，法律法规来惩罚，老百姓可以不违法但缺乏是非观念。用高尚的道德来教育，用良好的礼仪来引导，老百姓不但有是非观念，而且会学习好的道德。”

“有耻且格”的“格”有“学习、遵从”的意思。

四

原文

子曰:“吾十有五而志于学,三十而立,四十而不惑,五十而知天命,六十而耳顺!七十而从心所欲不逾矩。”

常见译文

孔子说:“我十五岁时立志求学,三十岁时已经自立。四十岁不再被诱惑,五十岁参透了天命。六十岁,听一切话都顺耳。七十岁,随心所欲,任意行动都不会违反规矩。”

译文

孔子说道:“我十五岁时开始认真地学习。到三十岁,确立了自己的人生目标。四十岁时,我勤勉于事业,心无旁骛。到了五十岁,我知道了自己所肩负的使命。六十岁,我顺从使命坚定地走下去!到了七十岁,我只做自己感兴趣的事情,不再过问国家政治。”

译证

1.**《八佾篇》第二十四章**　仪封人请见……出曰:“二三子何患于丧乎?天下之无道也久矣,天将以夫子为木铎。”

2.**《子罕篇》第十五章**　子曰:“吾自卫反鲁,然后乐正,《雅》《颂》各得其所。”

译解

“五十而知天命”有的未译“天命”,有的译为“已经参透了真理”。不译不知“天命”的具体含义,“参透了真理”未免口气太大,也不可能,不应是孔子所言。此“天命”应该理解为孔子五十岁已经感悟到了自己的“人生使命”(见译证1)。傅佩荣说:“‘知天命’,即领悟自己负有使命,必须设法去完成。”(见《论语三百讲》,傅佩荣著)这样解释则合理。孔子从五十五岁开始周游列国,游说各国诸侯,传播儒家思想长达十四年,一直到他六十八岁才重回祖国,这正体现了他“知天命”以后的勇敢行为。

“六十而耳顺”的“耳”不应理解为“耳朵”,而是语气词“耳”,在这里有加强语气的作用,可以看作是“六十而顺耳”的倒装,有强调“顺”的意思,表示孔子决心顺从上天的命运安排,不辱使命。《论语》中类似的用法可见于“其行己也恭(其行己恭也)”“君子去仁,恶乎成名?(君子去仁,恶成名乎?)”以及《孟子·告子下》中“君子不亮,恶乎执?(君子不亮,恶执乎?)”,等等,都是倒装句,强调语气。孔子六十岁时,正是被人说成“知其不可为而为之者”的时候,然而他却坚定地按照上天赋予自己的使命去做。所以,“六十岁,听一切话都顺耳”绝不是孔子生活的真实写照,也不是原文意思。杨伯峻说:“耳顺——这两个字很难讲,企图把它讲通的也有很多人,但都觉牵强。”(见《论语译注》,杨伯峻著)而“耳顺”最早源于《论语集解》引郑玄注:“耳闻其言,而知其微旨也。”所以古人所言也未必一定可靠,因为与实际情况不相符。诚如孟子所言:“尽信《书》,不如无《书》。”

“七十而从心所欲不逾矩”,这里的“从心所欲”应当以孔子“从吾所好”之意理解,“矩”则应当理解为“当时的国家政治现状”,“不逾矩”即“不想再去改变国家政治现状”。孔子周游列国长达十四年,所付出的艰辛和得到的结果使他晚年已经没有办法,也不再想去改变“礼崩乐坏的国家政治”,而是只做自己有兴趣的事情,如“乐正”(见译证 2),等等。这才应该是孔子晚年生活的真实写照。

钱穆注解:“此章乃孔子自述其一生学之所至,其与年俱进之阶程有如此。”译文是试译。

五

孟懿子问孝。子曰:“无违。”樊迟御。子告之曰:“孟孙问孝于我,我对曰,无违。”樊迟曰:“何谓也?”子曰:“生,事之以礼。死,葬之以礼,祭之以礼。”

译文

孟懿子问有关孝道的问题。孔子对他讲道:“不要违背礼仪。”樊迟为孔子赶车的时候,孔子对他讲:“孟孙问我孝,我对他说,不要违背礼仪。”樊迟问:“什么意思呢?”孔子说道:“父母在,要按礼仪孝敬父母。父母去世,要按应有的礼仪来安葬父母。每当祭祀父母时,也应按照应有的规矩。”

译解

《论语》中的“礼”有七十余处之多,各处的意思不尽相同。总的来说,有“国家政治、法律法规、社会等级、礼节仪式、道德礼貌”等意思。作为封建等级制度的“礼”,它的要求是:既不能越(僭)礼,也不能失礼。“孝”不但是家族的规矩,也是国家礼仪的要求。所以孔子说“孝敬父母、友爱兄弟就是国家政治”。

原文

孟武伯问孝。子曰:“父母,唯其疾之忧。”

常见译文

孟武伯向孔子请教孝道,孔子说:“对于父母,要把他们的疾病看成最忧心的事情。”

译文

孟武伯向孔子请教孝道,孔子对他讲道:“当你回想起你生病的时候父母着急的样子,就应当知道该怎样对待父母。”

译解

两种译文都成立。“父母,唯其疾之忧”,常见译文译为孩子担忧父母生病,而译文则译为父母担心孩子生病,似乎都不错。但是译文更生动形象,也更符合社会常情。在《论语》中,孝敬父母不仅仅是“唯其疾”,还有“赡养、尊敬、听从教导”等。这里孔子是让人回忆自己生病时父母着急的样子来唤醒对父母恩德所应有的孝心,更显示出孔子循循善诱的教育艺术。辜鸿铭的译文是:“想想当你生病时候,父母是那么心急如焚,那么你就知道应该对他们承担什么样的责任。”

七

原文

子游问孝。子曰:“今之孝者,是谓能养。至于犬马,皆能有养。不敬,何以别乎?”

译文

子游问孝的问题。孔子对他讲道:"现在的人,把能赡养父母的人都称为孝子。而狗和马也有人饲养。如果对父母只是赡养,没有发自内心的尊敬和爱心,那和养狗养马有什么区别呢?"

译解

这里可以看出,孔子所言"孝"是以发自内心的"爱"和"敬"为道德标准的。

八

原文

子夏问孝。子曰:"色难。有事,弟子服其劳。有酒食,先生馔。曾是以为孝乎?"

常见译文

子夏问孝的问题。孔子说:"子女对父母有和颜悦色的表情是最难的。有事,替父母做。有好酒好菜,让长辈享用。难道这就算是孝吗?"

译文

子夏问有关孝的问题。孔子讲道:"做到态度和心思都一致是最难的。替父母做一些生活小事,有好的酒菜给长辈吃。孝难道仅仅是这些吗?"

译解

"色难"常常译为"难在表情、神色"。这里孔子所说的"色"应是"本色"之"色",而非"令色"之"色"。如果只是装出来的表情和悦即成了"令色",就不是孔子推崇的孝道。

九

原文

子曰:"吾与回言,终日不违,如愚。退而省其私,亦足以发,回也不愚。"

孔子讲道："我对颜回讲了一天，他没有提一个问题，好像很笨。但过后仔细观察他的言行，发现他对我讲的都能充分地发挥，颜回才是聪明的学习。"

译解

"回也不愚"，颜回是孔子最得意的弟子，孔子怎么会说他愚蠢呢？这里孔子一方面是表扬颜回对学习的专注，另一方面是表扬颜回对知识的理解运用能力，所以这个"愚"不宜直译。

十

原文

子曰："视其所以，观其所由，察其所安。人焉廋哉？人焉廋哉？"

译文

孔子讲道："观察一个人做的事情，看他做事的方法和他要达到的目的，这个人能隐藏得住吗？这个人能隐藏得住吗？"

译解

孔子说"知人"是聪明智慧的表现，这里他讲到了解一个人的方法。

十一

原文

子曰："温故而知新，可以为师矣。"

常见译文

孔子说："温习过去学的知识，能从中悟出新的道理，这种人可以做老师。"

译文

孔子讲道："一个人不仅能够巩固已学的知识，而且还不断学习新的知识，他就具备当老师的资格。"

译解

两种译文都成立。常见译文强调的是"举一反三"，译文强调的则是"学而不厌"。辜鸿铭的译文："如果一个人不断复习所学到的知识，并不断补充新的知识，这样的人可能会成为大家的老师。"

十二

子曰："君子不器。"

常见译文

孔子说："君子不能像个器具，只有一两种用途。"

译文

孔子讲道："道德高尚、聪明智慧的人，对任何事情都有主见而不会被他人利用。"

译证

1.《**八佾篇**》**第二十二章**　子曰："管仲之器小哉！"

2.《**里仁篇**》**第十章**　子曰："君子之于天下也，无适也，无莫也，义之与比。"

3.《**里仁篇**》**第二十六章**　子游曰："事君数，斯辱矣；朋友数，斯疏矣。"

4.《**公冶长篇**》**第四章**　子贡问曰："赐也何如？"子曰："女，器也。"曰："何器也？"曰："瑚琏也。"

5.《**先进篇**》**第二十章**　子张问善人之道。子曰："不践迹，亦不入于室。"

6.《**微子篇**》**第八章**　我则异于是，无可无不可。

“不器”的常见译文是从《易经》“形而上者谓之道，形而下者谓之器”引申而来的，是说君子求道不局限于做具体事情。不过，孔子也说过“富而可求也，虽执鞭之士，吾亦为之”，说明孔子并不反对做“形而下”的事情。所以，这里“器”应另有所指。例如孔子将子贡比喻为“瑚琏”（见译证 4），就是说他的修养还没有达到“不器”的水平。孔子说：“管仲之器小哉！”就是说“管仲不守规矩”（见译证 1）。在孔子眼里，君子应当具备的品格是：独立思考、独立人格、学养深厚、依道而行、不受人惑……总之，“君子不器”是孔子对读书人要成为一个道德高尚、聪明智慧的君子提出的要求，是《论语》中非常经典的一章。孔子说，君子对待天下事只会以道义为标准。（见译证 2）子游说，无论是君主还是朋友，都应当保持距离，不要过于亲近。说明君子人格独立的重要性。（见译证 3）孔子说，不要盲目地踩着别人的足迹走，更不要陷入迷信。（见译证 5）孔子不会盲目地限定自己。（见译证 6）这些《论语》章节都可以是对“君子不器”的注解。而在儒家经典《大学》中：“所谓诚其意者，毋自欺也。如恶恶臭，如好好色，此之谓自谦（满足）。故君子必慎其独也。”所以，“君子必慎其独也”才是“不器”的合理解释。有的学者认为“慎独，则是儒家为应对现实社会的黑暗，坚持人格独立的道德操守”（见《追寻〈论语〉的前世模样》，吴人著）。这样理解也是有道理的。

十三

子贡问君子。子曰：“先行其言，而后从之。”

子贡问怎样才能成为君子。孔子说：“要说的话先去实行，然后再说出来，这样就是君子。”

子贡问一个领导者应当具备的能力。孔子讲道：“人们照他说的去做，如果是对的，就会去追随他。”

译证

1.《子路篇》第三章　子路曰:“卫君待子而为政,子将奚先?”子曰:“必也正名乎。”

2.《子张篇》第十章　子夏曰:“君子信而后劳其民。未信,则以为厉己也……”

译解

两种译文意思差别较大。译文是将“君子”作为“执政者、权力者”来看待。“先行其言”是老百姓先照他说的去做,“而后从之”是基于照他说的做是对的,老百姓才会服从他。孔子说:国家政策的制定和发布,必须先要正名。(见译证1)子夏说:执政者应当先取得老百姓的信任,才能够去役使他们。(见译证2)两译证都有“有言在先,取信于民”的意思。所以,我们应当从政治角度理解这一章。

十四

子曰:“君子周而不比,小人比而不周。”

常见译文

孔子说:“君子团结人而不是相互勾结,小人相互勾结而不讲团结。”

孔子讲道:“道德高尚、聪明智慧的人做事公正而不偏执,自私自利的人做事偏执而不公正。”

“周”,钱穆注解为“忠信”,“比”注解为“阿党”。

“小人”在《论语》中也有多义,在不同的章节中意思不一样,如果不翻译则难以准确理解。本章中“小人”的基本意思为“自私自利的人”,与“道德高尚、聪明智慧的人”相对应。

十五

子曰："学而不思则罔，思而不学则殆。"

译文

孔子讲道："学习缺乏认真思考就学不透彻；相反，只是凭想象而不是踏实学习，常常会一无所获。"

译解

孔子既反对学习不动脑筋，也反对学习不踏实。

十六

原文

子曰："攻乎异端，斯害也已。"

常见译文

孔子说："攻击那些见解不同的思想，是最有害的。"

译文

孔子讲道："用极端的思想看待问题，只会有害无益。"

译证

1.《**雍也篇**》**第二十九章**　子曰："中庸之为德也，其至矣乎！民鲜久矣。"

2.《**颜渊篇**》**第一章**　子曰："非礼勿视，非礼勿听，非礼勿言，非礼勿动。"

译解

这一章的两种译文截然不同。一种视"攻"为攻击之意，"异端"为不同意见；另一种“攻”译为“用功钻研”，“异端”译为“异端邪说”。孔子作为儒家中庸思想的开创者，他当然反对其他反中庸的思想。“异端”常常表现为极端化，中庸之道的核心就是反对极端。（见译证1、2）钱穆的译文是：“专向反对的一端用力，那就有害了。”

十七

原文

子曰：“由，诲女知之乎！知之为知之，不知为不知，是知也。”

常见译文

孔子说：“由，我教你如何求知。知道就是知道，不知道就是不知道，这才是求知的正确态度。”

译文

孔子对子路说道：“由啊，告诉你理解的含义吧！知识成为你的智慧，指导你的行为，使你取得进步，那就是理解了；相反，如果一知半解，自己毫无进步，那就是没有理解。这就是理解的含义。”

译证

1.**《学而篇》第一章**　子曰：“学而时习之，不亦说乎？”

2.**《述而篇》第八章**　子曰：“不愤不启，不悱不发。举一隅不以三隅反，则不复也。”

3.**《子路篇》第五章**　子曰：“诵《诗》三百，授之以政，不达；使于四方，不能专对。虽多，亦奚以为？”

译解

这一章中“知之为知之，不知为不知”常常译为“知道就是知道，不知道就是不知道”以表明学习态度踏实。但是，生活实践中自己判断自己学问是懂了还是没懂是有一定困难的。译文将“知之为知之，不知为不知”的前两个“知”视为“智”（《论语》中“知”和“智”是同一个字），即“智之为知之，不智为不知，是知也”，意思则完全不同。它说明了学习的两个阶段，即知道知识和会运用知识。只有学的知识自己会用了才算是真正学懂了，这也是孔子教学思想的重要体现。《论语》的有关章节可以说明这一点。（见译证1、2、3）

十八

子张学干禄。子曰：“多闻阙疑，慎言其余，则寡尤。多见阙殆，慎行其余，则寡悔。言寡尤，行寡悔，禄在其中矣。”

常见译文

子张问如何求取官职。孔子说：“多听，有疑问的地方保留，谨慎地说自己知道的，这样可以减少错误。多看，有疑问的地方保留，慎重地做自己自信的事情，这样可以减少懊悔。说话少错误，做事少懊悔，求官的秘诀就在这里面。”

译文

子张想要学从政。孔子说道：“多听，以消除疑问。对知道的说话也应当谨慎，这样可以少烦恼。多看，以消除疑惑。对懂得的做事也应当谨慎，这样可以少后悔。说话少烦恼，做事少后悔，官禄就在其中了。”

译解

一个“阙”字有了两种不同的解释：一种视“阙”为“保留”，一种视“阙”为“消除、祛空”。视“阙”为“祛也，祛除”的，可见于何新的注释。他的译文为：“多听，以消除疑问……多看，以消除疑惑……”（见《论语新解》，何新著）从整章内容来看，孔子讲要多听多看的目的，应该是为了消除心中的疑问和疑惑。孔子说：“多闻，择其善者而从之。”就有这样的意思，而“慎言其余”和“慎行其余”则是对已经懂得的事情仍然保持谨言慎行。这样才体现出好学而又谨慎的儒家精神。

十九

原文

哀公问曰:“何为则民服?”孔子对曰:“举直错诸枉,则民服;举枉错诸直,则民不服。”

常见译文

鲁哀公问孔子:“怎样做才能使老百姓服从?”孔子回答他:“提拔正直的人,把他们放在不正直的人之上,老百姓就会服从;提拔不正直的人,把他们放在正直的人之上,老百姓就不会服从。”

译文

哀公(鲁国国君)问孔子:“怎样做老百姓才会服从?”孔子对他讲道:“提拔正直的官员,使不正直的官员越来越少,老百姓就会服从;提拔曲意奉承的小人,使正直的官员越来越少,老百姓就不会服从。”

译证

《颜渊篇》第二十二章　子曰:“举直错诸枉,能使枉者直。”

译解

“提拔正直的人放在不正直的人之上”,多数人将“错”解释为“放置”。不过,既然知道他不正直,仍然还要用?而之上和之下又如何界定呢?其实,“举直错诸枉”的意思就是“用正直的人来影响和改变不正直的人”(见译证)。孔子用在这里的“错”似乎不是“放置”之意,而是借用《诗经·小雅·鹤鸣》中“他山之石,可以为错”一句之意,“用正直的人来影响和改变不正直的人”。

二十

原文

季康子问:"使民敬、忠以劝,如之何?"子曰:"临之以庄,则敬。孝慈,则忠。举善而教不能,则劝。"

译文

季康子(季氏,鲁国贵族)问孔子:"要使老百姓恭敬、忠诚和勤奋工作,该怎么做呢?"孔子讲道:"庄重、认真地对待他们的诉求,就会赢得尊敬;孝敬自己的父母,关爱青年人,就会赢得忠诚;提拔有能力的人并教育能力差的人,老百姓就会受到鼓励而勤奋工作。"

译解

这一章可以看出,对执政者,孔子总是要求他们以行为正直、公正和充满爱心的态度来对待老百姓,这充分体现孔子的仁政思想。

二十一

原文

或谓孔子曰:"子奚不为政?"子曰:"《书》云:'孝乎!惟孝,友于兄弟,施于有政。'是亦为政,奚其为为政?"

译文

有人问孔子:"先生为何不出来做官呢?"孔子答道:"《尚书》上讲:'孝非常重要啊!只有孝敬父母、友爱兄弟,并把它贯彻在国家政务中。'既然这样也是参政,何必一定要去做官呢?"

译解

对于一生追求实现政治抱负的孔子来说,这一问话显得尖锐。但是,这里可以看出孔子所表现出的个人智慧。实际上，孔子一直是希望做官从政的，只不过他是要按自己的价值观来选择可以辅佐的权力者。

二十二

原文

子曰："人而无信，不知其可也。大车无輗，小车无軏，其何以行之哉？"

译文

孔子讲道："一个人言而无信是难以与人相处的。就像大车没有輗，小车没有軏，如何行走呢？"

译解

"輗""軏"是固定牛、马车辕的一个机件，缺少它，就无法驾驭车。孔子善于用生活中的事例作比喻来教育人。

二十三

原文

子张问："十世可知也？"子曰："殷因于夏礼，所损益可知也。周因于殷礼，所损益可知也。其或继周者，虽百世可知也。"

译文

子张问："再过十代，能预知那个时候国家的政治制度吗？"孔子对他讲道："殷朝继承夏朝，政治制度的变化是知道的。周朝继承殷朝，政治制度的变化也是知道的。也许还会有代替周朝的国家，甚至再过百代，国家的基本政治制度也应该是可以预知的吧。"

译解

"其或继周者，虽百世可知也"，孔子并不认为一个朝代会千秋万代地存在下去，朝代的轮替是历史发展的必然规律，然而好的政治制度和秩序总是应当得到保留和传承的。孔子对自己的国家政治观是如此的有信心！两千多年过去了，他所主张的国家统一、政治清明、秩序良好、人民富裕、教育文明的国家观，穿越时空，至今也不过时。

二十四

子曰："非其鬼而祭之，谄也。见义不为，无勇也。"

孔子讲道："参加不是自己祖先的祭祀活动，是曲意献媚。见到正义的事情不敢去做，是缺乏勇气。"

这里可以看出孔子对待祭祀的态度。他认为祭祀自己的祖先是对自己先辈的真情表达，而去祭祀的对象不是自己的祖先，则是不正直的表现，必然怀有其他的目的，所以孔子反对这种做法。

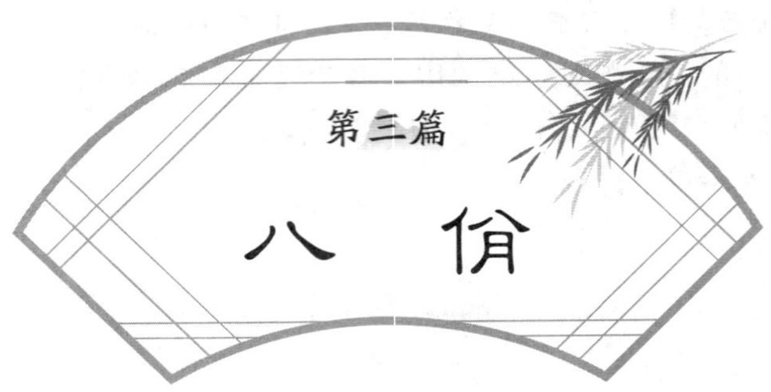

第三篇 八佾

一

原文

孔子谓季氏:"八佾舞于庭,是可忍也,孰不可忍也?"

常见译文

孔子评论季氏:"他用'八八六十四人'在私家庭院中奏乐起舞,这样的事可以容忍,还有什么事不能容忍呢?"

译文

孔子谈到季氏:"像'八佾'这种最高规格的乐舞,他居然在自己私家庭院中举行!这样破坏国家礼仪的事他都忍心做,还有什么事情他不忍心做呢?"

译解

"八佾"是周天子才能有的乐舞规模,季氏作为贵族大夫这样做是僭礼(违背礼仪)行为。译文说明了季氏不能用它的原因。

"是可忍也,孰不可忍也?"译文是说季氏做事情没有底线,更加糟糕的事情他也可能会做出来。常见译文则是说孔子认为这是最不可容忍的事情。如果这样,那么"弑父与君"则应当如何形容呢?相比之下,译文更像孔子所言,常见译文则是今天的说法。钱穆的译文是:孔子说:"这等事,他都忍心做,什么事他不忍心做呀!"

二

原文

三家者以《雍》彻。子曰："'相维辟公，天子穆穆'，奚取于三家之堂？"

译文

鲁国三大贵族（仲孙、叔孙、季孙）在家族祭祀结束时唱《雍》（这是天子祭祀才能诵读的诗文）。孔子知道后说道："'诸侯助祭，天子主祭，庄严而又肃穆'，难道这诗文是说他们三家的祠堂吗？"

译解

本章和上一章都是孔子对鲁国贵族违背礼仪行为表示的不满。

三

原文

子曰："人而不仁，如礼何？人而不仁，如乐何？"

常见译文

孔子说："一个人缺乏爱心，礼对他有什么用呢？一个人缺乏爱心，音乐对他有什么用呢？"

译文

孔子讲道："一个人没有上进心，给他讲礼仪有什么用呢？一个人没有上进心，给他讲音乐有什么用呢？"

译证

1. **《述而篇》第十八章**　子所雅言：《诗》《书》、执礼，皆雅言也。
2. **《泰伯篇》第八章**　子曰："兴于《诗》，立于礼，成于乐。"

译解

对于《论语》中的"仁"应该结合原文内容来翻译，因为它常常表现为概括性的用语而非特定用语，不结合具体内容很难准确翻译。钱逊认为："仁，孔子并没有下一个统一的定义……要在综合不同讲法的基础上，理解和把握其精神。"（见《钱逊讲〈论语〉》，钱逊著）这是有道理的。孔子作为老师，礼、乐就是他讲学的内容，（见译证 1、2）学生要学好礼、乐，就应当有进取向上的要求才是。所以这个"仁"结合整章内容译为"上进心"。常见译文显得词语之间缺少应有的关系。傅佩荣的译文是："一个人没有真诚的心意，能用礼做什么呢？"（见《论语三百讲》，傅佩荣著）

四

原文

林放问礼之本。子曰："大哉问！礼，与其奢也，宁俭；丧，与其易也，宁戚。"

译文

林放（孔子的学生）问礼祭仪式的主要目的。孔子对他说道："问得好！祭礼太奢侈并无意义，节俭一样可以达到目的；办丧事，并不是要祭品多么丰富，排场多么讲究，而是应当有发自内心的悲伤。"

译解

"易"在《论语》中也有多义，这里是"祭品丰富、排场讲究"之类的意思。

五

原文

子曰："夷狄之有君，不如诸夏之亡也。"

常见译文

孔子说："就连夷狄之国都有君主，不像中原各国，君主已经名存实亡了。"

译文

孔子讲道："现在，像夷狄这样边远落后的国家都懂得尊重君主，不像一些中原国家已经不再尊重君主了。"

译证

《八佾篇》第十八章　子曰："事君尽礼，人以为谄也。"

译解

两种译文意思差别大。孔子在这里应该是批评当时中原各诸侯国不守礼仪，国家政治秩序混乱，礼崩乐坏的社会状况甚至不如边远落后地区，（见译证）而常见译文则有歧视边远地区少数民族之嫌，也不符合当时情况。

六

原文

季氏旅于泰山。子谓冉有曰："女弗能救与？"对曰："不能。"子曰："呜呼！曾谓泰山，不如林放乎？"

常见译文

季氏要去祭祀泰山。孔子对冉有说："你不能阻止他吗？"冉有回答："不能。"孔子说："哎呀！难道说泰山之神还不如林放懂得礼吗？"

译文

季孙氏要去泰山祭天（这是天子的特权）。孔子对冉有说道："你不能劝他别去吗？"冉有说："劝阻不了。"孔子叹息道："完了！说起祭祀泰山的规矩，难道季孙氏还没有林放懂吗？"

译证

1.《八佾篇》第四章　林放问礼之本。子曰："大哉问！礼，与其奢也，宁俭；丧，与其易也，宁戚。"

2.《雍也篇》第二十二章　子曰:"务民之义,敬鬼神而远之,可谓知矣。"

3.《述而篇》第二十一章　子不语怪、力、乱、神。

译解

"曾谓泰山,不如林放乎?"一句译为"难道说泰山之神还不如林放懂得礼吗?"孔子应该不会把泰山之神与林放相提并论,这既不符常情也不合礼仪。孔子说"敬鬼神而远之",更不会随便议论神。(见译证 2、3)这句话可以展开来看,"曾谓泰山",即"说起祭祀泰山的规矩","不如林放乎?"则是"难道季孙氏还不如林放懂吗?"这样译文才合情理。而从"林放问礼"一章(见译证 1)可以知道孔子对知礼的重视。

七

原文

子曰:"君子无所争。必也射乎!揖让而升,下而饮。其争也君子。"

译文

孔子讲道:"作为有身份的读书人,不会轻易和人争输赢。如果有,会在射礼仪式上。互相作揖谦让,再去射箭;如果输了,会大方地饮下罚酒。就是比赛,也具有君子风度。"

译解

"揖让而升"是礼节;"下而饮"是输家饮下罚酒,这样才像是比赛。

八

原文

子夏问曰:"'巧笑倩兮,美目盼兮,素以为绚兮。'何谓也?"子曰:"绘事后素。"曰:"礼后乎?"子曰:"起予者商也!始可与言《诗》已矣。"

常见译文

子夏问孔子:"'笑眯眯的脸多么美,明亮的双眼多漂亮,洁白的脂粉使她楚楚动人。’这几句诗什么意思呢?”孔子说:“你看绘画,先有白色的底子,然后才能在上面着色。”子夏说:“那么,礼乐也是产生在仁义之后吗?”孔子说:“能够给我启发的是商啊!现在可以和你讨论《诗》了。”

子夏问孔子:“‘她的笑容多么迷人,她的美目顾盼生辉。然而,她朴实无华的面容胜过了绚丽的描绘。’这几句诗是什么意思呢?”孔子讲道:“任何绘声绘色的描写都要基于其本来的面目。”子夏说:“那礼仪也只有在修养仁德的基础上才有用了?”孔子高兴地说道:“商,你提醒了我啊!现在可以给你讲《诗经》了。”

译解

“巧笑倩兮,美目盼兮”,这句诗源于《诗经·卫风·硕人》,用来形容卫庄公夫人庄姜的美丽。而“素以为绚兮”则不在这一首诗中,所以学界将它归为“逸诗”。而恰恰是这一句另加的“逸诗”是这一章的重点。这个“素”应是“素颜”之意,即庄姜的本来面目。“以为绚兮”是说她漂亮的面目已经胜过了前面对她的溢美之词,这样就反衬出庄姜的天生丽质。作为诗,艺术手法非常高明。如果她的面目丑,是无法这样描绘的。

“绘事后素”的“绘事”即是指“巧笑倩兮,美目盼兮”这一段诗文,“素”这里也应该是承接“素以为绚兮”之“素”,指庄姜的本来面目。这样孔子的回答才有针对性。而子夏把它借喻为“任何好的礼仪实行都要以人的道德教养为基础”,所以他说:“礼后乎?”(即礼后于仁德乎?)子夏这样联系是“举一隅而有三隅反”的表现,孔子当然高兴,所以表扬了他。而常见译文把“素”理解为“女子化妆用的脂粉”,就成了白色的脂粉才使姑娘变得漂亮,使原诗的韵味大打折扣,也应该不是原文意思。

九

子曰:“夏礼,吾能言之,杞不足征也。殷礼,吾能言之,宋不足征也,文献不足故也。足,则吾能征之矣。”

常见译文

孔子说："夏代的礼我能讲，但是后面的杞国没有办法证明；殷代的礼我能讲，而后面的宋国没有办法证明。这都是文献和人才不足的原因。文献和人才够了，我就能证明。"

译文

孔子讲道："对夏朝的礼制我是能够讲的，但是现在的杞国我无法讲；殷朝的礼制我也是能讲的，但是现在的宋国我无法讲。究其原因，杞国和宋国缺乏好的文献资料，如果好的文献资料足够，我也能够给你们讲解。"

译解

"文献"可以理解为"文贤"，即"贤文"的倒装，就是说"足够好、足够多的文献资料"。如果把"献"理解为"人才"，孔子是指什么人才呢？那么他讲夏礼和周礼又靠的什么人才呢？辜鸿铭的译文是："原因是现存的史书太少了。"没有人才之说。

十

原文

子曰："禘，自既灌而往者，吾不欲观之矣。"

译文

孔子说道："禘祭（一种隆重的国家大祭）时，从灌礼开始，以后的过程我不再看下去。"

译解

孔子对于灌礼的形式和来历不了解，所以他不再看下去。结合下一章内容，可以看出孔子对于自己不了解的东西是不会盲目附和的。这一章解释历来也不准确，有的解释为鲁君僭用天子之礼，孔子看不惯，所以才半路退出。如果是这样，孔子当不参加才是。又有一说是禘祭灌礼有男女裸会的内容，孔子不解其意，故不再看下去，这样解释似合情理。（何新引刘宝楠《论语正义》：“禘礼之说，千古聚讼。”）

十一

原文

或问禘之说。子曰：“不知也。知其说者之于天下也，其如示诸斯乎！”指其掌。

常见译文

有人向孔子请教禘祭礼的道理。孔子说：“不知道啊。知道它来历的人来治理天下，就像把东西放在这里一样容易。”孔子指着自己手掌。

译文

有人问禘祭礼的来历。孔子回答他：“我确实不清楚。知道的人应当告白于天下，就像把它放在这手掌上面，能够让人看得清清楚楚。”他指着自己的手掌。

译证

《子路篇》第十五章　孔子对曰：“……人之言曰：‘为君难，为臣不易。’……”

译解

“不知也”，结合上一章，应当理解为孔子表明自己确实不知道禘礼中“灌”的来历，如果是大家都明白的事情，又何必来个“或问禘之说”呢？

“知其说者之于天下也，其如示诸斯乎！”译为“知道它来历的人来治理天下，就像把东西放在这里一样容易”似不合理。孔子尊礼但是不迷信，如果他这样讲，那又何来“为君难，为臣不易”（见译证）之说呢？而在《孟子·梁惠王上》中，有“老吾老，以及人之老；幼吾幼，以及人之幼，天下可运于掌”的著名论述，但是与本章所说的事情相去甚远，所以常见译文有“以孟代孔”之嫌。

十二

原文

祭如在，祭神如神在。子曰：“吾不与祭，如不祭。”

译文

孔子祭祀祖先，就像祖先在眼前；祭祀神明，也像神明在眼前。孔子说道：“如果我不是全身心地投入，就如同没有参加祭祀。”

译解

“吾不与祭，如不祭”表明孔子对祭祀的认真态度。

十三

原文

王孙贾问曰：“‘与其媚于奥，宁媚于灶’，何谓也？”子曰：“不然。获罪于天，无所祷也。”

译文

王孙贾（一个官员）问孔子：“常言道：‘宁拜灶神，不拜门神’，这是什么意思呢？”孔子回答他：“不知道。不过，如果得罪了上天，拜什么神也无用。”

译解

这里可以看出孔子是不迷信祈祷神灵的。他认为人应当“敬鬼神而远之”，做人做事还是要靠自己。而做了坏事，祈祷什么神灵也没有用。

十四

原文

子曰：“周监于二代，郁郁乎文哉！吾从周。”

孔子讲道:“由于周朝借鉴了前两朝的经验,创造的礼仪制度是多么的完美!我就主张推行周的礼仪制度。”

孔子把“周礼”看作是近乎完美的政治制度,所以他才想“复礼”。把孔子赞美“周礼”简单理解为保守落后,则是缺乏正确的历史观的表现。

十五

子入太庙,每事问。或曰:“孰谓鄹人之子知礼乎?入太庙,每事问。”子闻之,曰:“是礼也。”

孔子初入太庙(国君祭祀祖先的地方)工作,对每个程序都要细问。有人说:“谁说这个鄹邑大夫的儿子懂礼仪规矩呢?进入太后,每件事情都在问。”孔子听到后说道:“正是懂礼才这样啊。”

孔子年轻的时候对礼仪制度就很有研究,所以他是害怕礼仪过程出错造成失礼才“每事问”,而不是不懂礼而问。可以这样理解原文。

十六

子曰:“射不主皮,为力不同科,古之道也。”

译文

孔子讲道："射礼中箭是否破靶是力量大小的不同，并不重要，只是恪守古老的礼仪罢了。"

这一章可以看出孔子对礼仪的态度，那就是守礼而不迷信。

十七

原文

子贡欲去告朔之饩羊。子曰："赐也！尔爱其羊，我爱其礼。"

译文

子贡想省去告朔礼上的活羊。孔子对他说道："赐啊，你爱惜的是一只羊，而我爱惜的是礼仪的庄重。"

译解

据说当时的"告朔礼"已经很不认真，所以子贡才要去掉祭祀的活羊。而孔子反对这样做，其目的是维护古礼的庄重。

十八

原文

子曰："事君尽礼，人以为谄也。"

译文

孔子说道："完全按礼仪为君主做事，现在却被认为是向君主谄媚。"

译证

《先进篇》第二十四章　子曰："……所谓大臣者，以道事君，不可则止。今由与求也，可谓具臣矣。"

“事君尽礼”，臣对君服务也是对国家服务，应当按礼仪行事，所以才有“君君臣臣”之说。而国家大臣与家臣（具臣）是有区别的。（见译证）在孔子的时代，读书人以自己的学问和政治理念为根本，希望能有机会“事君”，实现自己的人生价值和政治抱负，不同于后来的皇权时代臣子对国家君主的人身依附关系。

十九

定公问：“君使臣，臣事君，如之何？”孔子对曰：“君使臣以礼，臣事君以忠。”

定公（鲁国国君）问孔子：“国君使用大臣，臣子听命国君，怎样做才对呢？”孔子说道：“国君应当按礼仪规定来差使臣子，臣子为国君做事应当全心全意，尽职尽责。”

“臣事君以忠”，孔子所言的“忠”，是一个读书人、一个君子依直道而行，以自己的学问和政治主张来为君主和国家服务，而不仅仅是听命于君主。在学习《论语》时，我们应当正确地理解孔子所说的“忠”。钱逊认为：《论语》中的“忠”，不是专指“忠君”，而是一个一般的道德要求，含义主要是“尽己”。

二十

子曰：“《关雎》，乐而不淫，哀而不伤。”

孔子讲道："《关雎》这首诗，表达爱情热烈而不低俗，表达感情忧思而不伤感。"

译解

《关雎》是一首表达爱情的古诗，是《诗经·国风》的首篇。孔子之所以这样评价《关雎》，可以说既是对人性的肯定，也是中庸思想的体现。

二十一

原文

哀公问社于宰我。宰我对曰："夏后氏以松，殷人以柏，周人以栗，曰，使民战栗。"子闻之，曰："成事不说，遂事不谏，既往不咎。"

译文

鲁哀公问宰我社主用木的事。宰我对他说："夏代用松木，殷代用柏木，周代用栗木，意思是说让百姓战栗。"孔子听到后，说："过去的事不要解释了，已经做了的事不能再改变，过去的事不要追究。"

译解

"周人以栗，曰，使民战栗"有几种注解，有的学者认为是"阙疑文"（没有确切根据，存在疑问）。不过，从本章孔子的态度可以说对"使民战栗"的做法是不赞成的。这里可以理解为"即使是周礼，在不对的地方孔子也持否定意见"。

二十二

原文

子曰："管仲之器小哉！"或曰："管仲俭乎？"曰："管氏有三归，官事不摄，焉

得俭?""然则管仲知礼乎?"曰:"邦君树塞门,管氏亦树塞门。邦君为两君之好,有反坫,管氏亦有反坫。管氏而知礼,孰不知礼?"

孔子评论管仲(春秋时期政治家):"管仲不守规矩!"有人问:"难道他生活不简朴?"孔子说:"姓管的有三处家室,管家都是专职的,这还简朴?"又问:"管仲难道不遵守礼仪?"孔子回答:"国君才能建的影壁他也建,国君宴请才能设的食台他也设,姓管的懂礼,什么是不懂礼呢?"

"管仲之器小哉!"这里"器"代表"规矩","器小哉"就是"不守规矩、格局不够大"之意。

二十三

子语鲁大师乐。曰:"乐其可知也:始作,翕如也。从之,纯如也,皦如也,绎如也,以成。"

孔子和鲁国的大乐师讨论一章乐曲。孔子说道:"此乐章这样演奏会更加生动:开始,曲调低沉而缓慢,继之器乐齐鸣,交响而和谐,最后余音悠长,绵延不断,直到结束。"

"乐其可知也",这里应该理解为孔子和鲁国乐师讨论特指的乐章,他是讲出对这一乐章演奏方法的见解。因为乐曲是各式各样、多变化的,不会是以一种形式来演奏。

二十四

原文

仪封人请见。曰:“君子之至于斯也,吾未尝不得见也。”从者见之。出曰:“二三子何患于丧乎?天下之无道也久矣,天将以夫子为木铎。”

译文

孔子经过仪地,仪地地方官员请求见孔子。这个官员说:“只要有名望的人来到我这里,我从来都是要见上一面的。”孔子的学生带他见了孔子,他走的时候对学生说:“你们几个何至于如此丧气呢?国家秩序混乱已很久了,上天将要让你们老师出来警醒世人。”

译解

“天将以夫子为木铎”中的“木铎”是铜铃中的木舌,铜铃靠它敲响。这是《论语》中一个普通人与孔子谈话后发出的感慨,体现了孔子的政治智慧和“圣人之言”的感人魅力。

二十五

原文

子谓《韶》:“尽美矣,又尽善也。”谓《武》:“尽美矣,未尽善也。”

译文

孔子评论《韶》乐:“极其美好,又极其仁善。”评论《武》乐:“极其美好,但是不够仁善。”

译解

《韶》是舜时代祭天的乐曲,表现的是歌舞升平的政治景象;《武》是表现周武王伐纣的凯歌。孔子说:“泰伯,其可谓至德也已矣。三以天下让。民无得而称焉。”他赞同天子推贤举能，不赞同用战争夺权。所以他说《武》“未尽善也”。

二十六

子曰：“居上不宽，为礼不敬，临丧不哀。吾何以观之哉？”

孔子讲道：“位高权重却缺乏宽容之心，对国家礼仪缺乏敬畏之心，丧祭仪式中没有发自内心的哀伤。让我如何看待这种人呢？”

译解

对位高权重的人，孔子总是要求其有良好的道德修养，这是孔子仁政思想的重要前提和基础。

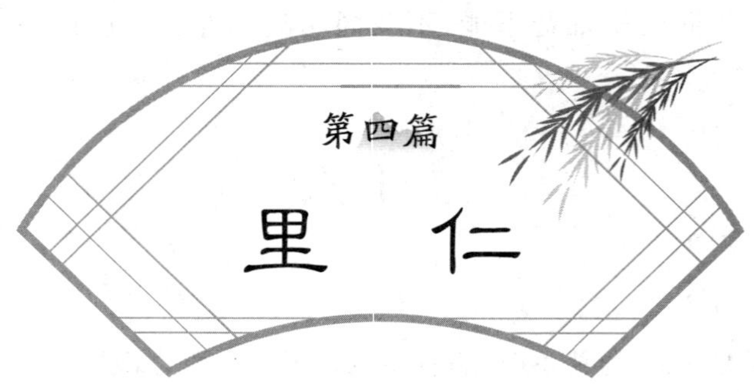

第四篇 里仁

一

原文

子曰:"里仁为美。择不处仁,焉得知?"

译文

孔子讲道:"选择居住环境,应当和教养良好、品德高尚的人为邻。不选择这种环境居住,怎么能说是聪明呢?"

译解

孔子不但要求个人要有良好的道德修养,而且要求生活环境也要有良好的道德氛围,这可以说是儒家"修、齐、治、平"思想的一个缩影。

二

原文

子曰:"不仁者不可以久处约,不可以长处乐。仁者安仁,知者利仁。"

常见译文

孔子说:"不行仁的人,无法久处在贫困之中,也无法久处在安乐之中。行仁的人安于仁，聪明的人知道行仁会带来好处而实行仁。”

孔子讲道：“一个缺乏道德修养和坚强意志的人，既不能在长期的艰苦生活中坚守自己的志向，也容易被长期的富裕生活消磨掉意志。具有道德，会安于高尚的生活。具有智慧，会去创造高尚的生活。”

译证

1.《**八佾篇**》**第三章**　子曰：“人而不仁，如礼何？人而不仁，如乐何？”

2.《**里仁篇**》**第五章**　子曰：“富与贵，是人之所欲也。不以其道得之，不处也……”

译解

对这一章的“仁”，常见译文是直译，不便理解，对“知者利仁”的译文也欠妥。这一章和译证1可以互证，都是孔子对学习缺乏意志和上进心的人提出的批评。译文既说出了“不可以长处乐”的原因，也说出了“知者利仁”的方法。不然“富与贵，是人之所欲也”（见译证2），又怎么会“不可以长处乐”呢？

三

子曰：“唯仁者能好人，能恶人。”

译文

孔子讲道：“只有道德高尚、聪明智慧的人，才能够做到爱憎分明。”

译解

“唯仁者”的“仁”不仅包括有道德，也包括有智慧，这才是孔子所言的“君子”。

四

原文

子曰:“苟志于仁矣,无恶也。”

常见译文

孔子说:“如果立志去实行仁,就不会去做坏事。”

译文

孔子讲:“只要立志勤奋学习,提高道德修养,人生就不会犯大错。”

译解

这里“仁”有“勤奋好学、修养道德”的意思,“无恶也”是有了好的学问,道德修养提高了,就会少犯人生的重大错误,人生就会有一个完美的结局。如果理解为“不会去做坏事”则显得肤浅。

五

原文

子曰:“富与贵,是人之所欲也。不以其道得之,不处也;贫与贱,是人之所恶也。不以其道得之,不去也。君子去仁,恶乎成名?君子无终食之间违仁,造次必于是,颠沛必于是。”

译文

孔子讲道:“富有、高贵的生活,是人人都向往的。但不用正当手段得到,宁愿不过;贫困、低贱的生活,是人们所厌恶的。但不能用正当的手段解脱,宁愿继续受贫困。一个人脱离道德生活,又怎么会有好名声呢?所以一个高尚、智慧的人,哪怕是吃一顿饭这样的小事情也不会违背道德,生活再忙碌也是如此,过着颠沛流离的生活也是如此。”

孔子用一段长文说明一位君子应该持有的贫富观。孔子的“仁”除了“爱人”，也有“爱己”的含义。《孝经》中的“身体发肤，受之父母，不敢毁伤”就是要爱惜自己的身体，“无求生以害仁，有杀身以成仁”就是要爱惜自己的名节。

六

原文

子曰：“我未见好仁者，恶不仁者。好仁者，无以尚之。恶不仁者，其为仁矣，不使不仁者加乎其身。有能一日用其力于仁矣乎？我未见。力不足者？盖有之矣，我未之见也。”

常见译文

孔子说：“我未见过爱好仁的人，憎恨不仁的人。爱好仁的人，那是最好的了。憎恨不仁的人，只是不使不仁加在自己身上。有能够一整天都致力于仁的吗？我未见过力量不够的。大概有这样的人吧，但是我没有见过。”

译文

孔子讲道：“我没有见过道德修养非常完美，而且完全不犯错误的人。能自觉提高道德修养，就会成为高尚的人。反对不道德的事，就是维护道德，避免自己犯同样的错误。但是，会不会有人一天到晚做的事都符合道德呢？我没有见过。是因为努力不够才没有做到吗？也许是吧，但是我没有见过。”

译证

1.《**里仁篇**》**第三章**　子曰：“唯仁者能好人，能恶人。”

2.《**雍也篇**》**第二十九章**　子曰：“中庸之为德也，其至矣乎！民鲜久矣。”

3.《**泰伯篇**》**第七章**　曾子曰：“士不可以不弘毅，任重而道远。仁以为己任，不亦重乎？死而后已，不亦远乎？”

4.《**先进篇**》**第二十六章**　子路、曾皙、冉有、公西华侍坐。子曰：“以吾一日长乎尔，毋吾以也……”

5.《**颜渊篇**》第一章　子曰："克己复礼为仁。一日克己复礼，天下归仁焉……"

6.《**宪问篇**》第六章　子曰："君子而不仁者有矣夫，未有小人而仁者也。"

7.《**子张篇**》第二章　子张曰："执德不弘，信道不笃，焉能为有？焉能为亡？"

8.《**子张篇**》第二十一章　子贡曰："君子之过也，如日月之食焉。过也，人皆见之；更也，人皆仰之。"

这一章看似不难，大部分译著都没有给以注解。但是，准确地译出本章孔子所表达的意思却不容易。细读原文，我们会发现常见译文存在的问题。

"我未见过爱好仁的人，憎恨不仁的人"，现实生活中完全没有爱好仁、憎恨不仁的人？孔子弟子三千，七十二贤人，难道也没有一个这样的人？这不合情理。

"有能够一整天都致力于仁的吗？我未见过力量不够的。大概有这样的人吧，但是我没有见过。"按常见译文意思，就应当人人都有力量一整天致力于仁。那么孔子所言"我未见好仁者"又该如何理解呢？再说，一整天过后不再行仁了，这一天行仁又有什么意义呢？因此，常见译文不太讲得通。

对这一章应该从哲理思辨的高度来理解原文。孔子在这里只是假设了一种极端的情况，即做到"完完全全的好仁和完完全全的恶不仁"，这显然是不可能的。所以孔子才会说"我未见"。

"有能一日用其力于仁矣乎？""一日"有多义（见译证 4、5），在这里并不是说一天，而是有"一天到晚，天天如此，一直不断"的意思。以道德标准做事情是正确的。但是，任何人都不可能做到时时、事事做事都符合道德，符合中庸。（见译证 2）因此，人应当不断地学习，改正错误，提高道德修养。孔子和子贡说：君子也会犯错误，但是只要能够改正，仍然会受到人们的敬仰。（见译证 6、8）曾子和子张说：君子应该以弘扬道德为己任，而且要做到"死而后已"。如果不是这样，有道德、有信仰也没什么意义。（见译证 3、7）孔子说：只有道德高尚、聪明智慧的人（即仁者、君子）才能做到爱憎分明。（见译证 1）所以，这一章是孔子关于"好仁与恶不仁"的重要论述，精彩地展现了孔子的辩证思维，遗憾的是，一直没有得到正确的理解和翻译。

七

子曰:"人之过也,各于其党。观过,斯知仁矣。"

孔子讲道:"人犯错误,各有各的类型。看他常犯的错误,就可以知道他是什么样的人。"

"斯知仁矣"中的"仁"是对"人"有了正确认识。

八

子曰:"朝闻道,夕死可矣。"

常见译文

孔子说:"早晨知道了真理,晚上死去了也是值得的。"

译文

孔子说道:"即使早上才懂得真理(改正了过去的错误认识),傍晚就死去了也可以说没有遗憾。"

译证

《卫灵公篇》第三十章　子曰:"过而不改,是谓过矣。"

译解

杨树达在《论语疏证》一书中引西汉刘向《新序·杂事》的内容为据:楚共王

病重，临死前他才看清忠臣常侍管苏的直言相谏是为他好；佞臣申侯伯的谄媚对他是有害无益，结果他第二天便死去了。所以孔子说：“朝闻道，夕死可矣。”意思是说一个人任何时候明白道理都不算晚，而错误得不到改正才是真正的遗憾。（见译证）常见译文没有把这个意思表达出来，所以有读者问：“早上知道了真理，晚上就死去了。这有什么意义呢？”

九

子曰：“士志于道，而耻恶衣恶食者，未足与议也。”

译文

孔子讲道：“一个立志追求真理的人，却不能忍受过艰苦朴素的生活，这种人就不必和他谈论真理。”

译解

在儒家思想中，“志于道”是一个君子人生道路必然的选择，苦与乐都不能改变其人生的志向。所以，不能吃苦的人就不值一提。

十

子曰：“君子之于天下也，无适也，无莫也，义之与比。”

译文

孔子讲道：“道德高尚、聪明智慧的人，能做什么事或不能做什么事并没有绝对的划分。唯一的标准是看是否合乎道义。”

译解

这一章可以是对“君子不器”的注解。

十一

子曰:"君子怀德,小人怀土;君子怀刑,小人怀惠。"

常见译文

孔子说:"君子关心道德,小人关心土地。君子关心法度,小人关心恩惠。"

译文

孔子讲道:"道德高尚、聪明智慧的人看重道义,自私自利的人看重职位;道德高尚、聪明智慧的人看重事情的合法性,自私自利的人看重自己的利益。"

译解

"小人怀土",辜鸿铭说:"我贸然认为,在这句话中有一处明显的书写错误,'上'(土)表示职位,这个字迄今为止没有被任何中国学者发现。古代汉语中这两个词是相通的,因此会存在书写错误。"所以他的译文是:"愚蠢的人只是通过其职位判断一个人。"这样解读似乎更合情理。

十二

子曰:"放于利而行,多怨。"

孔子讲道:"一个人一味地追求自身利益,会招来太多怨恨。"

译解

"放于利而行",一个"放"字把自私自利、贪得无厌的人刻画得入木三分。

十三

原文

子曰："能以礼让为国乎，何有？不能以礼让为国，如礼何？"

常见译文

孔子说："能用礼让来治国，有什么困难呢？如果不用礼让来治国，又怎样来对待礼仪呢？"

译文

孔子讲道："按照礼仪，相互协商、谦让，处理国家关系有什么困难的呢？不按照礼仪，相互不协商、不谦让，礼仪有什么用呢？"

译证

1. **《学而篇》第十章** 子贡曰："夫子温、良、恭、俭、让以得之……"

2. **《先进篇》第二十六章** 子路率尔而对曰："千乘之国，摄乎大国之间，加之以师旅，因之以饥馑，由也为之……"曰："夫子何哂由也？"曰："为国以礼，其言不让，是故哂之。"

3. **《颜渊篇》第一章** 子曰："非礼勿视，非礼勿听，非礼勿言，非礼勿动。"

译解

"礼让为国"，目前的译文都是按"国家内部治理"来理解的。但是，参考《论语・先进篇》第二十六章内容（见译证 2），孔子在这里讲的不是国家内部治理，而是处理诸侯国之间的关系。纵观整部《论语》，出现"礼让为国"仅此两处。而"为国以礼，其言不让，是故哂之"是孔子因为子路不懂得处理大国之间关系的要道而笑他。国内治理在《论语》中常常以"为政、从政"称之，"为政、从政"应当以"礼"（见译证 3），又何来"让"之说呢？而"让"在《论语》中常常表示一个人的道德修养（见译证 1）。国家之间的关系则可比作人与人之间的关系。这一章和译证 2 应该是《论语》中孔子论及如何对待诸侯国之间关系难得的两章，是孔子用道德礼仪处理诸侯国之间的矛盾，避免诸侯国之间战争的政治思想的重要论述。也许我们应该这样来理解原文。

十四

子曰：“不患无位，患所以立。不患莫己知，求为可知也。”

常见译文

孔子说：“不要担心自己没有职位，应当担心自己没有胜任的才能。不要担心没有人了解自己，应当使自己值得别人了解。”

译文

孔子讲道：“一个人不应只考虑职位的升迁，而应考虑如何做好自己的本职工作。不应担心出不了名，而应通过努力给自己带来好的声誉。”

译证

《学而篇》第一章　人不知而不愠，不亦君子乎？

译解

“不患无位”应当是“升迁之位”而不是“未得之位”，如果“无位”，又从何而“立”呢？而孔子及其弟子当时确实是常有“无位”之困，所以孔子才会说：“人不知而不愠，不亦君子乎？”（见译证）这一章可以理解为孔子对升官和出名的训言。

十五

子曰：“参乎，吾道一以贯之。”曾子曰：“唯。”子出。门人问曰：“何谓也？”曾子曰：“夫子之道，忠恕而已矣。”

常见译文

孔子说："参啊！我的思想可以用一个原则来贯穿。"曾子说："是的。"孔子出去了，别的学生问曾子："老师说的是什么意思呢？"曾子说："老师讲的，就是忠和恕啊！"

译文

孔子说道："参啊，我的思想以一个原则贯彻始终。"曾子说："是的，我知道。"孔子走了，别的学生问曾参："老师什么意思呢？"曾参说："老师坚持的原则是做人正直，做事尽责，关爱他人，心怀宽容。"

译解

对"忠、恕"不译如同没有翻译。"忠、恕"在孔子儒家思想中占有非常重要的地位，它是中庸之道道德上的具体表现。

十六

原文

子曰："君子喻于义，小人喻于利。"

译文

孔子讲道："道德高尚、聪明智慧的人从道义上看问题，自私自利的人只看是否有利可图。"

译解

这是孔子对"君子"和"小人"的重要评价标准。

十七

子曰："见贤思齐焉，见不贤而内自省也。"

孔子讲道："看到别人比自己做得好的，就应当向他学习，看到别人所犯的错误，就应当想想自己有没有同样的毛病。"

孔子所言"好学"，是说人应该从两方面来观察社会，好的方面和不好的方面都应该有所认识。

十八

子曰："事父母几谏，见志不从，又敬不违，劳而不怨。"

孔子讲道："与父母交换意见应当轻言细语，见父母不同意，还是应保持尊敬，而不违背父母意愿，即使很费事也不要抱怨。"

孔子在这里说的应该是不违背大义的生活小事。不然，就违背了"人之生也直"的做人原则。钱穆视"劳"为"忧苦"。

十九

原文

子曰："父母在，不远游。游必有方。"

孔子说："父母在世，不去远方游历。如果要出游，那一定要告诉父母所去的地方。"

译文

孔子讲道："父母年老在世，不应当远离父母让他们失去照顾。确实不得不远离，一定要安排好父母的生活再离开。"

译证

《**雍也篇**》**第三十章**　夫仁者，己欲立而立人；己欲达而达人。能近取譬，可谓仁之方也已。

译解

"游必有方"的"方"应该和"仁之方也已"（见译证）的"方"同义，是"好的方案和办法"。不然，告诉了父母自己所去的地方，又能帮解决父母什么问题呢？

二十

原文

子曰："三年，无改于父之道，可谓孝矣。"

常见译文

孔子说："父亲去世后，如果能多年不改变父亲的道德规范，那就可以说他是个孝子。"

译文

孔子讲道："守孝三年，一生都按父亲的教导去做人，这样的人才配称为孝子。"

译证

1.《**阳货篇**》**第二十一章**　子曰："予之不仁也！子生三年，然后免于父母之怀。夫三年之丧，天下之通丧也。予也有三年之爱于其父母乎？"

2.《**子张篇**》**第十八章**　曾子曰："吾闻诸夫子：'孟庄子之孝也，其他可能也，其不改父之臣与父之政，是难能也。'"

有的译为“三年不改变父亲的做法”(那么第四年就改变了呢?),有的把“三年”译为“长期”。这里应当把“三年”(守孝)作为一个条件,(见译证1)“无改于父之道”又是一个条件,(见译证2)两者都做到了才是孝子。孔子所言之孝,还有潜在的含义——父亲应当是一个好父亲,对儿子尽了教育引导的责任;儿子是一个孝顺的儿子,能够不辜负父亲的期望,即“父父子子”之意。“孝道”这样传承才是符合道德的,对于国家的治理也才会有益。

二十一

子曰:“父母之年,不可不知也。一则以喜,一则以惧。”

孔子说:“父母的年纪不能不记在心上。一方面为他们健康长寿而高兴,一方面也为他们日益衰老而惧怕。”

译文

孔子讲道:“应当记住父母的年龄。一方面是为自己有这样好的父母而感到高兴,一方面是心中对父母的一份牵挂。”

译证

《述而篇》第十一章 子曰:“暴虎冯河,死而无悔者,吾不与也。必也临事而惧,好谋而成者也。”

“一则以喜”是说“为自己有这样好的父母而感到高兴”。这样翻译则更富有情感。

“一则以惧”和“临事而惧”的“惧”(见译证)都应视为“具”,有“具有,把事情挂在心上”之意。人之衰老是自然规律,译为“惧怕”显得言过其实,译为“牵挂父母"则更恰当。辜鸿铭的译文是：孔子说："作为儿子，应当牢记父母的年龄，一方面是为了心怀感恩，一方面是为了挂念父母。"

二十二

子曰："古者言之不出，耻躬之不逮也。"

常见译文

孔子说："古人不轻易开口说话，因为他们认为说的话做不到是一件可耻的事情。"

译文

孔子讲道："在古代，修养好的人不会轻许诺言，因为说了做不到会认为是可耻的事情。"

译解

"言之不出"应该理解为"不轻许诺言"。

二十三

子曰："以约失之者，鲜矣。"

常见译文

孔子说："因为约束自己而犯错误，这种事很少。"

译文

孔子讲道："因为思考缜密、言行谨慎而犯错误，这样的事是很少见的。"

一个“约”字应当体现出孔子对人“思与行”的要求，译为“约束”则太简单。

二十四

子曰：“君子欲讷于言，而敏于行。”

孔子讲道：“道德高尚、聪明智慧的人，会要求自己表达意见谨慎，做事情果敢。”

译解

“欲讷于言”的“欲”，有“主动要求自己”之意。

“敏于行”的“敏”，有“做事果断、正确”之意。

二十五

原文

子曰：“德不孤，必有邻。”

孔子说：“有道德的人不会孤独，一定会有人与他在一起。”

孔子讲道：“良好的道德不是孤立产生的，必然有它产生的原因。”

译解

两种译文有差异。实际生活中，坚持真理的人常常是孤独的，不是说“真理常常掌握在少数人手里”吗？就拿孔子来说，他不是也有“知我者，其天乎！”的感叹吗？辜鸿铭的译文是："道德价值绝不是独立存在的，必然有成长的社会基础。"这样理解原文意义更深刻。两种译文都成立。

二十六

原文

子游曰："事君数，斯辱矣；朋友数，斯疏矣。"

常见译文

子游说："侍奉君主进谏次数过多，会遭到侮辱；对朋友劝告次数过多，会被朋友疏远。"

译文

子游说："和君主关系过于亲密，会遭到羞辱；和朋友关系过于亲密，会遭到疏远。"

译解

这个"数"可以有两种解释："次数过多"或"过于亲密"（音"shuò"，亲密义）。"次数多"只是显示量的不同，而"过于亲密"则显示度的不同，且"过于亲密"则是儒家不认同的处世方法。

第五篇 公冶长

一

原文

子谓公冶长："可妻也。虽在缧绁之中，非其罪也。"以其子妻之。

译文

孔子评价公冶长："可以把女儿放心地嫁给他，他确实坐过牢，但是他并无罪。"孔子把自己的女儿嫁给了他。

译解

公冶长以能忍受屈辱而闻名。作为孔子的学生，曾经坐过牢当然不是什么可以称道的事情，但是孔子是从道德品质上来看人，而不是只看表面现象。

二

原文

子谓南容："邦有道，不废。邦无道，免于刑戮。"以其兄之子妻之。

译文

孔子评价南容："国家政治秩序良好，他能做个好官。国家政治秩序混乱，他能够聪明地躲过刑戮之灾。"孔子把自己的侄女嫁给了他。

译解

“不废”应该理解为“南容不浪费时间和机会，积极地参与国家政治”。

三

原文

子谓子贱：“君子哉若人！鲁无君子者，斯焉取斯？”

译文

孔子评价学生子贱：“道德高尚、聪明智慧的人就像他！如果说鲁国没有这样的人，他又在哪里受到这样好的教育呢？”

译解

“斯焉取斯？”的前一个“斯”为“子贱的表现”，后一个“斯”为“子贱受到的教育”。

四

原文

子贡问曰：“赐也何如？”子曰：“女，器也。”曰：“何器也？”曰：“瑚琏也。”

译文

子贡问孔子：“老师如何评价我？”孔子说道：“你呢，好比一件贵重的礼器。”子贡问：“什么样的礼器？”孔子说道：“比如瑚琏吧。”

译解

“女，器也”，在孔子的众多学生中，子贡以口才好而闻名，但是孔子要求他的学生在学问和道德修养上成为君子。“君子不器”才是孔子的道德标准，而子贡还只是有某些特长，尚未达到孔子所言“君子”的道德修养水平。

五

或曰:“雍也,仁而不佞。”子曰:“焉用佞?御人以口给,屡憎于人,不知其仁,焉用佞?”

常见译文

有人说:“冉雍有仁德,但是缺乏口才。”孔子说:“何必要有口才呢?巧舌如簧的人,常常使人讨厌。冉雍不一定有多好的仁德,但他为什么一定要有口才呢?”

译文

有人评论孔子的学生冉雍:“冉雍的道德修养不错,但缺乏能言善辩。”孔子说道:“能言善辩有什么好呢?一个人嘴舌厉害只会引起别人反感,没有良好的道德品质,只会能言善辩有什么好呢?”

译证

1.《**雍也篇**》第一章　子曰:“雍也,可使南面。”

2.《**乡党篇**》第一章　孔子于乡党,恂恂如也,似不能言者。其在宗庙、朝廷,便便言,唯谨尔。

3.《**宪问篇**》第三十二章　微生亩谓孔子曰:“丘何为是栖栖者与?无乃为佞乎?”孔子曰:“非敢为佞也,疾固也。”

译解

“仁而不佞”的“佞”并非只有贬义,也有“聪明、能言善辩”(见译证 3)的意思,孔子的“便便言”(见译证 2)就是“能言善辩”。

“不知其仁”两种译文不同。孔子并非简单地反对能言善辩,而是说首先应当具备良好的品德,即应该“知其仁”。孔子在这里用反问的“不知其仁”来肯定冉雍的“知其仁”。如果按常见译文理解,冉雍“不一定有多好的仁德,又没有好的口才”,孔子又何以说他“可使南面”(见译证 1)呢?

六

原文

子使漆雕开仕。对曰："吾斯之未能信。"子说。

译文

孔子要举荐漆雕开去做官。漆雕开对孔子说："我对胜任这个官职还没有足够的信心。"孔子听了很高兴。

译解

漆雕开学习《尚书》很努力，他认为自己学习得还不够透彻，所以不愿意去做官。这里孔子是喜欢他好学、谦虚的品德。

七

原文

子曰："道不行，乘桴浮于海。从我者，其由与？"子路闻之喜。子曰："由也，好勇过我，无所取材。"

常见译文

孔子说："我的理想不能实行，不如乘木筏到海外去。跟我去的恐怕只有仲由吧？"子路听了很高兴。孔子说："仲由啊，你好勇超过我，这没有什么可取的呀！"

译文

一次，孔子自叹道："现在国家政治混乱，我的主张不能实行，不如乘木筏出海去。能跟我去的学生是仲由吧？"子路（仲由）听了很高兴。但孔子对他说道："仲由，你的勇敢的确超过我，但还缺乏正确的判断能力。"

“无所取材”中的“材”可为“裁”之意，是说一个人的判断能力。译文更像是老师对学生的评价。辜鸿铭的译文是：“你当然比我勇敢，只是在勇敢的同时缺乏判断。”

八

孟武伯问：“子路仁乎？”子曰：“不知也。”又问。子曰：“由也，千乘之国，可使治其赋也，不知其仁也。”“求也何如？”子曰：“求也，千室之邑，百乘之家，可使为之宰也，不知其仁也。”“赤也何如？”子曰：“赤也，束带立于朝，可使与宾客言也，不知其仁也。”

常见译文

孟武伯问孔子：“子路有仁德吗？”孔子说：“不知道。”他又问。孔子说：“仲由呢，如果有一千辆兵车的国家，他可以负责军事方面的工作。但是我不知道他是否有仁德。”孟武伯又问：“冉求怎么样？”孔子说：“冉求呢，有一千户人家的邑地，他可以做主管。一百辆兵车的大夫封地，他能够当总管。至于他有无仁德，我不知道。”“那么公西赤怎么样呢？”孔子说：“赤这个人，穿着礼服，立在朝廷，接待外宾，处理外交事务，还是可以的。至于他有无仁德，我不知道。”

译文

孟武伯想在孔子的弟子中选拔人才。他问孔子：“子路适合做什么呢？”孔子说道：“不知道。”孟又问，孔子说道：“仲由这个人，在有千辆兵车的国家，可以让他统领军队，但是不知是否适合您？”孟又问：“求适合做什么呢？”孔子说道：“求这个人，在一个地方政府中，或宗族事务中当个总管没有问题，不知是否适合您？”又问：“那赤又适合做什么呢？”孔子说道：“赤呢，可以在朝中任个正式官职，让他处理外交事务是没有问题的。不知是否适合您？”

一个"子路仁乎?"三个"不知其仁也",从翻译要求来看,常见译文是不合适的。孔子介绍他的学生,仁不仁善都不知道?不合情理,也与原文问答内容不相符。前面说过,"仁"在《论语》中使用频率非常高,而且多义,所以应当根据具体的语境来翻译,否则难以理解。译文根据问答的内容,对"子路仁乎?"作了解释性的翻译。"不知其仁"是孔子向孟武伯介绍他的学生,作为谦辞有"不知您满不满意?不知符不符合您的要求?"之意。这样翻译,整章内容显得通顺、自然。

九

原文

子谓子贡曰:"女与回也孰愈?"对曰:"赐也何敢望回?回也闻一以知十,赐也闻一以知二。"子曰:"弗如也,吾与女弗如也。"

常见译文

孔子对子贡说:"你与颜回比,谁更强?"子贡回答说:"我嘛,怎么敢和颜回比?颜回懂得一个道理,就能推出十个道理。我懂得一个道理,只能推出两个道理。"孔子说:"是比不上,我同意你的话,是比不上他。"

译文

孔子问子贡:"你与颜回,谁的学习能力更强呢?"子贡回答说:"我怎么能与颜回比?他学一个知识能完全理解,并能充分发挥。而我学一点儿东西充其量有一两分的发挥。"孔子说道:"确实是这样,这方面你我都不如他。"

译解

"闻一以知十"译为"学一个道理可推出十个道理"显得过于生硬。这里"十"有"十分满意、充分发挥"的意思。

十

原文

宰予昼寝。子曰:“朽木不可雕也,粪土之墙不可杇也,于予与何诛?”子曰:“始吾于人也,听其言而信其行。今吾于人也,听其言而观其行,于予与改是。”

译文

宰予大白天睡懒觉。孔子说道:“腐朽的木头不可用来雕刻,粪土垒的墙又怎能粉刷出来呢?对宰予该怎么批评他呢?”孔子接着说:“原来,我听人说了就相信他会去做。现在,我听一个人说了还要看他是不是去做,是宰予改变了我。”

译解

孔子对言行不一的人非常反感。在孔子看来,一个人言行不一,不仅是一个坏习惯,还是对人生价值的贬损,对生命的浪费。

十一

原文

子曰:“吾未见刚者。”或对曰:“申枨?”子曰:“枨也欲,焉得刚?”

常见译文

孔子说:“我从来没有看到过刚强的人。”有人回答说:“申枨不是这样的人吗?”孔子说:“申枨私欲很重,怎么做得到刚强呢?”

译文

孔子说道:“我还没有发现意志非常刚强的人。”有人问:“申枨这个人也不行吗?”孔子说道:“申枨的想法那么多,又怎能做到意志刚强呢?”

译证

《泰伯篇》第七章　曾子曰："士不可以不弘毅，任重而道远。仁以为己任，不亦重乎？死而后已，不亦远乎？"

译解

申枨，孔子学生，鲁国人。"枨也欲，焉得刚？"中的"欲"这里不应理解为"私欲"，因为私欲重则是"小人"，孔子是看不起的。所谓"刚者"应该是"志向坚定、百折不挠、心无旁骛的人"（见译证）。想法和打算太多，当然做不到"志刚"。民间不是有"有志之人立长志，无志之人常立志"的说法吗？就是这个道理。

十二

原文

子贡曰："我不欲人之加诸我也，吾亦欲无加诸人。"子曰："赐也，非尔所及也。"

译文

子贡说："我不希望别人的想法强加于我，我也不会把自己的想法强加于别人。"孔子说道："赐啊，你的修养还没有达到这个水平。"

译解

"加诸"有"强迫"的意思。孔子认为一个人思想独立是君子之风，要道德修养很好才做得到。这也是孔子说子贡"女，器也"的原因。

十三

子贡曰："夫子之文章，可得而闻也；夫子之言性与天道，不可得而闻也。"

常见译文

子贡说："老师讲诗书礼乐的学问，我们有机会听到；老师讲的人性和天道，我们就听不到了。"

译文

子贡说："老师讲文献方面的知识，我们听了能够理解；但是老师讲性与天道(《易经》的内容)的知识，我们听了却理解不透。"

译证

1.**《雍也篇》第二十一章**　子曰："中人以上，可以语上也；中人以下，不可以语上也。"

2.**《子罕篇》第十一章**　颜渊喟然叹曰："仰之弥高，钻之弥坚。瞻之在前，忽焉在后……既竭吾才，如有所立卓尔。虽欲从之，末由也已。"

译解

大部分书将"性与天道"的"性"译为"人性"，"天道"常常不译而直接引用。"性与天道"应当看作是讲《易经》的内容，其理由如下：《易经》的《十翼》相传为孔子所作，而《十翼·系辞》中就有"一阴一阳之谓道，继之者善也，成之者性也"。所以，这里的"性"不应只限于"人性"，而是指比"人性"更广大的"自然、万物之性"，这样才能够和"天道"相配。而《论语·子路篇》第二十二章中"不恒其德，或承之羞"一句就是《易经·恒卦》的九三爻辞。所以，这里作为《易经》内容看待是合理的。而《易经》，则是讲世间万物变化之道的'群经之首经"，其内容之深奥，确实是一般人难以理解的。

"不可得而闻也"，这里应该视为倒装句，即"闻，而不可得也"。也就是听到老师讲了，但是理解不透其中的意思。说明孔子讲"性与天道"很深奥。从孔子说"有中等以上学问和修养的人，才能和他谈论高深的道理"(见译证 1)，从颜渊说他对孔子学问高深的敬仰(见译证 2)，我们就应该理解"不可得而闻也"的含义。如果译为"老师讲了我们听不到"，那么老师讲的谁又能听到呢？

十四

原文

子路有闻，未之能行，唯恐有闻。

常见译文

子路听到一个道理，还没有去实行，就怕又听到新的道理。

译文

子路对所学的知识还没有理解和践行，不愿去再学习新的知识。

译解

“唯恐有闻”，直译则显得生硬。

十五

原文

子贡问曰：“孔文子何以谓之‘文’也？”子曰：“敏而好学，不耻下问，是以谓之‘文’也。”

译文

子贡说：“为什么孔文子死后，给他的谥号是‘文’呢？”孔子说道：“他勤奋好学，勇于求教于地位低下的人，所以给他‘文’这个谥号。”

译解

“不耻下问”的好学态度一般人是难以做到的，所以得到孔子的肯定。

十六

子谓子产:“有君子之道四焉:其行己也恭,其事上也敬,其养民也惠,其使民也义。”

译文

孔子评论子产(郑国杰出的政治家):“他在四个方面表现出良好的作风和领导能力:严于律己对人谦恭,为君上做事敬业尽职,维护百姓根本利益,派使民力理由正当。”

译解

从子产这四个方面的优点,可以看出孔子对一个合格从政者的评价标准。

十七

原文

子曰:“晏平仲善与人交,久而敬之。”

译文

孔子讲道:“晏平仲(齐国大夫)善于与人相处,相处时间越长,别人就越敬重他。”

译解

“晏平仲”即“晏婴”,是齐国有名的贤相。《晏子春秋》中记载有关他的事迹。

十八

原文

子曰:“臧文仲居蔡,山节藻棁,何如其知也!”

常见译文

孔子说："臧文仲把大乌龟壳藏在家中，还把柱头雕刻成山形，梁上画着海藻，这个人怎么如此聪明呢？"

译文

孔子评论臧文仲（鲁国大夫）："臧文仲在家养了一只蔡地产的大乌龟，还雕梁画栋来供奉，怎么会如此无知！"

译解

"居蔡"有的译为"大乌龟壳"，有的译为"在家中供养一只蔡地产的大乌龟"。按当时礼制，只有国君才有资格奉养蔡龟。臧文仲是大夫，他养蔡龟违反礼仪，所以孔子才批评他。

"何如其知也！"是孔子批评臧文仲不守礼仪，而不是说他聪明。

十九

原文

子张问曰："令尹子文三仕为令尹，无喜色；三已之，无愠色。旧令尹之政，必以告新令尹。何如？"子曰："忠矣。"曰："仁矣乎？"曰："未知，焉得仁？""崔子弑齐君，陈文子有马十乘，弃而违之。至于他邦，则曰：'犹吾大夫崔子也。'违之。之一邦，则又曰：'犹吾大夫崔子也。'违之。何如？"子曰："清矣。"曰："仁矣乎？"子曰："未知，焉得仁？"

常见译文

子张问孔子："楚国的令尹子文三次做令尹，没有见他得意；三次被罢免，也没有见他不高兴。去职时，都会把过去的政务交代给新的令尹。这个人怎么样？"孔子说："他忠于职守。"子张问："他算不算仁呢？"孔子说："不知道，这怎么算是仁呢？"子张又问："崔杼刺杀了齐庄公，陈文子有四十匹马，舍弃不要，离开齐国，去了另外一个国家。他说：'这里当政的人和崔杼差不多。'于是又离开。到了另一个国家，他又说：'这里当政的人和崔杼差不多。'于是又离开了。这个人怎么样?”孔子说:“他洁身自爱。”再问:“他算不算仁呢?”孔子说:“不知道,这怎么算是仁呢?”

子张请教孔子:“楚国宰相子文三次出任宰相,不见他高兴;三次被免去官职,不见他怨恨。而且把他当政的工作向新宰相交代得清清楚楚。这个人不错吧?”孔子说道:“这是正直的表现。”又问:“是不是道德高尚呢?”孔子说道:“没有全面地了解一个人,怎么知道呢?”再问道:“崔杼(齐国大夫)杀了齐国国君,而陈文子(陈国大夫)舍弃了四十匹马的财产,去了他国。到了后,他说:‘这里的执政者和崔杼差不多。’又去到另一国。到了后,他又说:‘这里的执政者也和崔杼差不多。’于是又离开了。应当如何评价他呢?”孔子说道:“他显得很清高。”问:“是不是道德高尚呢?”孔子回答他:“没有全面地了解一个人,怎么知道呢?”

“曰:‘仁矣乎?’曰:‘未知,焉得仁?’”译文根据原文整章内容来考虑。“仁矣乎?”是一种概括性的好评问话,而“未知,焉得仁?”是说“没有全面地了解一个人,只凭这一点怎么能下结论呢?”常见译文不译“仁”不好理解。

二十

季文子三思而后行。子闻之,曰:“再,斯可矣。”

季文子(鲁国大夫)做事前总是优柔寡断,反复考虑。孔子听说后,说道:“再仔细考虑一遍就可以了。”

“三思而后行”成语出于此,现在的用法已经与原文意思有了差别。

二十一

原文

子曰："宁武子，邦有道，则知；邦无道，则愚。其知可及也，其愚不可及也。"

常见译文

孔子说："宁武子这个人，在国家政治清明时，他显得聪明；在国家政治黑暗时，他像个傻子。他的聪明，别人可以赶得上；他的装傻，别人难以做到。"

译文

孔子评论宁武子(卫国大夫)："宁武子这个人，在国家政治秩序好的时候他显得既聪明又能干；但是在国家政治秩序混乱的时候他就像个笨蛋。他的聪明能干也许会有人比他强，但是，装得像个笨蛋可能没有人能超过他。"

译解

在汉语中，"傻子"和"笨蛋"有所区别。傻子是思维有障碍的病人；笨蛋才是愚蠢、不动脑筋的人。

二十二

原文

子在陈。曰："归与！归与！吾党之小子狂简，斐然成章，不知所以裁之。"

常见译文

孔子在陈国说："回去吧！回去吧！我故乡的学生志向高远，文采可观，我不知应该如何指导他们。"

译文

孔子在陈国。一次，他忽然着急地说："快回去吧！快回去吧！在国内我的学生思想激进，富有文采，但是还缺乏正确的判断力。”

“不知所以裁之”，两种译文不同。译文的这一段和“归与！归与！”相呼应，说明孔子着急回去的原因，常见译文却不能说明。如果孔子不知道如何指导学生，他着急回去干什么呢？傅佩荣的译文是：“回去吧！回去吧！我们家乡的学生志向高远，奋发进取，基本修养已经颇为可观了，只是还不知道裁度事理的原则。”

二十三

子曰：“伯夷、叔齐不念旧恶，怨是用希。”

常见译文

孔子说：“伯夷、叔齐不记过去的恩怨，因此，别人很少怨恨他们。”

译文

孔子讲到古时候的两兄弟。他说道：“伯夷、叔齐对过去受到的伤害不记仇，他们很少怨恨别人。”

译解

“怨是用希”两种译文意思相反。不过，按孔子“欲仁得仁”的说法，译文“他们很少怨恨别人”更为恰当。

二十四

子曰：“孰谓微生高直？或乞醯焉，乞诸其邻而与之。”

译文

孔子说道："谁说微生高诚实呢？有人向他要点儿醋，他却到邻居家去要来当作自己的给人。"

译证

《学而篇》第十三章　有子曰："信近于义，言可复也……"

译解

这一章背景是"尾生抱柱"的典故。"尾生"即"微生高"，据说他与一个女子相约于桥下见面，女子爽约而河水陡涨，微生高守信不走，抱着桥柱被淹死。有意思的是，孔子在这里用另一件事情否定了微生高所谓的诚实守信。我们可以理解为"有子所言：君子守信要以符合道义为前提"（见译证），这种"匹夫匹妇"的小信不是儒家所主张的"信义"。

二十五

原文

子曰："巧言，令色，足恭，左丘明耻之，丘亦耻之。匿怨而友其人，左丘明耻之，丘亦耻之。"

译文

孔子讲道："花言巧语，装腔作势，假装恭敬，这种人左丘明不屑一顾，我孔丘也如此。心中怨恨此人，却假装要与他做朋友。这种人左丘明看不起，我孔丘也看不起。"

译解

这一章说明孔子和左丘明这样的"君子"，对正直、诚实的品德都同样看重。

二十六

原文

颜渊、季路侍。子曰："盍各言尔志？"子路曰："愿车马衣裘，与朋友共，敝之

而无憾。”颜渊曰：“愿无伐善，无施劳。”子路曰：“愿闻子之志。”子曰：“老者安之，朋友信之，少者怀之。”

颜渊、子路陪在孔子旁边。孔子说：“你们何不谈谈各人的志向？”子路说：“我愿意把自己的车马和衣服与朋友们共同使用，用坏了也没关系。”颜渊说：“我愿不夸耀自己的优点，不表白自己的功劳。”子路说：“想听听老师的志向。”孔子说：“我愿使老年人安乐，使朋友们信任我，使年轻人都怀念我。”

译文

一次，颜渊和子路在服侍孔子的时候，孔子对他俩说道：“谈谈你们各自的志向好吗？”子路说：“如果我有了好的车马和华丽的衣服，我会和朋友们共享，即使用坏了也不遗憾。”颜渊说：“我希望做了善事不炫耀，也不给别人添麻烦。”子路对孔子说：“希望听听老师的志向。”孔子说道：“我希望老年人生活安乐，朋友之间相互信任，年轻人能胸怀大志。”

译解

这一章译文差别在于孔子的志向表述。常见译文表达的是孔子以自我愿望为中心，译文表达的则是孔子对一个理想社会的愿景。首先是他的志向立意高远，其次是他的愿景气势恢宏。特别是“少者怀之”，体现了孔子作为伟大的思想家、教育家对后辈青年的殷切期望。

二十七

子曰：“已矣乎！吾未见能见其过而内自讼者也。”

常见译文

孔子说：“算了吧！我未见过能发现自己过错就在内心自我责备的人。”

译文

一次，孔子感叹地说道：“算了吧！我还没有见到一发现自己有过错就能够勇于自我批评的人。”

“能见其过而内自讼者也”，如果不说出来别人怎么知道呢？说出来就是“自我批评”。

二十八

原文

子曰：“十室之邑，必有忠信如丘者焉，不如丘之好学也。”

译文

孔子自语道：“即使在只有十户人家的小地方，也一定有像我一样正直、守信的人，但是不会有人像我这样努力好学。”

译解

孔子视谦逊为美德，但是这里孔子却显示了他的自信。这一章也是本书对《论语》首篇“学”字译文的根据之一，因为孔子深知“学而不厌”是不容易长期坚持做到的事情，而历史上终成大器者，都是“好学”之人。

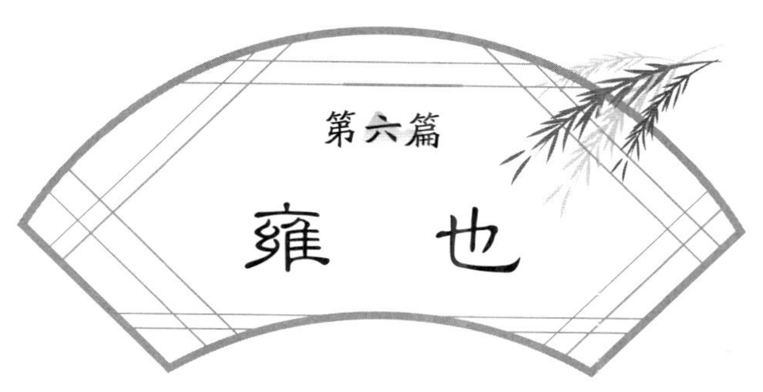

第六篇 雍也

一

原文

子曰:“雍也,可使南面。”

译文

孔子讲道:“冉雍,其能力可以做一国之君。”

译解

“雍”即冉雍,字仲弓,孔子的学生。据说其父为“不肖之人”。

“南面”是古时诸侯国君才拥有的地位,可见孔子对冉雍评价之高。

二

原文

仲弓问子桑伯子,子曰:“可也,简。”仲弓曰:“居敬而行简,以临其民,不亦可乎?居简而行简,无乃大简乎?”子曰:“雍之言然。”

常见译文

仲弓问孔子子桑伯子这个人怎么样。孔子说:“可以,他做事简单。”仲弓说:“如果态度认真而做事情简单,这样对待老百姓不是也可以吗?如果态度马虎,做事情也求简单,不是太简单了吗?”孔子说:“你说得对。”

译文

仲弓问孔子对子桑伯子(字可,鲁国贵族)的看法,孔子说道:“可这个人处世简单。”仲弓说:“保持应有的礼节,和百姓简单相处也可以。但是没有礼节又处世孤立,岂不太简单了吗?”孔子说道:“你说得对。”

译解

“可也”的“可”是子桑伯子的字。子桑伯子是鲁国贵族,据说他生活随便,不拘礼节,所以仲弓说他缺乏礼仪。这里和“回也”“由也”的用法一样,并不是孔子认同子桑伯子这个人。

三

原文

哀公问:“弟子孰为好学?”孔子对曰:“有颜回者好学,不迁怒,不贰过。不幸短命死矣。今也则亡,未闻好学者也。”

译文

鲁哀公(鲁国国君)问孔子:“你的学生中,谁最好学?”孔子回答道:“颜回最好学,他从来不埋怨别人,也从来不犯相同的错误。不幸的是过早去世。至今,我还没有发现像他这样好学的学生。”

译解

颜回,字渊,以聪明好学、德行好著名,是孔子最喜欢的学生,四十一岁就去世了。

四

原文

子华使于齐,冉子为其母请粟。子曰:“与之釜。”请益,曰:“与之庾。”冉子

与之粟五秉。子曰:"赤之适齐也,乘肥马,衣轻裘。吾闻之也:君子周急不继富。"

子华出使齐国。冉有为子华的母亲向孔子请求小米。孔子说道:"给她一釜吧。"冉有请孔子再加一点儿,孔子说道:"再加一庾。"结果冉有给了她五秉。孔子说道:"公西赤出使齐国,乘坐漂亮的马车,穿着昂贵的皮裘。常言道:君子只会济人一时之困,不会去帮人添加财富。"

这里"釜、庾、秉"均为当时的计量单位。按照现有的译文,孔子两次一共只答应了给予公西华母亲八斗八升小米,然而冉有却给了八百斗,大大超出了孔子答应的数量,显得不大合理(据考证:古制一釜约六斗四升,够一人吃一月。一庾约二斗四升。一秉约一百六十斗,五秉即八百斗。下面一章讲原思在孔子家做总管,孔子给他九百斗小米,他都认为太多而推辞。),故译文给以直译,不影响对原文意思的理解。

五

原思为之宰,与之粟九百,辞。子曰:"毋!以与尔邻里乡党乎。"

原思在孔子家做总管,孔子给他九百斗小米,他推辞。孔子说:"不要推辞,如果有多的,就分一些给乡亲们吧。"

原思给孔子当管家,孔子给他年俸九百斗小米,原思觉得太多了而拒绝。孔子对他说道:"不要推辞,多的你可以分给邻里的穷乡亲们。"

译解

原思推辞，说明孔子给的报酬是足够多的。按理孔子可收回一些，但是他却让原思分一些给穷乡亲们，这可以看出孔子对财富的态度。

六

原文

子谓仲弓曰："犁牛之子，骍且角。虽欲勿用，山川其舍诸？"

译文

孔子谈到学生仲弓，作了一个比喻："一个耕牛的儿子，毛色通红，双角整齐。有人不想用它来祭祀山川之神，难道山川之神会舍弃它吗？"

译解

"犁牛"即耕牛，古代礼仪规定耕牛不得用于祭祀。这里孔子比喻的意思是：仲弓虽然出身低贱，但他勤奋努力、能力过人。有人嫌他出身低贱不想用他，但国家社稷会舍弃他吗？据记载：仲弓的父亲是一个低贱卑微的小人，所以仲弓被人看不起。但是，孔子却认为他的能力可以做一国之君。

七

原文

子曰："回也，其心三月不违仁，其余则日月至焉而已矣。"

译文

孔子谈到学生颜回："颜回这个人，如果说他能保持三个月都一直努力提高自己的学问和修养，其他人可能只保持几天，最多不到一个月。"

译解

"其心三月不违仁"，这里应该是一个比喻，说明颜回在提高自己学问、道德修养上的坚持性远远高于其他人。“违仁”应当理解为“放松了学习”。“不违仁”就是“不放松学习”。

八

季康子问:“仲由可使从政也与?”子曰:“由也果,于从政乎何有?”曰:“赐也可使从政也与?”曰:“赐也达,于从政乎何有?”曰:“求也可使从政也与?”曰:“求也艺,于从政乎何有?”

译文

季康子问孔子:“仲由能不能从政?”孔子回答他:“仲由做事果断,从政有何难呢?”又问:“端木赐可以从政吗?”孔子答道:“端木赐做事锲而不舍,从政有何难呢?”再问:“冉求也可从政吗?”孔子答道:“冉求多才多艺,从政有何难呢?”

译解

“赐也达,于从政乎何有?”孔子说“下学而上达”,所以这里的“达”应理解为“学习刻苦、锲而不舍的精神”。

九

季氏使闵子骞为费宰。闵子骞曰:“善为我辞焉。如有复我者,则吾必在汶上矣。”

常见译文

季氏叫闵子骞担任费邑地的长官。闵子骞对来人说:“请好好地替我推辞了吧。要是再来找我,我一定会逃到汶水以北去。”

译文

季氏要闵子骞到费邑地去做地方长官。闵子骞对来人说："请替我婉言谢绝了吧。如果他再来找我，我就只好北过汶水出国去了。"

译解

"则吾必在汶上矣"中的"汶上"即"汶水以北"，已经出鲁国到了齐国境内。据载，闵子骞以孝道出名。"父母在，不远游"，所以闵子骞不愿去做官，孔子常常称赞他的孝行。"在汶上矣"，译文作了说明，便于理解。

十

原文

伯牛有疾，子问之。自牖执其手，曰："亡之，命矣夫！斯人也而有斯疾也！斯人也而有斯疾也！"

译文

伯牛得了严重的传染病，孔子去看他。孔子把手伸进窗户握住伯牛的手，伤感地说道："不行了，命不好啊！这么好的人怎么会得这样的病！这么好的人怎么会得这样的病！"

译证

《述而篇》第十三章　子之所慎：齐，战，疾。

译解

冉耕，字伯牛，孔子学生，以道德良好而闻名。据说他得了麻风病。这是一种传染病，也是不治之症，所以孔子如此伤感。孔子对于疾病，特别是传染病是非常慎重的，（见译证）然而他却亲自去看望一个得了严重传染病的学生，并且发出发自内心的悲叹，从侧面可以看出孔子与学生之间深厚的师生情谊。

十一

子曰:“贤哉,回也!一箪食,一瓢饮,在陋巷。人不堪其忧,回也不改其乐。贤哉,回也!”

常见译文

孔子说:“颜回,多么有贤德!一竹筐饭,一瓢水,住在破旧的巷子里,别人都难以忍受这样的苦楚,颜回却不改变他的乐观态度。多么有贤德的颜回!”

译文

孔子谈到颜回:“颜回,多么好的道德修养!只有米饭吃,只有清水饮,住在简陋的平民区。这样的生活别人都无法忍受,而颜回好学的乐趣丝毫不受影响。多么好啊,颜回!”

译解

“回也不改其乐”,译文说出了颜回“不改其乐”的原因。不然读者哪里知道颜回在乐什么呢?颜回以聪明好学、能吃苦而闻名,这样译文意思才完整。

十二

冉求曰:“非不说子之道,力不足也。”子曰:“力不足者,中道而废,今女画。”

译文

冉求对孔子说:“并不是我不喜欢老师讲的道理,但要做到我确实能力不够。”孔子讲道:“能力不够的人,会半途而废,而你开始就止步不前。”

译解

冉求为自己不学习找理由,孔子指出他的缺点。

十三

原文

子谓子夏曰:“女为君子儒,无为小人儒。”

常见译文

孔子对子夏说:“你要做一个君子式的学者,不要做一个小人式的学者。”

译文

孔子对子夏讲道:“你应当用儒学来提高修养,为国家、社会服务,而不要用儒学去做自私自利的事情。”

译解

“君子儒”“小人儒”,直译读者难以理解,如同没有翻译。儒学作为一门学问,可以用于不同的目的。孔子在这里提醒子夏,说明孔子认为儒学应该用来为国家政治和社会服务。后来的一些儒学已经变味,背离了孔子的思想。这段话有助于我们对孔儒的理解。

十四

原文

子游为武城宰。子曰:“女得人焉耳乎?”曰:“有澹台灭明者,行不由径。非公事,未尝至于偃之室也。”

译文

子游做武城的行政长官。孔子问他:“在武城你发现人才没有啊?”子游回答:“有一个叫澹台灭明的人,他从来不走旁门左道。不是急于公事,他也从不到我家里来。”

“行不由径”即“不走旁门左道”。这里可以看出孔子和他的学生把不“假公济私,损公肥私”作为选拔人才的标准,确实难能可贵。

十五

原文

子曰:“孟之反不伐。奔而殿,将入门,策其马,曰:‘非敢后也,马不进也。’”

孔子谈道:“孟之反(鲁国的一员武将)从不邀功。军队撤退,他总是殿后,要入城了才策马向前,并幽默地说:‘不是我勇于殿后,而是马跑不快。’”

译解

这里表现的是一个勇敢者的谦虚。

十六

原文

子曰:“不有祝鮀之佞,而有宋朝之美,难乎免于今之世矣。”

译文

孔子讲道:“没有祝鮀的口才,却有宋朝的美貌,灾祸恐怕难免了。”

译解

祝鮀和宋朝都是当时卫国的名人。祝鮀以辩才著名,宋朝以貌美出名。宋朝因受宠于卫灵公夫人南子，引起了卫国内乱。孔子认为卫国轻视人才而看重外貌会给国家带来灾难。

十七

子曰："谁能出不由户？何莫由斯道也？"

常见译文

孔子说："谁能走出屋子而不经过门户呢？为什么没有人走我说的正道呢？"

译文

孔子说道："有谁能够出屋子不经过屋门呢？明明有正道为什么不走呢？"

译解

"斯道"应该理解为"出房子的门户"，即"正道"，常见译文译为"我说的正道"显得太自我。

十八

子曰："质胜文则野，文胜质则史。文质彬彬，然后君子。"

常见译文

孔子说："质朴多于文饰，会显得粗野；文饰多于质朴，又难免虚浮。文采和质朴配合恰当，这才是君子。"

译文

孔子讲道："一个人的个性表现胜过文化修养会显得粗俗，有文化修养却没有一点儿个性又失去了自我。既有良好的文化修养又有独立的个性，这样才像君子。”

“质”是内在品质，“文”是外在表现，“史”即“失”之意。译文更容易理解孔子所言的“文质彬彬”。

十九

原文

子曰：“人之生也直。罔之生也幸而免。”

常见译文

孔子说：“人的生存是由于正直。不正直的人也可以生存，那是因为他侥幸地免于灾祸。”

译文

孔子讲道：“人一生应当过正直的生活。如果为了某种个人欲望而失去正直的生活，是得不偿失的。”

译证

《里仁篇》第五章 子曰：“……君子去仁，恶乎成名？君子无终食之间违仁，造次必于是，颠沛必于是。”

译解

据说此章“千古失解”，常见译文为多见。然而，历来不正直却活得很好的大有人在，所以常见译文不太合常情。在《论语》中，出现倒装句的地方不少，这里把语序作如下调整：“直，人之生也。幸而免，罔之生也。”则应该是原文所表达的意思。孔子在这里是告诫人们：不要因为眼前利益或一时的私欲而丢掉正直的生活。孔子在另一章中也讲了这个道理。（见译证）

二十

原文

子曰："知之者不如好之者，好之者不如乐之者。"

译文

孔子讲道："对于学问，懂得它的人不如喜欢它的人，而喜欢它的人又不如乐于实践它的人。"

译解

"知""好""乐"是学习知识的三个不同层次，孔子在这里说出了学习的正确方法。

二十一

原文

子曰："中人以上，可以语上也；中人以下，不可以语上也。"

译文

孔子讲道："与学养深厚的人，可以讨论高深的问题；与学养一般的人无法讨论。"

译解

这是一个很好的来说明孔子学问高深的例证。所以他讲"性与天道"（见《论语·公冶长篇》第十三章）这样的问题一般人不容易听懂。

二十二

原文

樊迟问知。子曰："务民之义，敬鬼神而远之，可谓知矣。"问仁。曰："仁者先难而后获，可谓仁矣。"

常见译文

樊迟问孔子怎样才算是聪明。孔子说："专心做符合老百姓利益的事情，敬奉鬼神但是要保持距离。这样可以说是明智。"樊迟又问怎样才算是有仁德。孔子说："仁德的人先要经历艰难的奋斗，然后才收获果实，这样可以说是仁德的人。"

译文

樊迟问怎样做才算具有智慧。孔子讲道："尽到自己的社会责任，对祖先和神灵要有敬畏之心，不要做有损于他们名誉的事情，这样可以说是有智慧。"又问怎样做才合乎道德。孔子讲道："见困难能够挺身而出，见利益能够退居人后，这样就合乎道德。"

译解

"务民之义"是作为一个"民"，应该尽到自己的社会义务。

"敬鬼神而远之"译为"敬畏鬼神"好理解，"敬奉鬼神但是要保持距离"却难以理解。这里孔子讲到对鬼神的敬畏，包括了祖先和神灵。"而远之"是说"不要做有损于祖先和神灵的事情，给他们带来不好的名声"。《孝经·感应章第十六》中"修身慎行，恐辱先也。宗庙致敬，鬼神著矣"可以说是此句合适的注解。

"先难而后获"，《孔子家语·三恕》中有"又尝闻养世之君子矣，从轻勿为先，从重勿为后"（会处世的君子，容易的事情不会与人争先，困难的事情不会躲在人后）。这样一段话，可以作为注解。钱穆的译文是："难事做在人前，获报退居人后，可算是仁了。"

二十三

原文

子曰："知者乐水，仁者乐山；知者动，仁者静；知者乐，仁者寿。"

常见译文

孔子说："聪明的人喜欢水，仁爱的人喜欢山；聪明的人活跃，仁爱的人恬静；聪明的人快乐，仁爱的人长寿。"

译文

孔子讲道："具有智慧，做事像水一样顺势而为，具有道德，做事像山一样意志坚定；智慧使人敏捷果断，道德使人沉着冷静；智慧使人兴趣广泛，道德使人美名长留。"

译证

《卫灵公篇》第二十章 子曰："君子疾没世而名不称焉。"

译解

"知者"和"仁者"的"者"在这里应作为助词而非代词，"乐"应是"倾向于"而不是"喜欢"。把"仁者""智者"作为两种人翻译则不妥，聪明的人喜欢水，难道就不能喜欢山吗？反之亦然。其实，孔子所讲的君子，就具备仁和智两种品质。

"仁者寿"，如果说仁者都能长寿，那颜渊就不应当早死，这也不合世间常情。因此，孔子这里所言之"寿"应当不是"生理上的寿命"，而是说"一个人有良好的道德修养，有所作为，就能给自己身后留下长久的美名"（见译证），即"名垂青史"之意。《道德经》中"死而不亡者寿"一句，才是对"仁者寿"的合理注解。

二十四

原文

子曰："齐一变，至于鲁。鲁一变，至于道。"

译文

孔子讲道："如果齐国改变，应当向鲁国看齐。而鲁国的改变，应当向先王之道看齐。"

译解

孔子认为齐国喜好夸张诡诈，是霸道政治；鲁国比较崇尚礼仪，周礼余风还在，所以有此一章。

二十五

原文

子曰："觚不觚，觚哉！觚哉！"

译文

孔子感叹国家政治秩序混乱，没有规矩。他说道："这酒壶没一点儿酒壶的样子，酒壶就应该像个酒壶！酒壶就应该像个酒壶！"

译解

前面加一段说明，便于读者理解。在《论语》中，可以看到孔子作为老师，常常用比喻来讲道理。

二十六

原文

宰我问曰："仁者，虽告之曰：'井有仁焉。'其从之也？"子曰："何为其然也？君子可逝也，不可陷也。可欺也，不可罔也。"

常见译文

宰我问孔子："一个有仁德的人，如果有人告诉他：'有仁人掉下井了。'他是否应当跟着仁人跳下井？"孔子说："他为什么要这样做呢？对一个君子来说，你可以让他离开，却不能让他跳井。你可以欺骗他，却不可以愚弄他。"

译文

宰我问孔子："一个有爱心的人，要是有人告诉他：'有仁人掉到井里了。'他就该跟着仁人跳下井吗？"孔子回答道："为什么要这样做呢？聪明人可以选择离开，但是绝不会跟着跳下井。可能有人想欺骗他，但是他绝不会愚昧无知。"

译解

“君子可逝也，不可陷也”应该理解为“君子自己可以选择离开，不会跟着跳下井”。

“可欺也，不可罔也”是说“可以欺骗君子，但是君子不会因为无知而上当”。

二十七

原文

子曰：“君子博学于文，约之以礼，亦可以弗畔矣夫。”

译文

孔子讲道：“一个人学问广博，遵守礼仪，人生就不会犯大错。”

译解

孔子强调有广博的学问就具有了智，对礼仪的遵守就具有了仁。这两条都做到了，人生就不会犯大错误。

二十八

原文

子见南子，子路不说。夫子矢之曰：“予所否者，天厌之！天厌之！”

译文

孔子会见了南子，子路不高兴。孔子只好对他发誓：“我要是有违背礼仪之处，让老天厌弃我好了！让老天厌弃我好了！”

译解

南子是卫灵公夫人，受卫灵公宠爱，名声不好。有意思的是孔子对子路的发誓，从这里可以看出他们师生之间所具有的人性高度自觉。子路不因孔子是自己的老师而隐藏自己不愉快的感受，说明孔子与学生之间人格上的平等，也可以看出孔子对学生的教育和人格培养是互动的。

二十九

子曰：“中庸之为德也，其至矣乎！民鲜久矣。”

常见译文

孔子说：“中庸这一道德，实在是最高的了！老百姓已经缺乏它很久了。”

译文

孔子讲道：“中庸所体现的道德价值是最高的！但是一般人很少能够长期坚持下去。”

译证

1.《**述而篇**》第三十章　子曰：“仁远乎哉？我欲仁，斯仁至矣。”

2.《**子路篇**》第二十一章　子曰：“不得中行而与之，必也狂狷乎……”

译解

“民鲜久矣”，“中庸”所体现的道德难在长期坚持。孔子说：“我欲仁，斯仁至矣。”（见译证1）说明“中庸”是可以做到的。而要求人事事都“中行”（做到中庸）却又是困难的。（见译证2）然而有意思的是这个儒家所提倡的“至德”，在《论语》中直接提到的地方仅此一处。我们可以这样认为：“中庸”在《论语》中已经潜移默化，体现在许多言谈议论之中。

三十

子贡曰：“如有博施于民而能济众，何如？可谓仁乎？”子曰：“何事于仁，必

也圣乎！尧舜其犹病诸！夫仁者，己欲立而立人；己欲达而达人。能近取譬，可谓仁之方也已。”

常见译文

子贡说：“假如有人能够广泛地给予老百姓照顾，又确实使大家得到了实惠，这个人怎么样？可以说他具备了仁德吗？”孔子说：“那何止是仁德，那简直是圣德了！尧舜大概也难以做到！所谓仁，就是自己要站得住，同时也使别人站得住；自己处处行得通，同时也使别人处处行得通。能够推己及人，可以说是行使仁道的方法。”

子贡问孔子：“如果对老百姓做了许多好事，而且也确实给老百姓带来了利益。这样做如何？可以说是仁善之举吧？”孔子回答道：“岂止是仁善！完全是圣贤！就是尧舜也未必能做得到！所谓仁善之道，就是自己想要努力的方向，也帮助别人一起来努力；自己想要达到的目标，也帮助别人共同来达到。能接近和达到这个要求，可以说是弘扬仁道的最好方法。”

对于“夫仁者，己欲立而立人；己欲达而达人”，历来有多种译文，而“立”和“达”是难译之点。这一章可以充分地说明孔子的“仁道观”，那就是：真正的行仁之道，是能够带领大家一道向一个好的目标共同努力！而译为“站得住”“行得通”则所指不明，不好理解。

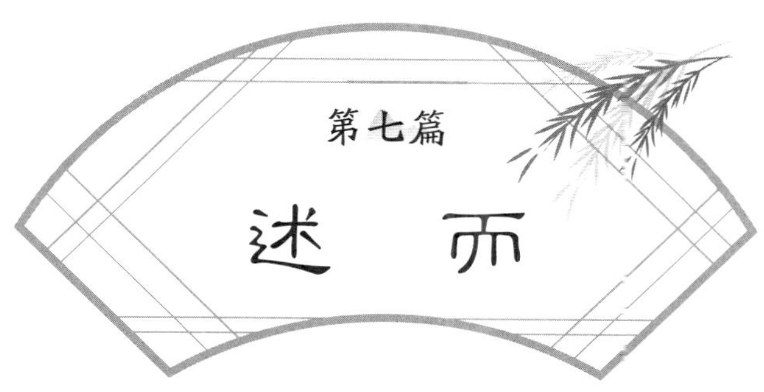

第七篇 述而

一

子曰:“述而不作,信而好古。窃比于我老彭。”

译文

孔子讲道:“坚持热爱和学习古代文明,传承它而不改变它。这方面我自比为老彭。”

译解

译文把前两句倒过来译,更符合现代语言的表达习惯。“信”有“坚持、恒定不变”的意思。“老彭”一说是指“老氏史官家族”,另一说是指“商时代的贤大夫”。孔子之所以“述而不作,信而好古”,是他把当时的礼崩乐坏与周王朝的兴盛、天下太平相比较而做出的选择。

二

子曰:“默而识之,学而不厌,诲人不倦。何有于我哉?”

常见译文

孔子说："学的知识默记在心，努力学习而不满足，教导别人而不厌倦。这些我又做到哪一点呢？"

译文

孔子说道："默默地求知，学习上永不满足，教授学生永不厌倦。这些对我有何难呢？"

译证

《述而篇》第三十四章 子曰："若圣与仁，则吾岂敢！抑为之不厌，诲人不倦，则可谓云尔已矣。"

译解

"默而识之"，有不声张、不夸耀的意思。

"何有于我哉？"两种译文不同，这里并不是孔子认为自己做不到，而恰恰显示了孔子的自信。（见译证）

三

原文

子曰："德之不修，学之不讲，闻义不能徙，不善不能改，是吾忧也。"

译文

孔子讲道："道德修养不提高，学问不研究，知道正义的事不去做，有了错误不改正，这些毛病让我担心。"

译解

这四点是孔子学生在学习中表现出的缺点。孔子对自己学生的优点和缺点都非常关注，确实是一位有高度责任心的老师。

四

子之燕居。申申如也，夭夭如也。

译文

在家闲居。孔子总是衣着端庄而舒适，神态飘逸而愉快。

译解

这一章存在于《论语》中是想说明什么呢？难以说明白。不过，留言者让我们看到了孔子生活中平常人的一面。在儒家看来，一个君子，应该学会善待自己，因为善待自己也是“孝”。《孝经》中说：“身体发肤，受之父母，不敢毁伤，孝之始也。”

五

原文

子曰：“甚矣，吾衰也！久矣，吾不复梦见周公！”

译文

一次，孔子叹息道：“我感到自己衰老得很厉害了，很久都没有再梦见周公了。”

译解

“周公”，姓姬，名旦，周文王之子，周武王的弟弟。他为周王朝的兴盛立下不朽的功业，是孔子最敬佩的古代政治家。孔子希望自己能够成为周公那样的圣人，所以才常常梦见周公。

六

原文

子曰："志于道，据于德，依于仁，游于艺。"

常见译文

孔子说："立志在道，处世在德，依赖于仁，在六艺中游学。"

译文

孔子讲道："立志探求真理，以道德为判断标准，过高尚的生活，培养广泛的学习兴趣。"

译解

两种译文表述有些差异，译文更容易理解。

七

原文

子曰："自行束脩以上，吾未尝无诲焉。"

常见译文

孔子说："那些带着薄礼来向我求教的人，我都会教诲他。"

译文

孔子讲道："只要年龄到了十五岁来求学的人，我都会给以教诲。"

译解

"束脩"有两解。一为"送老师的见面礼(十条干肉)"；一为"古时男孩到了十五岁就应束发成童，准备读书了"，两种译文都成立。

八

子曰："不愤不启，不悱不发。举一隅不以三隅反，则不复也。"

常见译文

孔子说："教导学生，不到他努力想明白而又不明白时，我不去开导他；不到他想说又说不出来时，我不会启发他。提示一个角，他不能联想到另外三个角，我就不再教他。"

译文

孔子讲道："在教学上，学生不是尽力思索而不明白，我不会去指导他。不是想方设法都说不清，我不会去提醒他。我讲一个问题，他不能联系到相关的其他问题，我不会再讲下去。"

译解

"举一隅不以三隅反"，"隅"指四方形的角。孔子这里是用比喻，直译则显得生硬。

"则不复也"应该理解为"不再重复讲"，译为"不再教他"则显得绝对，有违孔子所言"诲人不倦"。

这一章充分体现了启发式教育的重要性，是孔子对教育非常精彩的论述。

九

子食于有丧者之侧，未尝饱也。

常见译文

孔子在有丧事的人旁边吃饭，从来不曾吃饱过。

译文

孔子在丧者家中吃饭，从来不吃饱。

译解

“未尝饱也”是说孔子自己主动吃得很少，以表示对死者的尊重。

十

原文

子于是日哭，则不歌。

译文

孔子当天参加了丧事（是日哭），不会再唱歌。

译解

“子于是日哭”，译文说明了孔子哭的原因，体现了孔子对死者的尊重。

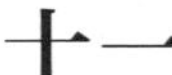

十一

原文

子谓颜渊曰：“用之则行，舍之则藏，惟我与尔有是夫。”子路曰：“子行三军，则谁与？”子曰：“暴虎冯河，死而无悔者，吾不与也。必也临事而惧，好谋而成者也。”

常见译文

孔子对颜渊说：“有人用我，我就去做事；没有人用我，我就隐藏起来。只有我和你才能这样吧。”子路说：“老师如果统帅军队，找谁共事呢？”孔子说：“空手打虎，徒步过河，这样死了都不后悔的人，我是不和他共事的。我要找的一定是面对情况有所恐惧，仔细谋划，能成功的人。”

孔子对颜渊讲道："国家需要时，响应国家征召；没有被征召，仍然做自己的学问，只有我俩有这种思想准备。"子路说："如果老师统领部队，愿带谁一起去？"孔子说道："赤手空拳敢打虎，不知深浅敢下河，连自己生命都不顾的人我是不会要的。我要的是遇事非常小心，善于谋断，能取得成功的人。"

译解

"舍之则藏"的"藏"应是"学问藏而不用"的意思，而不是人躲起来，躲起来是"隐士"的选择。

"必也临事而惧"的"惧"应视为"具"，是"具有准备、处处小心"的意思。译为"恐惧"就成了胆小害怕，儒家主张"仁、智、勇"，所以译文更合适。

十二

原文

子曰："富而可求也，虽执鞭之士，吾亦为之。如不可求，从吾所好。"

译文

孔子讲道："如果财富能够以正当方法获得，即使是执鞭这样下贱的工作，我也可以干。但是不能正当获得，我会远离财富去做我喜欢的事。"

译解

"执鞭"一说是"为天子、诸侯出行开道的人"，一说是"市场上维持秩序的人"，都是当时下贱的工作。

有的译文以"樊迟请学稼"一章为据，说孔子轻视劳动和劳动人民，这一章可以作为反证，说明孔子并非如此。孔子认为追求财富，过好的生活是人的正当追求，但是得到财富的方法和路径则要合乎道德，如果违背了这个原则就是对道德的背叛。这样的财富观在今天也是正确的。

十三

原文

子之所慎：齐，战，疾。

常见译文

孔子对三件事很慎重：斋戒，战争，疾病。

译文

孔子对三件事很慎重：斋戒仪式，发生战争，传染病流行。

译证

《雍也篇》第十章 伯牛有疾，子问之。自牖执其手，曰："亡之，命矣夫……"

译解

"疾"应当理解为"传染病"而非一般的疾病，因为只有传染病才会像战争一样给国家和人民造成重大损失。伯牛得了传染病，孔子不顾危险去看他，但是，他也注意了隔离（"自牖执其手"），由此可见孔子对传染病的慎重。（见译证）

十四

原文

子在齐闻《韶》，三月不知肉味。曰："不图为乐之至于斯也！"

常见译文

孔子在齐国听了《韶》乐后，很长一段时间吃不出肉的味道。于是他说："没有想到欣赏音乐竟到了这种境界。"

在齐国时，孔子第一次听到《韶》这支乐曲，非常喜欢。他全力以赴地学习，甚至很久没有肉吃也顾不上。他感叹道："没有想到一首乐曲能完美到如此程度！"

"三月不知肉味"，两种译文都成立。不过"有肉吃不知香味"和"忙得顾不上吃肉"，形容程度上还是有差异。辜鸿铭的译文是："因此他三个月放弃所有的事情，全身心投入到学习这首曲子上，甚至完全忘记了日常喜欢的饮食（指肉，译者注）。"

十五

冉有曰："夫子为卫君乎？"子贡曰："诺，吾将问之。"入，曰："伯夷、叔齐何人也？"曰："古之贤人也。"曰："怨乎？"曰："求仁而得仁，又何怨？"出，曰："夫子不为也。"

冉有问子贡："老师会帮助卫国国君吗？"子贡说："这样，我去问一下老师。"进屋后，子贡问孔子："伯夷、叔齐，该如何评价他们呢？"孔子回答道："当然是古代贤人。"又问："他们对自己的遭遇没有怨恨吗？"孔子回答道："他们追求过道德的生活，而且也做到了，有什么可怨恨的呢？"子贡出来对冉有说："老师不会去帮助卫君。"

译解

据载，卫国国君辄与其父蒯聩之间存在权位之争，子贡旁敲侧击地问孔子对这件事的态度，而孔子的回答，间接地表明了对不义战争的反对。

十六

原文

子曰:“饭疏食,饮水,曲肱而枕之,乐亦在其中矣。不义而富且贵,于我如浮云。”

常见译文

孔子说:“吃粗食,喝冷水,弯着胳膊做枕头,这样的生活也会有乐趣。用不正当的方法得到富贵,对我而言犹如浮云。”

译文

孔子讲道:“即使饮食简单,以水代茶,枕臂而眠,也同样能找到生活的乐趣。富贵的生活不是用正当方法获得,对我而言犹如天边的浮云,是不会要的。”

译解

“乐亦在其中矣”并不是说“穷困的生活有乐趣”,而是说“虽然生活穷困,但是仍然可以找到乐趣,如学习、研究学问等”。常见译文给人“以生活穷困为乐”的印象,不太合适。

十七

原文

子曰:“加我数年,五、十以学《易》,可以无大过矣。”

常见译文

孔子说:“让我多活几年,到了五十岁去学习《易经》,就不会有大的过错。”

译文

孔子晚年研究《易经》。他说道:“如果老天能让我多活几年,五年或者十年吧,我研究《易经》就不会有大的遗憾。”

“五十以学《易》”有多解。有的译为“到五十岁学《易经》”，有的译为“让我学到五十岁”，视“易”为“亦”，与“学《易》”无关。如果这是孔子五十岁以前说的，他可以抓紧时间学习《易经》，何必“加我数年”呢？如果是他在五十岁以后说的，时间已过又如何加呢？《史记·孔子世家》有“孔子晚而喜《易》……，韦编三绝……”说明孔子是晚年才开始深入研究《易经》的。[多数学者认为，孔子并非晚年才学习《易经》。蔡尚思说：“孔子没有五十以学《易》的话，这种考证是不够严肃的。”傅佩荣说：“我们没有理由说他(孔子)五十以前不曾学过《易经》。”]而五十岁恐怕还不能说是晚年吧(孔子五十五岁开始周游列国，到六十八岁重返鲁国，时间长达十四年)。孔子到了晚年，再想要深入研究《易经》感到时不我待，因此才会有“加我数年”的感叹。而人到晚年，希望能够活得长一些也是合乎常理的。

十八

子所雅言：《诗》《书》、执礼，皆雅言也。

常见译文

孔子在需要的时候都说雅言。读《诗经》《尚书》，以及执行礼仪时，都用的是雅言。

译文

孔子爱用首都地方语言讲话。讲《诗经》《尚书》，以及在执行礼仪时，都会用到周地语音。

译解

“雅言”直译读者不好理解，有的书把“雅言”直接翻译成“普通话”。实际上，合理的解释应该是当时周地语音(即天子所在地的方言，相当于现在的北京方言)。孔子是鲁国人，平常说话是鲁国口音。在“《诗》《书》、执礼”的时候用周地语音，以表示对天子和中央权力的尊重。这应该是对“雅言”合理的解释。

十九

原文

叶公问孔子于子路，子路不对。子曰：“女奚不曰：其为人也，发愤忘食，乐以忘忧，不知老之将至云尔。”

译文

叶公（一个小国国君）找子路打听孔子，子路没有理他。孔子知道后对子路说道：“你为什么不回答他：他这个人，勤奋工作会忘记吃饭，获得新知识会高兴得忘记烦恼，甚至不知道自己开始衰老了。”

译解

“乐以忘忧”，译文给“乐”找了一个理由，这样原文意思似更完整。

二十

原文

子曰：“我非生而知之者，好古，敏以求之者也。”

常见译文

孔子说：“我不是生来就有知识的人，而是喜欢古代文化，勤奋学习而求得知识的人。”

译文

孔子讲道：“我并不是天赋很高，只是喜欢古代文明，并勤奋学习和研究它。”

译解

“我非生而知之者”，这个“知”应视为“智”，是“智力好、天赋高”的意思，这里体现了孔子的谦虚。

二十一

原文

子不语怪、力、乱、神。

常见译文

孔子不谈论怪异、勇力、暴乱、鬼神。

译文

孔子从来不议论怪异现象、暴力行为、犯上作乱、天地之神。

译解

“神”在这里不应包括“鬼”，因为“鬼”即“归”，是指“已经亡故的人”。孔子说：“非其鬼而祭之，谄也。”所以“鬼”“神”有别，不应混为一谈。钱穆的译文是：“神道。”

二十二

原文

子曰：“三人行，必有我师焉。择其善者而从之，其不善者而改之。”

常见译文

孔子说：“几个人一起走路，其中一定有可以做我老师的人。我学习他的优点，对他的缺点引以为戒。”

译文

孔子讲道：“即使只有三个人在一起，也会有值得我学习的地方。对做得好的我会照着去做，不好的行为我也有，就立即改正。”

“其不善者而改之”，译文应更贴近原文意思，不然“而改之”是改什么呢？这里孔子是讲“改正错误也是学习”。

二十三

原文

子曰：“天生德于予，桓魋其如予何？”

译文

孔子在宋国遇到危险。他说道：“既然上天给了我道德的力量，桓魋（宋国官员，欲杀孔子）又能把我怎么样呢？”

译解

译文添加了一段说明以便读者理解。面对生命遇到的危险，孔子以道德的力量来鼓舞自己。

二十四

原文

子曰：“二三子以我为隐乎？吾无隐乎尔！吾无行而不与二三子者，是丘也。”

常见译文

孔子说：“你们这些学生以为我对你们隐瞒了什么吗？我对你们没有隐瞒。我没有什么事不向你们公开，这就是我孔丘的为人。”

译文

一次，孔子和学生在卫国处于困境之中。有的学生心志动摇，对前途犹豫彷徨。于是，孔子对他的学生说道：“同学们，难道你们认为我会离开你们吗？我绝不会离开！我任何时候都会和你们在一起，我孔丘说话算数。”

译证

《泰伯篇》第十三章　子曰：“笃信好学，守死善道。危邦不入，乱邦不居。天下有道则见，无道则隐……”

译解

这个“隐”的最初解释源于郑玄，使“隐瞒”之说成为定论。不过，这样解释却缺乏说服力。孔子作为老师，他秉持“学而不厌、诲人不倦”的教书精神，学生怎么会怀疑他隐瞒什么知识而不教呢？这不合理。何新注释本章“时孔子在卫，处于厄困中，学生心志有所动摇。故孔子言此以明心迹”（见《论语新解》，何新著）。而“隐”在《论语》中也有多义，这里应作“离开、逃离、消逝”解（见译证），而不是“隐瞒知识”，这样才能与后面的“吾无行而不与二三子者”相呼应。这是孔子对犹豫彷徨的学生表明态度：他会和他们一起继续周游列国，推行儒家治国之道，而不会离开他们。

二十五

原文

子以四教：文、行、忠、信。

译文

孔子从四个方面教导学生：历史文献、行为规范、品德正直、诚实信用。

译解

“忠”是“品德正直”。所以“忠君”应该是“以正直的品格和自己的政治理念服务君主”，这才应该是孔子所言的“忠”。

二十六

原文

子曰:“圣人,吾不得而见之矣。得见君子者,斯可矣。”子曰:“善人,吾不得而见之矣。得见有恒者,斯可矣。亡而为有,虚而为盈,约而为泰,难乎有恒矣。”

常见译文

孔子说:“圣人,我是看不见了,能见到君子,就可以了。”孔子又说:“善人,我是看不见了,能见到有恒心的人,也可以了。明明没有却装作有,明明空虚却装作充实,明明穷困却装作富有,这样的人要做到有恒心就很难了。”

译文

孔子讲道:“圣贤之人,我没有见到,能见到高尚、智慧的人也可以。”孔子又说道:“诚实善良的人我没有见到,能见到不说谎的人也可以。现在是没有却要装作有,空虚却要装得很充实,穷困却要装得很富有,连不说谎的人都难得见到。”

译解

“得见有恒者……难乎有恒矣”中的“恒”,有的译为“恒心”,有的译为“坚持一定的操守”。这里应理解为“恒定不变,不说谎话”的意思。如果译为“恒心”,这个“恒心”指什么呢?与原文内容似无关联;译为“坚持住操守”(见《论语新注新译》,杨逢彬著)也是合适的。

二十七

子钓而不纲,弋不射宿。

孔子钓鱼而不会用网捕鱼，射鸟不射归巢的鸟。

孔子只钓鱼而不网鱼，射鸟也从不射杀巢中幼鸟。

译解

“弋不射宿”，辜鸿铭译为：“只射正在展翅飞翔的鸟，而从不射杀幼鸟。”这样更显示出孔子的仁道情怀。不然，这只鸟起飞与落巢都是死，就没有“仁”的意义了。

二十八

原文

子曰：“盖有不知而作之者，我无是也。多闻，择其善者而从之；多见而识之、知之。次也。”

常见译文

孔子说：“大概有自己不懂却去创作的人，我不是这样的人。多听，选择正确的接受；多看，把好的记在心里。这样，比生来就知道差一点儿。”

译文

孔子讲道：“总有一些人，自己还没有理解问题却在创新立说，我不赞成这种做法。多听，按照好的方面去做；多看，不断地认识事物、增长智慧。这才是学习的正确过程。”

译解

“次也”应该理解为“前面所说的学习方法应有的次序和过程”。有的把“知之次也”联为一句，译为“仅次于生而知之”应不是原文意思，因为“生而知之”（生来就有知识）是不可能的。这里原文是按照译文的意思断句。

二十九

原文

互乡难与言。童子见，门人惑。子曰："与其进也，不与其退也。唯何甚？人洁己以进，与其洁也，不保其往也。"

常见译文

互乡的人难以沟通。孔子却接见了一个互乡的少年。学生感到不解。孔子说："我赞成他上进，不希望他退步，何必做得太过分呢？别人把自己弄得干干净净来见我，应当赞许他的干净，不应当追究他的过去。"

译文

互乡民风不好，人难以训导。一天，来了个互乡少年求见孔子，孔子接见了他，学生感到不理解。孔子讲道："鼓励进步，不希望他落后。为何要求太苛刻呢？一个人愿意改正错误，要求进步，就应当鼓励他进步，即使不能保证他再犯过去的错误。"

译解

"人洁己以进，与其洁也"，这里应该理解为孔子作的比喻，直译会显得生硬。

"不保其往也"，一个人犯同样的错误是常见的事情，译文体现了孔子"诲人不倦"的精神。辜鸿铭的译文是："即使不能保证他可能再入歧途。"

三十

原文

子曰："仁远乎哉？我欲仁，斯仁至矣。"

常见译文

孔子说："仁离我们很远吗？我想要仁，仁就会到来。"

孔子讲道:“做道德的事情很困难吗?我只要想去做,就可以做成。”

译解

这里的“仁”应当做出合乎逻辑的解释。不然,“我想要仁,仁就会到来”如同没有翻译,让读者又如何理解呢?辜鸿铭的译文是:“道德生活是某种遥不可及或困难重重的事情吗?如果有人仅仅希望过上道德生活,那么现在,他的生活就会变成道德生活。”

三十一

陈司败问:“昭公知礼乎?”孔子曰:“知礼。”孔子退,揖巫马期而进之,曰:“吾闻君子不党,君子亦党乎?君取于吴,为同姓,谓之吴孟子。君而知礼,孰不知礼?”巫马期以告,子曰:“丘之幸!苟有过,人必知之。”

译文

陈司败(陈国大夫)问孔子:“鲁昭公(鲁国国君)懂礼吗?”孔子回答他:“是的,他懂礼。”孔子离开后,陈司败向巫马期作揖,招手要巫马期(孔子的学生)过来,并对他说:“我听说道德高尚的人不会偏心,难道道德高尚的人也偏心吗?鲁国国君娶吴国女子为妻,由于同姓(鲁国人和吴国人同为姬姓)就改称夫人为吴孟子(按礼制不能娶同姓女子为妻)。鲁君懂礼,那谁又不懂礼呢?”巫马期告诉了孔子。孔子感叹道:“我真是幸运!一有错,有人马上就指出来。”

译解

有的书说是孔子在这里故意“为尊者讳”,即为鲁国国君隐瞒其不遵守礼仪的行为。在《论语》中,孔子认错也不是一处,这里应当理解为孔子提倡的“知错就改”的美德而不是“为尊者讳”。钱穆解此章说:“陈司败先不显举其娶于吴之事,而仅问其知礼乎。”这也说明孔子并非有意“为尊者讳”。

三十二

原文

子与人歌而善，必使反之，而后和之。

译文

孔子跟别人一起唱歌，如果这个人唱得很好，孔子一定会请他再唱一遍，然后再和他一起唱。

译解

前面有"子于是日哭，则不歌"说明孔子是喜欢唱歌的，"……而善，必使反之"说明孔子对唱歌水平的要求是很高的。

三十三

原文

子曰："文，莫吾犹人也。躬行君子，则吾未之有得。"

常见译文

孔子说："如果说书上的知识，我和别人也差不多。身体力行完全达到君子的标准，我还没有做到。"

译文

孔子谈到他自己："就书本上的学问来说，我并不比别人高明多少。但是身体力行过道德的生活，我还没有见到超过我的。"

译证

1.《公冶长篇》第二十八章　子曰："十室之邑，必有忠信如丘者焉，不如丘之好学也。"

2.《卫灵公篇》第三十六章　子曰："当仁，不让于师。"

"躬行君子，则吾未之有得"常见译文多见。孔子赞扬谦虚的品格，但是在他确定的人生目标中，在他要求学生应当达到的道德高度上，他是当仁不让的。（见译证1、2）所以"未之有得"应是"未见到别人超过我"之意。

三十四

子曰："若圣与仁，则吾岂敢！抑为之不厌，诲人不倦，则可谓云尔已矣。"公西华曰："正唯弟子不能学也。"

译文

孔子说道："若把我比作圣贤和完美之人，我岂敢同意！如果说我努力学习永不满足，教导学生永不厌倦，这样说也可以。"公西华说："这正是我们学生望尘莫及的。"

译解

"若圣与仁"，这里是"非常完美，达到至善境界"之意。

三十五

子疾病，子路请祷。子曰："有诸？"子路对曰："有之，《诔》曰：'祷尔于上下神祇。'"子曰："丘之祷久矣。"

常见译文

孔子病重，子路请求为他祈祷。孔子说："有这样的事？"子路回答："有的。《诔》上说：'为你向天地之神祈祷。'"孔子说："我已经祷告很久了。"

译文

孔子得了重病，子路祷告为孔子消灾。孔子问他："有这种做法吗？"子路回答："有这个做法。祷告词是：'愿天地神明保佑您。'"孔子幽默地说道："我要祷告的话，希望长命百岁。"

译证

《八佾篇》第十三章 王孙贾问曰："'与其媚于奥，宁媚于灶'，何谓也？"子曰："不然。获罪于天，无所祷也。"

译解

"丘之祷久矣"译为"我已经祷告很久了"不合适。此章前面孔子对子路的祷告才提出疑问，后面马上又说已经祷告很久了，岂不矛盾？此外，从《论语》有关章节可以知道，孔子对求神保佑之类的做法是不相信的。（见译证）

三十六

原文

子曰："奢则不孙，俭则固。与其不孙也，宁固。"

译文

孔子讲道："奢侈的生活不会长久，勤俭的生活又显得寒酸。与其过不长久，宁可显得寒酸。"

译解

"孙"通"逊"，有两解：一是"谦逊"，二是"续"。"固"也有两解，一是"简陋"，二是"久"。本书从二。

三十七

原文

子曰："君子坦荡荡，小人长戚戚。"

孔子说："君子总是心胸宽广，小人总是长怀幽怨。"

孔子讲道："道德高尚、聪明智慧的人总是依道义行事，所以心胸坦荡；自私自利的人随时都在计较个人得失，所以不得安宁。"

译文扩展了原文来翻译，说明了君子心胸坦荡、小人不得安宁的原因。

三十八

子温而厉，威而不猛，恭而安。

孔子给人的印象总是温和而又庄严，令人敬畏但是不让人害怕，非常有礼而又神态安详。

这是对孔子外貌的描述，体现了孔子"中庸"的神韵。

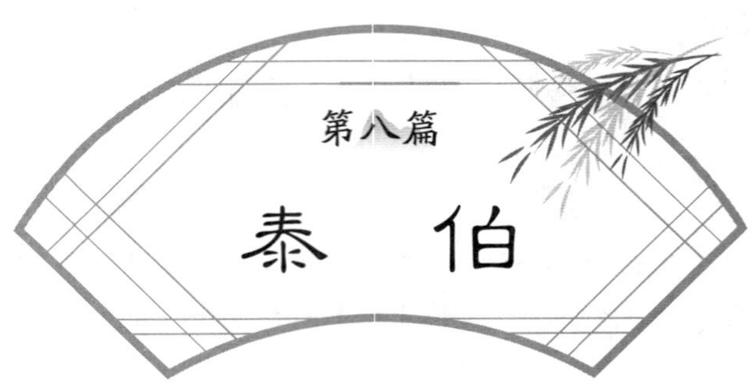

第八篇 泰伯

一

原文

子曰："泰伯，其可谓至德也已矣。三以天下让，民无得而称焉。"

常见译文

孔子说："泰伯的品德可以说是最高的。他多次将天下让人，老百姓都找不到语言来赞美他。"

译文

孔子讲道："泰伯，可以说已经达到道德的最高点。他三次推让天子之位，老百姓因为不知道所以很少称赞他。"

译解

"民无得而称焉"，有以上两种译文，意思相反，但是都体现了孔子对泰伯的称赞，所以两种译文都成立。

二

原文

子曰："恭而无礼则劳，慎而无礼则葸，勇而无礼则乱，直而无礼则绞。君子

笃于亲，则民兴于仁。故旧不遗，则民不偷。”

孔子说：“恭敬而不懂礼，就会劳倦；谨慎而不懂礼，显得懦弱；勇敢而不懂礼，就会闯祸；心直口快而不懂礼，会显得尖刻。当政者对亲属厚道，老百姓就会致力于仁。当政者不遗弃老朋友，老百姓就不会冷淡无情。”

译文

孔子讲道：“不合礼仪的恭敬是徒劳，不合礼仪的小心是怯懦，不合礼仪的勇猛会生乱，不合礼仪的直率是傲慢。国君重视亲情，老百姓就会互相关爱。国君不随便遗弃旧臣，老百姓就不会离走他乡。”

译解

“偷”字“千古失解”，两种译文难说谁对谁错。不过，何新将“偷”作“逃”解。从《孟子·尽心下》中“孟子曰：‘诸侯之宝三：土地、人民、政事……’”一段来讲，何新的解释则符合时代特点。

三

原文

曾子有疾，召门弟子曰：“启予足！启予手！《诗》云：‘战战兢兢，如临深渊，如履薄冰。’而今而后，吾知免夫！小子！”

常见译文

曾子生了重病，他把学生叫到一起，说：“放开我的脚，放开我的手！《诗经》上说：‘小心啊，就像走在深渊旁，就像走在薄冰上。’从今以后，我可以免去祸害了！同学们！”

译文

曾子患了重病，召集他的学生说：“现在，我可以放开手足了！《诗经》上说：

‘战战兢兢，如临深渊，如履薄冰。’从今以后，我知道我不再需要这样了！同学们！”

“战战兢兢，如临深渊，如履薄冰”出自《诗经·小雅》，意思是“保持小心谨慎的态度，像走在深渊旁，走在薄冰上”。曾子感到自己病重将要死去，所以不再需要受礼仪的约束了。此诗文至今也是经常使用的，所以直接引用。但是，如果把“吾知免夫”译为“我可以免去祸害了”则不妥，曾子怎么会视遵守礼仪为“祸害”呢？辜鸿铭的译文是：“我彻底解脱了。”这样则合理。

四

原文

曾子有疾，孟敬子问之。曾子言曰：“鸟之将死，其鸣也哀；人之将死，其言也善。君子所贵乎道者三：动容貌，斯远暴慢矣；正颜色，斯近信矣；出辞气，斯远鄙倍矣。笾豆之事，则有司存。”

曾子患重病，孟敬子（鲁国大夫）来问候。曾子说：“鸟要死的时候，叫声充满悲哀；人要死的时候，说话充满善意。有身份地位的人要注重三个方面：举止庄重，就不会显得傲慢；态度诚恳，就会得到信任；说话和气，就会避免无礼。至于祭祀之类的事，则应有专人管理。”

孟敬子，鲁国大夫，孟武伯之子。曾子得了重病，却仍然不忘对来看他的孟敬子给以教诲，可以看出儒家思想在当时的影响。

五

曾子曰:“以能问于不能,以多问于寡。有若无,实若虚,犯而不校。昔者吾友尝从事于斯矣。”

常见译文

曾子说:“有能力却向没有能力的人请教,知识丰富却向缺少知识的人请教。有学问就好像没有一样,内心充实却像空无一物,被人欺负也不计较。以前我的一位朋友就是这样做的。”

译文

曾子说:“有能力,却能请教能力差的人。有学识,却能不耻下问。学养深厚,看起来却像懂得很少。内心自信,却好像很软弱,即使被冒犯也不计较。过去我的朋友们就是这样做的。”

译解

“吾友”,译文是指“一些人”,常见译文是指“一个人”(多数注本指颜回)。孔子门下弟子三千,七十二贤人,所以译文也合理。何新解释为“此乃盖指孔门诸同学,非确指也”,可以这样理解原文。

六

原文

曾子曰:“可以托六尺之孤,可以寄百里之命。临大节而不可夺也。君子人与? 君子人也。”

译文

曾子说:“临危之际,可以把年幼的君主托付给他,甚至可以将国家的命运也托付于他。即使在生死关头他也会不辱使命。这样的人是君子吗？当然是君子。”

译解

前面已经把事情说清楚了，后面的“君子”采取直译不会有歧义。不过，这里的“君子”应该是指“社稷之忠臣”。

七

原文

曾子曰：“士不可以不弘毅，任重而道远。仁以为己任，不亦重乎？死而后已，不亦远乎？”

常见译文

曾子说：“读书人不可以不意志坚强。他们责任重大，道路遥远。把实行仁德作为自己的责任，难道还不重大吗？一直到死才罢休，难道还不远吗？”

译文

曾子说：“追求真理的人，不可以没有坚强的意志，因为责任重大，道路遥远。把弘扬真理作为自己的使命，难道担子还不够重吗？一直到死才放下担子，难道还不够远吗？”

译解

这里把“士”译为“追求真理的人”而非一般的“读书人”，更体现了“仁人志士”的气质；而这里“远”则表示“终生奋斗，矢志不渝”之意。

八

原文

子曰：“兴于《诗》，立于礼，成于乐。”

孔子说："读《诗》使人意志振奋，学礼使人立足社会，音乐会使人得到教化。"

译文

孔子讲道："学习《诗》可以激发人的情感，学习礼可以确立人生奋斗目标，学习音乐可以使人品格成熟。"

译解

孔子所言"立于礼"是一个读书人的人生价值取向，即"从政做官"，为君主、国家服务。"立足社会"有"在社会上吃得开"之意，不应是孔子所言。

九

原文

子曰："民可使由之，不可使知之。"

常见译文

孔子说："老百姓，可以让他们照我们的意思去做，却不必让他们懂得为什么要这样做。"

译文

孔子讲道："对于老百姓，应该让他们过自己的生活，而不应该让他们担心国家政治。"

译证

1.**《为政篇》第十九章**　哀公问曰："何为则民服？"孔子对曰："举直错诸枉，则民服；举枉错诸直，则民不服。"

2.**《公冶长篇》第十八章**　子曰："臧文仲居蔡，山节藻棁，何如其知也！"

3.《**泰伯篇**》**第十四章**　子曰:“不在其位,不谋其政。”

4.《**子路篇**》**第九章**　冉有曰:“既庶矣,又何加焉?”曰:“富之。”曰:“既富矣,又何加焉?”曰:“教之。”

5.《**子路篇**》**第十六章**　叶公问政。子曰:“近者说,远者来。”

6.《**季氏篇**》**第二章**　孔子曰:“……天下有道,则庶人不议。”

此章译文有多解,至今仍然是常见译文居多。有的学者认为这是孔子愚民思想的证据,但是,这种说法缺乏根据。我们可以从六条译证来说明——孔子说,当政者要做事公正,改变各种不合理的做法,老百姓才会服从。(见译证 1)孔子说,不在政府的位子上,就没有办法谋划政府的事情。(见译证 3)孔子主张使老百姓富裕起来,并且给以教育。(见译证 4)孔子说,让老百姓对生活感到高兴、幸福,远处的老百姓才会到来。(见译证 5)孔子说,对于国家政治,天下有道,老百姓就不会议论。(见译证 6)如果天下无道呢?当然是会有议论的。这些都可以证明“孔子有愚民思想”这种说法是缺乏依据的。“民可使由之”一句中的“由”与“为仁由己”之“由”应是同义,有“自由、自主”的意思;“不可使知之”的“知”应作“智”解,有“动脑筋、关注和担心”的意思。孔子批评臧文仲“何如其知也!”就是说他做事如此无知、不动脑筋。(见译证 2)孔子认为:治理国家是天子、诸侯和士大夫的事情,老百姓没有能力(因为老百姓没有接受教育)参与政治,所以执政者应当让老百姓过自己的日子,不应当让他们担心国家政治。这不是孔子有愚民思想的证据,而恰恰是孔子强调“责任政治”的体现。而常见译文之所以历来无大的变化,也许和《孟子·尽心上》中的一段论述有关:“孟子曰:‘行之而不著焉,习矣而不察焉,终身由之,而不知其道者,众也。’”不过,孟子是后人,他的这段话讲的是一般的道理,而孔子所言则应当理解为国家政治。

十

子曰:“好勇疾贫,乱也。人而不仁,疾之已甚,乱也。”

孔子讲道："一个人性格粗暴又怨恨自己贫穷，会去犯罪。一个人道德败坏招到了太多的愤恨，也会去犯罪。"

译解

"好勇疾贫，乱也""好勇不好学，其弊也乱""君子有勇而无义为乱"。"勇"本是儒家认可的品德，但是有了其他的缺点则成了"乱"的原因，这是一种辩证思维。

"人而不仁，疾之已甚，乱也"，孔子言下之意，对"人而不仁"者还是要"举直错诸枉"（加强教育）而不应只是怨恨。

十一

原文

子曰："如有周公之才之美，使骄且吝，其余不足观也已。"

译文

孔子讲道："一个人即使具有周公的才能和智慧，但是骄傲自大，自私吝啬，其他方面也就不值一提了。"

译解

"骄且吝"中的"骄"是对人的态度，"吝"是对财富的态度。孔子认为：骄傲无礼和吝啬自私是一个人品德上的重大缺点，其他方面即使有优点也不再重要。

十二

子曰："三年学，不至于谷，不易得也。"

孔子说："读书三年，没有去做官的想法，这很难得。"

译文

孔子讲道："已经求学多年，仍然不感到厌烦，这很难得。"

译解

"三"在《论语》中有多义。"三年学"不应当理解为实数，而应当理解为"较长时间，多年"。

"不至于谷"，有的将"谷"译为"求官"，有的译为"厌烦"。孔子认为"学而不厌"是一种美德，是不容易做到的，两种翻译都成立。

十三

原文

子曰："笃信好学，守死善道。危邦不入，乱邦不居。天下有道则见，无道则隐。邦有道，贫且贱焉，耻也；邦无道，富且贵焉，耻也。"

译文

孔子讲道："坚持自己的信仰，勤奋好学，绝不做违反道德的事情。不在政治秩序混乱、社会状况危险的国家去做事和居住。国家政治秩序良好就为国家做事，如果国家政治混乱就过自己的日子。如果国家政治秩序良好，仍然安于贫贱的生活是可耻的；如果国家政治秩序混乱，自己却变得富贵起来，也是可耻的。"

译解

"邦有道，贫且贱焉，耻也；邦无道，富且贵焉，耻也。"孔子认为应该把从政"见"与"隐"的决定权掌握在自己手里，他说的两"耻"是从政与否的原则和底线。不过，孔子自己的主张则是"用之则行，舍之则藏"，所以这一章可以理解为孔子对读书人、隐士们的忠告。

十四

子曰:“不在其位,不谋其政。”

常见译文

孔子说:“不在这个职位上,不要去考虑这个职位上的事情。”

译文

孔子讲道:“不在执政的岗位上,就不能谋划政府的政策。”

译证

1.《**微子篇**》**第六章**　夫子怃然曰:“鸟兽不可与同群,吾非斯人之徒与而谁与?天下有道,丘不与易也。”

2.《**子张篇**》**第二十五章**　子贡曰:“……夫子之得邦家者,所谓立之斯立,道之斯行,绥之斯来,动之斯和……”

译解

“不在其位,不谋其政”是说“不在执政的位置上,就没法参与国家的政治,为国家做事,而不是要不要和想不想的问题”。孔子自己希望从政,也鼓励自己学生从政。他带领学生周游列国,推行儒家的政治主张,就是为了“谋其政”。为了“谋其政”,孔子遭遇了各种困境和打击,但是他仍然坚持自己的人生选择,希望能够遇到贤明的君主,参与政治,为国家服务。(见译证 1)另外,子贡假设了孔子若“在其位”而治理国家的美好愿景。(见译证 2)这些都说明了孔子的意思是:不在其位,就不能谋其政。如果是“不要去考虑这个职位上的事情”,那么孔子一直“不在其位”却一直在考虑“谋其政”,岂不难以自圆其说?

十五

子曰:“师挚之始,《关雎》之乱,洋洋乎盈耳哉。”

常见译文

孔子说:“从师挚开始演奏,到《关雎》乐章的结束。我耳中一直洋溢着美妙的音乐。”

译文

孔子讲道:“演奏《诗经》的第一章《关雎》,乐章的结尾洋洋洒洒,好像总在耳边回荡。”

译解

“师挚”多数译为“一个叫作挚的音乐大师”,而有的学者(比如何新)视“师”为“《诗经》”,“挚”为“执行”,“师挚之始”即“演奏《诗经》开始”。不过,《诗经》第一章的确是《关雎》。从这里可以看出,一部《论语》由于年代久远,语言习惯和记录条件的巨大差异,许多原文的本来意思确实难以弄清。

十六

子曰:“狂而不直,侗而不愿,悾悾而不信,吾不知之矣。”

译文

孔子讲道:“激进而不正直,愚钝还不谦虚,无能又不诚信。我真不知道该如何评价这种人。”

译解

《论语》中,孔子常常从两方面来评价一个人的道德,如果缺点能够用另外的优点补偿也算不错。比如他说:“古者民有三疾……古之狂也肆……古之矜也廉……古之愚也直……”这也是“中庸”思想的体现。

十七

子曰:“学如不及,犹恐失之。”

常见译文

孔子说:“学习上应当像追赶什么一样,生怕赶不上,赶上了又怕失去。”

译文

孔子讲道:“学习上应当有这样的态度,学习知识如果不抓紧,就好像会永远丢掉它。”

译解

两种译文表述有差异,但都成立。

十八

原文

子曰:“巍巍乎!舜、禹之有天下也,而不与焉!”

译文

孔子讲道:“多么崇高伟大!舜和禹两代帝王,得到天下却不求索取!”

译解

孔子把不恋权、不谋私看作帝王伟大人格的体现。

十九

原文

子曰:“大哉!尧之为君也。巍巍乎!唯天为大,唯尧则之。荡荡乎!民无能名焉。巍巍乎!其有成功也。焕乎!其有文章。”

译文

孔子讲道:“尧作为君主,多么伟大崇高!天是至高无上的,只有尧能效法于天。他的恩泽浩荡,老百姓不知道该怎样赞颂。他的功业伟大崇高!他所创立的礼仪典章,多么光辉灿烂!”

译解

这一章和上面一章都是孔子对古代帝王高尚品德的赞颂之词。儒家政治思想的一个重要核心,就是天下是由道德高尚、执政公允、关爱百姓的帝王来执掌的。这就是儒家理想中的“天下有道”。

二十

原文

舜有臣五人而天下治。武王曰:“予有乱臣十人。”孔子曰:“才难,不其然乎?唐、虞之际,于斯为盛。有妇人焉,九人而已。三分天下有其二,以服事殷。周之德,其可谓至德也已矣。”

译文

舜有五位贤能的大臣,天下得以太平。周武王说:“我有十位贤能的大臣。”孔子讲道:“人才难得,不是这样吗?唐尧、虞舜的时代人才最多。周武王时,有一人是妇女,男子只有九人。而周文王时拥有三分之二的天下,仍然臣服于殷商。周王朝的德行,可以说是最高的了。”

“有妇人焉，九人而已”，有学者将这一段话（还有“唯女子与小人难养也……”）作为孔子轻视妇女的证据，有失妥当。古来对这位妇人有两种说法：一说是文王之妻、武王之母太姒，另一说是武王之妻邑姜。无论是谁，在孔子看来她与武王的亲密关系都不能和其他“乱臣”同列，所以说“九人而已”不应作为孔子轻视妇女的证据。

二十一

子曰：“禹，吾无间然矣。菲饮食，而致孝乎鬼神；恶衣服，而致美乎黻冕；卑宫室，而尽力乎沟洫。禹，吾无间然矣。”

孔子讲道：“禹，他好得让我无话可讲。自己粗茶淡饭，但祭祀祖先神灵却非常隆重；自己平常衣着简朴，而祭服却做得异常华美；他的宫室简陋，却竭尽全力整治水利。禹，他好得让我无话可讲。”

“大禹治水”就是讲禹的故事。从孔子对古代贤明帝王的称赞可以看出他对行使国家政治权力的态度，那就是“位高权重不为己，廉洁修身为人民”。

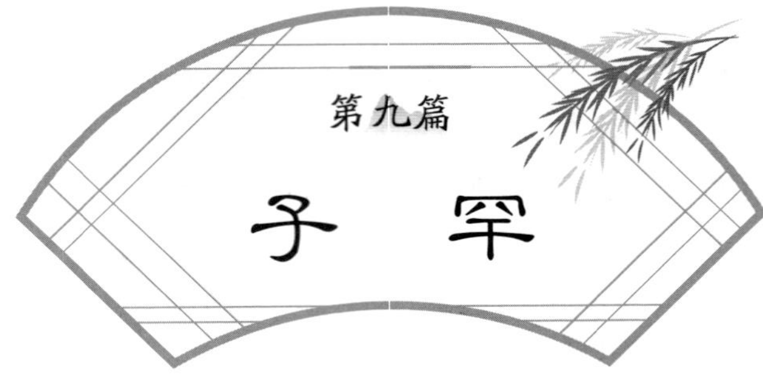

第九篇 子罕

一

原文

子罕言利,与命,与仁。

常见译文

孔子很少谈到利益与命运和道德之间的关系。

译文

孔子很少谈到获取利益,常常谈论使命、命运和道德。

译解

此章断句常见的有三种:子罕言利与命与仁;子罕言利,与命,与仁;子罕言利,与命与仁。其中"与"可视为"语"或"赞同"。在《论语》中,孔子谈论命运、人生使命和道德的地方并不少,而谈论如何获取利益确实少见。钱穆的译文是:"先生平日少言利,只赞同命与仁。"

二

原文

达巷党人曰:"大哉孔子!博学而无所成名。"子闻之,谓门弟子曰:"吾何

执？执御乎？执射乎？吾执御矣。”

在达巷贵族居住区，有人说：“孔子确实伟大。他的学问博大精深，但是却没有一个特别有名的专长。”孔子听到后，幽默地对他的学生说道：“我专哪一样呢？驾车呢？射箭呢？我去驾车好了。”

从这里可以看出孔子说话的幽默。

三

原文

子曰：“麻冕，礼也。今也纯，俭，吾从众。拜下，礼也。今拜乎上，泰也。虽违众，吾从下。”

译文

孔子讲道：“用麻制礼帽，是古礼上的规定。现在用黑丝制礼帽（丝比麻便宜），俭省了，我照大家的做法。先在堂下跪拜，再登堂拜见君主也是古礼，现在是直接登堂拜，显得随便。我不会照大家的做法，我仍然先在堂下拜，然后再登堂拜见君主。”

译解

这里可看出孔子对礼仪的态度，那就是俭物质而重精神。所以他才会讲：“大哉问！礼，与其奢也，宁俭！”

四

原文

子绝四：毋意，毋必，毋固，毋我。

孔子杜绝四种毛病：不凭空猜测，不武断，不固执己见，不自以为是。

译文

孔子坚持四个原则：不臆测，不武断，不固执，不主观。

译解

“子绝四”的“绝”应视为“底线”而不是“杜绝”，不然译文前后矛盾。

五

原文

子畏于匡。曰：“文王既没，文不在兹乎？天之将丧斯文也，后死者不得与于斯文也。天之未丧斯文也，匡人其如予何？”

译文

孔子在匡地遇到危险。他说道：“文王已经死去，周朝的文明不是靠我在讲述吗？上天如果要葬送周王朝的文明，像我这样的人就不会掌握它。而上天并没有葬送它，既然如此，匡人又能把我怎样呢？”

译解

孔子遇到困难和危险时总是用信仰的力量来鼓舞自己。孔子信命，但是更相信和坚守自己的信仰。

六

太宰问于子贡曰：“夫子圣者与？何其多能也？”子贡曰：“固天纵之将圣，又

多能也。”子闻之，曰：“太宰知我乎？吾少也贱，故多能鄙事。君子多乎哉？不多也。”

太宰问子贡说：“老师是圣人吧？为什么这样多才多艺？”子贡说：“是上天要使他成为圣人，又使他多才多艺。”孔子听到后说：“太宰了解我啊！我年轻时贫困卑贱，所以学了不少卑贱的技艺。君子会有这么多技艺吗？不会的。”

译文

太宰（一个官员）问子贡：“你的老师真是圣人吗？怎么懂得那么多？”子贡说：“是上天要他成为圣人，并赋予他多才多艺。”孔子知道后说道：“太宰他了解我吗？我小时候生活贫困，不得不去做许多低贱的事情。高贵富有的人会做这么多事吗？不会的。”

译解

“太宰知我乎？”翻译成“太宰他了解我吗？”，才与前面太宰的问话相吻合。常见译文显得前后矛盾。

“君子”在这里是指“贵族士大夫等生活富有的人”，而不是“道德君子”。

七

牢曰：“子云：‘吾不试，故艺。’”

牢说：“老师曾说：‘我没有被国家任用，所以学了一些技艺。’”

译解

牢，字子开，卫国人，孔子的学生。这一章刚好是对上一章的补充。“吾不试”的“试”通“仕”，担任公职的意思。

八

原文

子曰:“吾有知乎哉?无知也。有鄙夫问于我,空空如也。我叩其两端而竭焉。”

常见译文

孔子说:“我有知识吗?没有。有一位庄稼汉问我,我一无所知。我从他那个问题的正反两方面来询问,尽我所能回答他。”

译文

孔子讲道:“我无所不知吗?不是这样的。比如农夫问我农活之类的事,我一无所知。对一个问题我是分析清楚它的两个方面:做得不够的原因和做过了头的原因。”

译证

《先进篇》第十六章 子贡问:“师与商也孰贤?”子曰:“师也过,商也不及。”曰:“然则师愈与?”子曰:“过犹不及。”

译解

“吾有知乎哉?无知也”,这里“知”有“无所不知”的意思,常见译文译为“我有知识吗?没有”则不合情理。

“有鄙夫问于我,空空如也”有两种说法:一说“空空如也”指“鄙夫的态度诚恳”,一说指孔子对鄙夫之问“一无所知”。不过,“一无所知”和“无知也”的语意联系更为紧密。而“叩其两端而竭焉”则是回答前面的“吾有知乎哉?”而不是回答农夫之问,是说孔子自己“一以贯之”分析问题的方法。(见译证)这样整章内容就上升到谈哲理的高度。辜鸿铭的译文是:孔子有一次对别人说:“你以为我的领悟力很高吗?我根本没有什么极高的领悟能力,当一个普通人问我对某件事的看法时,我自己甚至都不知道这个东西是什么;但是如果问我利弊的问题,我可以分析得很透彻。”这样理解原文则合理。

九

子曰:“凤鸟不至,河不出图,吾已矣夫。”

译文

孔子讲道:“凤鸟不飞来,河里不出图,我实在无可奈何。”

译解

“河不出图”是借用《尚书·顾命》中的“河图”一句。这里应该理解为孔子做的比喻,意思是:社会如此不安宁,又没有英明的君主出现,我已经感到无可奈何。体现了孔子对当时礼崩乐坏社会现状的忧虑,显示了孔子忧天下的政治情怀。不能理解为孔子迷信神秘现象。

十

原文

子见齐衰者、冕衣裳者与瞽者。见之,虽少,必作;过之,必趋。

译文

孔子面对身穿重孝服的人、穿朝服的人以及盲人。会见时,即使这些人很年轻他也会起身相迎;从他们面前走过,他会加快脚步。

译解

这里可以看出孔子对礼仪的遵守、对人的尊重都是发自内心的。

十一

颜渊喟然叹曰:“仰之弥高,钻之弥坚。瞻之在前,忽焉在后。夫子循循然

善诱人，博我以文，约我以礼，欲罢不能。既竭吾才，如有所立卓尔。虽欲从之，末由也已。”

颜渊非常感慨地说起他的老师：“我越仰望越觉得他的形象高大，越钻研越觉得他的学问深奥。有时感觉学得不错了，结果还是差了许多。老师总是一步一步耐心地引导，使我的文化知识更加广博，礼仪修养不断提高，即使想停止学习也不可能。我竭尽全力去学习他，可他仍然高高地耸立在我面前。虽然我想跟上他，却总是跟不上。”

译解

从颜渊这位孔子第一高徒的口中说出对孔子的道德修养和学问的敬仰，我们可以看出孔子超凡的人格魅力。

十二

原文

子疾病，子路使门人为臣。病间，曰：“久矣哉，由之行诈也。无臣而为有臣，吾谁欺？欺天乎？且予与其死于臣之手也，无宁死于二三子之手乎！且予纵不得大葬，予死于道路乎？”

常见译文

孔子病重，子路安排孔子的学生冒充家臣准备丧事。后来，病情有些好转，孔子说：“仲由做这样欺诈的事情太久了。我没有家臣却装作有。我欺骗谁呢？欺骗天吗？况且我与其死在家臣的手里，不如死在你们这些学生手里。我即使不能像大夫一样隆重地安葬，难道会死在路上吗？”

译文

孔子得了重病。子路安排后事，他要同学以贵族家臣名义参与后事。后来孔子病渐渐好转了，他说道：“仲由做事搞假已经很多次了。无家臣而冒充有，欺骗谁呢？欺骗上天？况且，与其死的时候有家臣守着我，我宁愿死的时候你们守着我。就算我不能按大夫身份安葬，难道会抛尸荒野吗？”

“且予与其死于臣之手也，无宁死于二三子之手乎！”常见译文为直译，感觉有些不妥，因为“死于某某人之手”今义是“被某某人所害”，与原文意思不符。

十三

子贡曰：“有美玉于斯，韫椟而藏诸，求善贾而沽诸？”子曰：“沽之哉，沽之哉，我待贾者也。”

子贡问孔子：“如果有一块美玉，是用盒子装上保存起来好呢，还是找个识货的人卖掉好呢？”孔子回答道：“卖掉吧，卖掉吧，但是我要等出价高的。”

这一章可比喻为孔子对自己人生道路的选择。孔子认为：知识学问只有贡献于国家和社会才是有价值的，另外要注重对机会的把握。

十四

子欲居九夷。或曰：“陋，如之何？”子曰：“君子居之，何陋之有？”

孔子想到九夷(偏远落后之地)去住。有人说：“那里条件简陋，怎么能居住呢？”孔子回答道：“如果住的人有道德和学问，又怎么会显得简陋呢？”

“君子居之，何陋之有？”精神财富胜于物质财富，这就是孔子的道德精神，影响了古代中国一代又一代的读书人。唐代刘禹锡的名篇《陋室铭》就引用了此章句。

十五

子曰：“吾自卫反鲁，然后乐正，《雅》《颂》各得其所。”

译文

孔子讲道：“我从卫国回到鲁国后，有了机会做《诗经》和乐曲的整理工作，把《雅》和《颂》放在了恰当的地方。”

译解

在古代，《诗经》要配乐曲来诵唱，但是又不是随便唱的，孔子反对媚俗的音乐，这就是所谓“乐正”。

十六

原文

子曰：“出则事公卿，入则事父兄，丧事不敢不勉，不为酒困，何有于我哉？”

常见译文

孔子说：“在外就侍奉公卿，在家就侍奉父亲、兄长，为人办丧事不敢不尽力，不饮酒过量而失态，这些事我做到了哪些呢？”

译文

孔子讲道：“在外为公卿做事，在家对父亲兄长孝顺，办丧事不敢不尽力，不因酒误事，这些事对我有何难呢？”

《乡党篇》第八章　唯酒无量，不及乱。

“何有于我哉？”两种译文意思相反。不过，孔子的酒量非常好，从来不会因酒误事。（见译证）所以译文恰当。

十七

子在川上曰：“逝者如斯夫，不舍昼夜！”

孔子在河边感叹道：“过去的一切，就像这河水一样，不分昼夜地永远流去！”

这是《论语》留下的千古名句。它提醒人们：人生是如此的短暂，浪费时间就是浪费生命。

十八

子曰：“吾未见好德如好色者也。”

孔子讲道：“我没有见到过爱好美德胜过男人喜欢美女一样的人。”

据载，卫灵公和夫人南子乘车招摇过市而让孔子乘后面的车，孔子感到有失尊严所以这样说。不过，我们不应当理解为孔子反对“好色”，因为“好色”是人性的体现，孔子只是看不起“好色”胜过“好德”的人。

十九

子曰：“譬如为山，未成一篑，止，吾止也。譬如平地，虽覆一篑，进，吾往也。”

孔子讲道：“比如要垒一座土山，只差一筐土了而没有成功，是因为自己放弃了。又比如要平一块地，虽然只倒了一筐土，继续做下去，是因为自己想要努力。”

孔子用形象的比喻说明了一个道理，那就是一切成功都只有靠自己努力到最后才能取得。

二十

子曰：“语之而不惰者，其回也与。”

孔子讲道：“和他讨论问题总是聚精会神，大概只有颜回一个人吧。”

“语之而不惰者”译文是从正面翻译，意思更明确。

二十一

子谓颜渊，曰：“惜乎！吾见其进也，未见其止也。”

译文

孔子谈到已去世的颜回：“真可惜啊！我只看到他不断地进步，从未看到过他停止不前。”

译解

从孔子对颜回的“惜乎”可以看出孔子对学生的要求，那就是：好好学习，天天向上。

二十二

子曰：“苗而不秀者，有矣夫。秀而不实者，有矣夫。”

译文

孔子讲道：“庄稼，有的只长苗却不开花，有过的吧。有的开花却又不结果，有过的吧。”

译解

孔子作为教育家对教学的结果非常清楚，但是他仍然“诲人不倦”。这就是他的伟大之处。

二十三

子曰：“后生可畏，焉知来者之不如今也？四十、五十而无闻焉，斯亦不足畏也已。”

译文

孔子讲道："年轻人应当得到重视，谁能说他们将来一定不如我们呢？但是到了四十、五十岁都未能听到他有所作为，那也就谈不上了。"

译解

这一章意思明确，那就是应该寄希望于后代，更要寄希望于后代的能力，而后代的能力靠什么呢？那就是教育。

二十四

原文

子曰："法语之言，能无从乎？改之为贵。巽与之言，能无说乎？绎之为贵。说而不绎，从而不改，吾末如之何也已矣。"

译文

孔子讲道："用正面的谈话来教育学生，他会不听吗？但是改正错误才是重要的。用鼓励的谈话来教育学生，他会不高兴吗？但是按鼓励去努力才是重要的。只是高兴不去努力，只是听话不改正错误，我对他没有办法。"

译解

对于教育，孔子强调的是学生要有主动性，教育是"教"和"学"双方努力的结果。这样专业的讲话发生在两千多年前，说明孔子不愧为伟大的教育家。

二十五

原文

子曰："主忠信，毋友不如己者，过，则勿惮改。"

译文

孔子讲道："坚守忠诚、诚信的品格。是朋友总会有值得自己学习的优点，发现自己错了，不要害怕改正。"

这一章前面已经讨论过（见《学而篇》第八章）。

二十六

子曰："三军可夺帅也，匹夫不可夺志也。"

译文

孔子讲道："可以夺去一支军队的统帅，却无法强迫一个普通人改变志向。"

译解

孔子把"匹夫"与"帅"相提并论，可以看出孔子对普通人的尊重，也可以看出他对"志"的态度，那就是一个人的"志"体现了他的人生价值。

二十七

子曰："衣敝缊袍，与衣狐貉者立，而不耻者，其由也与！'不忮不求，何用不臧？'"子路终身诵之。子曰："是道也，何足以臧？"

孔子讲道："身穿破旧棉袍，和一群衣着狐貉皮袍的人在一起而不感到羞愧的，恐怕只有由（子路）吧！《诗经》上说：'不嫉妒，不贪婪，有何可羞愧的呢？'"之后，子路经常念这两句诗。孔子知道后，说道："如果一直这样，又怎么能做成事呢？"

译解

"不忮不求，何用不臧？"引自《诗经·邶风·雄雉》。原文大意是：不嫉妒，不贪婪，怎么会遭到不好的结果呢？孔子这里是表扬子路“衣敝缊袍而不耻”，不重面子的道德情操。

“是道也，何足以臧？”孔子在这里批评了子路的呆板和不动脑筋。整章体现了孔子“一以贯之”的中庸思想。

二十八

原文

子曰：“岁寒，然后知松柏之后彫也。”

常见译文

孔子说：“严寒的冬天，才知道松柏是最后凋零的。”

译文

孔子讲道：“严寒的冬天，才知道只有松柏能够劲挺如雕。”

译解

“松柏之后彫也”，常见译文将“彫”作“凋”讲，译为“凋谢”。但是，松柏树叶在冬天是不会凋谢的。吴人说：“有学者认为岁寒——松柏——后凋，无法通达。”“如果作‘雕’，那就可以当作形容词：岁寒，大雪覆盖松柏，如同雕花无数，岂不美哉！”不过，没有雪，寒冬中松柏的雄姿已经具有雕塑之美。这里我们可以引用陈毅的一首诗：“大雪压青松，青松挺且直。要知松高洁，待到雪化时。”所以，原文的“彫”实不应当改为“凋”。

二十九

子曰：“知者不惑，仁者不忧，勇者不惧。”

孔子说："聪明的人没有疑惑，仁德的人没有忧愁，勇敢的人没有畏惧。"

译文

孔子讲道："聪明智慧使人不受迷惑，道德高尚使人不会忧愁，正直勇敢使人不会胆小怕事。"

译解

把"知者、仁者、勇者"作为三种品格的译文是合理的。其在《礼记·中庸》"知、仁、勇三者，天下之达德也"中就是这个意思。

三十

原文

子曰："可与共学，未可与适道。可与适道，未可与立。可与立，未可与权。"

常见译文

孔子说："可以一起学习，未必能一起走上人生正途。可以一起走上人生正途，未必能一起立身处世。可以一起立身处世，未必能一起权衡是非。"

译文

孔子讲道："可以一起学习，未必能有相同的志向。有相同志向，未必能一起开创事业。而一起开创事业的人，也未必能一起应对事业的变化。"

译解

这几个"未可与"是作为一个"君子"必然要面对的。孔子在这里是告诫人们：不仅要与人为友，更要与道为友。两种译文表述有差异。

三十一

“唐棣之华，偏其反而。岂不尔思？室是远而。”子曰：“未之思也，夫何远之有？”

“唐棣之树，繁花似锦，在风中摇曳。这岂能不让我思念你？然而你家太遥远。”孔子说：“这不是真正的思念，思念怎么会嫌遥远呢？”

译解

这几句诗没有说明出处，对其的意思也有各种理解。不过，孔子对这首诗的批评是可以肯定的。

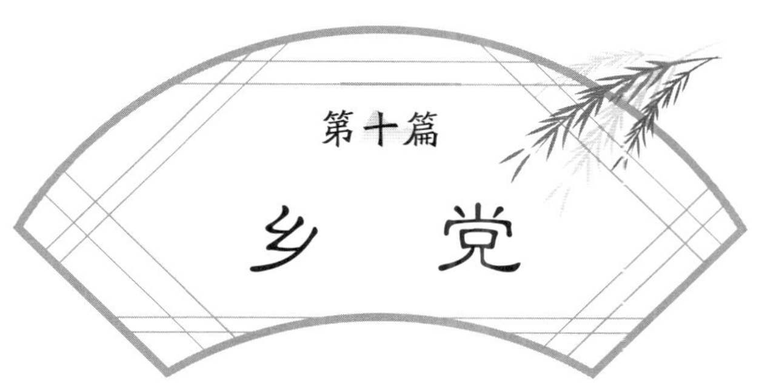

第十篇 乡党

一

孔子于乡党，恂恂如也，似不能言者。其在宗庙、朝廷，便便言，唯谨尔。

孔子在家乡族人中，对人总是恭敬而谦和，像个不善于讲话的人。而在宗庙事务或朝廷公务中，他却能言善辩，而且言词严谨。

“便便言”就是“能言善辩”。

二

朝，与下大夫言，侃侃如也；与上大夫言，訚訚如也。君在，踧踖如也，与与如也。

在朝廷上，孔子同级别低的官员谈话，坦诚直率；同级别高的官员谈话，胸

有成竹。面对君主,他恭敬而谨慎,沉着而镇静。

这一章是孔子在公务活动中的表现,给人一个有智慧、修养好、态度坦诚、恭敬有礼的官员印象。

三

君召使摈,色勃如也,足躩如也。揖所与立,左右手。衣前后,襜如也。趋进,翼如也。宾退,必复命曰:"宾不顾矣。"

常见译文

国君召孔子接待外国贵宾,他面色矜持庄重,加快脚步。向两旁的人作揖,向左边拱手,再向右边拱手,衣裳不断地前后摆动,整齐而利落。他快步前进的时候,像鸟儿展开了翅膀。贵宾告辞了,一定向国君回报:"贵宾已经远去。"

译文

国君召孔子接待外宾,他欣然受命。脸色庄重矜持,步履快捷。向同立左右的官员揖手行礼,把朝服前后理整齐。然后加快脚步,小心翼翼地走了出去。外宾告别,他一定复命国君:"客人已经离去。"

译解

"趋进,翼如也",常见译文显得动作轻慢,不像是孔子所为。辜鸿铭的译文是:"他会加快步伐走出却不显得慌慌张张,而是镇定自若,落落大方。"

四

入公门,鞠躬如也,如不容。立不中门,行不履阈。过位,色勃如也,足躩如

也，其言似不足者。摄齐升堂，鞠躬如也，屏气似不息者。出，降一等，逞颜色，怡怡如也。没阶，趋进，翼如也。复其位，踧踖如也。

孔子走过朝廷的大门，样子显得谨慎而又恭敬，好像没有容身之地。站，不站在门的中间；走，不去踩门槛。经过国君的座位，面色矜持，加快脚步，说话好像中气不足。提起衣裳的下摆走上公堂，样子恭敬而又谨慎，憋住气，好像不呼吸一样。走出来，下一级台阶，面色轻松，怡然自得。走完了台阶，加快脚步，像鸟儿展开了翅膀。回到自己的位置，又显得恭敬而谨慎。

译文

孔子进入宫门时，总是要弯下腰，好像宫门不够高。他不会站在门中间，也不会用脚去踩门槛。经过他人身旁时，孔子显得和颜悦色，加快脚步，并小声说上两句。然后提起袍边，走上大堂，躬着腰，屏着气息去见国君。出来时，孔子下一层台阶，面色多一份轻松。走完台阶，他会小心地加快脚步。回到自己的位置上，恭敬而又谨慎。

译解

对“过位……屏气似不息者”一段有两种译文。常见译文没有说清楚“其言似不足者”的意思。如果是过国君空位，孔子是对谁轻声说话呢？辜鸿铭的译文是：“在绕过他人进入接见厅的时候，他会小心翼翼站起并只轻轻低语。”他的译文言之有物，合情合理。

“摄齐升堂，鞠躬如也，屏气似不息者”一段应该是去见国君，而常见译文却没有说明去见谁。辜鸿铭的译文是：“然后拉起袍边，弯下腰，屏住呼吸，似乎害怕呼吸声音过大，孔子向国君的座位走去。”他的译文逻辑性强，意思表达清楚。

五

执圭，鞠躬如也，如不胜。上如揖，下如授。勃如战色，足蹜蹜如有循。享礼，有容色。私觌，愉愉如也。

常见译文

孔子出使外国，参加典礼时，举着圭，谨慎而敬畏，像举不动，向上好像在作揖，向下好像要交给别人。脸色庄重，战战兢兢，脚步紧凑而拘谨。献礼时，又显得和颜悦色。在私下会见时，显得轻松愉快。

译文

朝廷举行典礼仪式，孔子执圭时总是躬着腰，好像圭很沉重，圭的上方不高过头，下方不低过胸。面色战战兢兢，脚步紧凑，像踩着一条直线走路。出使他国时在献礼仪式上，孔子会显得高贵而从容。私下会见外国朋友，孔子又会显得轻松而愉快。

译解

“执圭”是指国家举行的重要仪式活动，所以孔子显得严肃而庄重，以表示对国家最高政治权力的敬畏。

“享礼”是指出使他国的献礼仪式活动，所以孔子显得高贵而从容，以不失自己国家的尊严。

“私觌”是指与友好的外国朋友欢聚，所以孔子显得轻松而愉快。

这一章多数译文都把它视为出使他国。译文试译为“朝廷举行典礼仪式”（钱穆在讲这一段时说：“孔子仕鲁时，绝不见有朝聘往来之事。”）。辜鸿铭对这一段的译文从“享礼”开始，明言“在受到派遣，出使其他国家，在公开的接待场合，他表现得特别高贵典雅”。而“执圭”作为古礼，在朝廷典礼或国君封爵仪式上都是存在的。译文是试译。

六

君子不以绀緅饰，红紫不以为亵服。当暑，袗絺绤，必表而出之。缁衣，羔裘；素衣，麑裘；黄衣，狐裘。亵裘长，短右袂。必有寝衣，长一身有半。狐貉之厚以居。去丧，无所不佩。非帷裳，必杀之。羔裘玄冠不以吊。吉月，必朝服而朝。

常见译文

君子不用红青色和铁灰色来镶边，居家的衣服不用浅红色和紫色。夏天，穿着细的或粗的葛布单衣，出门一定要加一件外衣。穿黑色礼服时，上衣配黑色的羔裘；白色礼服配白色的鹿裘；黄色的礼服配黄色的狐裘。在家穿的皮裘很长，但是右边的袖子要短一点儿。睡觉一定要盖小被，长度为一个半人身长。用毛厚的狐貉皮做坐垫。服丧期满以后，没有什么不可以佩戴在身上。不用整幅布做的裙子，一定要裁去多余的布。不穿黑色的羔裘与戴黑色的礼帽去吊丧。正月初一，一定穿着正式的朝服去朝贺。

译文

君子衣服镶边绝不用深青带红的颜色。居家不穿红紫色的衣服。夏天，在家穿细或粗的麻布单衣，出门必须套一件外衣。冬天，黑色罩衣配羊羔皮袍；白色罩衣配麑皮袍；黄色罩衣配狐皮袍。在家穿的皮袍做得较长，右边袖子稍短一些，以方便做事。必备小被子，小被子要能够遮住半个身体。用狐貉的厚皮来做坐垫。不在吊丧期间，衣服都会有各种佩饰。除了礼服，都要裁剪。不穿黑色羊羔皮袍，戴黑色礼帽去吊丧。每月的第一天，都会穿正规朝服上朝。

译解

“君子不以绀緅饰，红紫不以为亵服”，在孔子所处的时代，黑色和红色都属于尊贵、庄严的用色，所以孔子会有这样的要求。

“寝衣”是指“做得较小、轻便的被子”，能够盖住半个身子，比如夏天用的被子。如果“长一身有半”译为“一个半人身长”则显得太长。钱穆的译文是：“其长过身一半，下及双膝。”

“吉月”有两说：一为“大年初一”，一为“每月初一”。目前多数译为“每月初一”。

七

原文

齐，必有明衣，布。齐，必变食，居必迁坐。

斋戒期间，必须穿浅色内衣，衣料必须是麻布。斋戒期间按照斋戒要求吃饭，在正寝里安歇。

译解

“必变食”指按照斋戒礼仪吃饭，如不吃荤，不饮酒。

“居必迁坐”意指不和妻妾同房。

八

原文

食不厌精，脍不厌细。食饐而餲，鱼馁而肉败，不食。色恶，不食。臭恶，不食。失饪，不食。不时，不食。割不正，不食。不得其酱，不食。肉虽多，不使胜食气。唯酒无量，不及乱。沽酒市脯，不食。不撤姜食，不多食。

译文

食物不要求太精净，鱼肉烹饪不要求太精细。但是，粮食受潮变味，鱼和肉变质了，不吃。食物颜色不正常，不吃。气味难闻，不吃。烹饪不当，不吃。不是成熟季节的果蔬，不吃。切肉的刀工不合度，不吃。缺少该用的调料，不吃。即使肉很多，吃肉也不可超过吃饭的量。饮酒一般不限量，但不会饮醉。放久了的陈酒和露天卖的肉干，不吃。饭桌上都有姜做佐料，不会吃得过饱。

译解

“食不厌精，脍不厌细”有两解：一解为“粮食不嫌做得精，鱼和肉不嫌切得细”，另一解视“厌”为“餍”（满足），即“粮食不求过于精净，鱼和肉不求做得精细”（傅佩荣解读：“厌”同“餍”，满足之意，对食物的精粗并不挑剔）。有的学者以“厌”解，认为这是孔子生活奢侈的表现。不过，如果孔子生活奢侈，又何以会“有盛馔，必变色而作”（面对丰盛的宴请，孔子会改变神色，起身致谢）呢？应该见惯不惊才是。此外，如果孔子饮食追求奢侈，后面内容当以“盛馔”为主。但是整章所言都是非常正常的饮食要求，甚至可以说是很普通的要求（如“食饐而馉，鱼馁而肉败，不食。色恶，不食。臭恶，不食”）。所以用“不餍”表示孔子生活上没有奢侈过分的要求应是合理的。另外，对于本章内容，各种译文意思也有差异。比如“不时，不食”就有两解，一为“不到时间不吃饭”，一为“不是成熟季节的食物不吃”。根据《孔子家语·刑政》“果实不时，不粥于市”（果实未成熟不准在集市上出卖）的规定，译文是合适的。

九

祭于公，不宿肉。祭肉不出三日。出三日，不食之矣。

参与公祭分得的生肉，不放过夜。家中祭祀用的熟肉陈放也不超过三天。超过三天，不再食用。

《乡党篇》第十八章　君赐腥，必熟而荐之。

公祭的生肉已经放置较久，所以拿回家当天要处理，不然就坏掉了；家祭常常用的是熟肉，所以存放时间可长一些。（见译证）

原文

食不语，寝不言。

吃饭的时候不谈事情，睡觉的时候不说话。

这是孔子良好生活习惯的记录。

十一

虽疏食,菜羹、瓜祭,必齐如也。

译文

即使只有菜羹瓜蔬,也一定要先祭祖先,态度恭敬像斋戒一般。

译解

这是孔子日常生活遵守礼仪的记录。

十二

原文

席不正,不坐。

常见译文

席子没有放端正,不会坐。

译文

席位安排不合礼节,孔子不会入席。

译解

常见译文着眼于物,译文着眼于礼仪。虽然两种译文都成立,但是译文更具有意义。

十三

乡人饮酒，杖者出，斯出矣。

在乡社饮酒礼上，等年长的人离席后，孔子才会离开。

“乡人饮酒”是指“家乡族人饮酒祭礼”。这个礼仪的意义在于尊老。五六十岁以上的老人称为“杖者”，不应理解为一般的朋友聚会饮酒。

十四

乡人傩，朝服而立于阼阶。

乡人举行驱鬼避邪的活动时，孔子会穿着朝服，站在家门前东侧台阶上观望。

孔子主张敬鬼神，但是并不迷信鬼神。他穿着朝服在一旁观望，这也是“敬鬼神而远之”的表现。

十五

问人于他邦，再拜而送之。

译文

孔子托人问候在国外的友人。受托者离开时，他总是鞠躬两次，并亲自送出门。

译解

这里表现了孔子对朋友的尊重。

十六

原文

康子馈药，拜而受之。曰："丘未达，不敢尝。"

常见译文

季康子送药给孔子，孔子作揖接受了。后来他说："我不知道这个药的作用，不敢服用。"

译文

季康子送药给孔子，孔子拜谢接受了以后对送药人说："请告诉你的主人，在弄清药的作用之前我不会服用。"

译解

季康子作为贵族大夫应该是叫仆人来送药，所以孔子要来人代为致谢。孔子表明自己不会乱用药，是为了让送药的季康子放心，这里可以看出孔子考虑问题十分全面周到。常见译文说孔子接受了药又拒绝用药，则显得无礼，不应是孔子所为。

十七

原文

厩焚。子退朝，曰："伤人乎？"不问马。

译文

国家的马厩遭遇火灾。孔子已经退朝回家,问道:"伤到人了吗?"没有问马伤了多少。

译解

"厩焚"有两说:一说是孔子自己家的马厩,一说是国家的马厩。两说均成立,对原文意思影响不大,都体现了孔子重人而轻财的仁道观念。

十八

原文

君赐食,必正席先尝之。君赐腥,必熟而荐之。君赐生,必畜之。侍食于君。君祭,先饭。

常见译文

国君赏赐的食物,孔子一定要摆正座位先尝。国君赏赐的生肉,一定要先煮熟供祭祖先。国君赏赐的活的牲畜,一定会饲养起来。侍奉国君同食,在国君饭前祭时,他先自己吃饭。

译文

国君赏赐的食物,孔子总是端坐在自己的位子上先品尝,然后才让其他人吃。国君赏赐生的食物,孔子会煮熟,先祭奉祖先。国君赏赐的活的牲畜,一定会饲养起来。陪同国君进膳,他会等待国君饭前祭,开始进膳,孔子总是先吃米饭,待国君先用菜后他才会用。

译解

"君赐食,必正席先尝之",孔子端坐在自己的位子先品尝君主赏赐的食物(然后才让其他人吃),表示对君主的敬意。

"先饭",常见译文说"孔子自己先吃饭",这样解释似乎显得孔子太随便,还有的译文说"孔子代国君先尝食物,然后国君再吃"。代国君尝食物之说恐怕不实，也有损孔子的人格尊严。何新解“先饭”：“先吃黍粟，待君食后，方敢共尝膳馐。”这样解释则近情理。

十九

疾，君视之。东首，加朝服，拖绅。

译文

孔子生病，国君来看望他。他会头朝东躺下，将朝服盖在身上，把朝带搭在朝服上。

译解

《论语》从各个方面记录孔子的生活片段，可理解为古人是为了给后人留下一个更加丰满的孔子形象而为之。

二十

原文

君命召，不俟驾行矣。

译文

国君有命召见，孔子会立即动身，不会等待车驾。

译解

这里显示了孔子“事君敬事”的态度。

二十一

原文

入太庙，每事问。

孔子进入太庙，每一个步骤他都要过问，避免出错。

译解

这一章与《八佾篇》第十五章重复。

二十二

原文

朋友死，无所归。曰：“于我殡。”

译文

朋友去世，没有亲人料理后事。孔子说：“就让我来办理他的后事吧。”

译解

这里表现了孔子对穷朋友的人道关怀。

二十三

原文

朋友之馈，虽车马，非祭肉，不拜。

译文

朋友送的礼物，即使是像车马这样贵重的东西，只要不是祭肉，孔子不会行跪拜礼。

译解

和祭肉比起来，车马当然是更为贵重的礼物。这里可以看出孔子重礼仪而轻财富的道德修养。

二十四

原文

寝不尸，居不客。

常见译文

孔子睡觉，不会像死尸一样仰面躺着。平时在家，不在卧室中会客。

译文

孔子在家，睡觉不会像“尸礼”上的人一动不动，起居生活也不会像见客人那样庄重拘礼。

译解

“寝不尸”的“尸”不应当理解为“尸体或死尸”。“尸”源于古礼的“尸祭礼”，是指“代祖先接受后辈祭拜的活人”，常常是嫡出的长子或长孙。他坐在“尸位”上不能随便移动。这里是形容孔子睡觉姿势自然随和，所以叫“寝不尸”。

“居不客”也有原文记为“居不容”，是说“孔子在家中很随意自然，不会像接待客人那样庄重拘礼”。

二十五

原文

见齐衰者，虽狎，必变。见冕者与瞽者，虽亵，必以貌。凶服者式之，式负版者。有盛馔，必变色而作。迅雷风烈，必变。

常见译文

孔子看见穿丧服的人，即使是平常熟悉的人，也会改变态度。看见戴礼帽的或盲人，虽然常常见面，也会显得很有礼貌。坐在车上，看见穿丧服的人，便把身体向前微倾，手扶着横木，以示心意。遇见背负国家图籍的人，也俯身示意。有丰盛的菜肴，一定改变神色站起来。遇见疾雷狂风，一定会改变神色。

孔子遇见穿重孝的人，即使很熟悉，他也会神色变得严肃。遇见穿礼服的官员或盲人，即使自己身穿便服，也必然会显得恭敬有礼。在行车途中，遇见出殡的队伍，他会行礼示意。对出殡归来的，他也会行礼示意。宴席中，如果菜品很丰盛，他会面带感谢的神色起身致谢。遇到打雷，刮大风，孔子会显得神色严肃。

译解

“式负版者”以常见译文中的翻译为多，但这里突然冒出一个“背负国家图籍的人”显得唐突。辜鸿铭译文是：“如果遇到出殡回来的队伍，他会以同样的方式向大家行礼。”他将“式负版者”作“示复返者”解，显得合理自然。

二十六

原文

升车，必正立，执绥。车中不内顾，不疾言，不亲指。

常见译文

孔子上车时，一定先端正站好，然后拉着扶手索带上车。孔子不回头看，不急速说话，不指手画脚。

译文

孔子上马车前，会站立得端端正正，手执着缰绳。上车以后他不会向车内望，不会随便说话，不会指手画脚。

译解

“不疾言”的“疾”有“疾病”之意，“疾言”就是“不该说的话”。说话快并不能说是无礼的行为。

二十七

原文

色斯举矣！翔而后集。曰："山梁雌雉，时哉！时哉！"子路共之，三嗅而作。

常见译文

孔子在山间行走，看见几只野鸡。孔子的脸色一变，这群野鸡看见有人，受惊地飞了起来。野鸡盘旋了一阵又停在一处。孔子说："这些山上的雌野鸡，真是懂得时宜，懂得时宜！"子路向它们拱了拱手，它们振动几下翅膀飞走了。

译文

突然出现一幅美丽的画面！一群雌野鸡在天空飞翔，然后纷纷落下聚在一起。孔子说道："这雌野鸡落在山梁上，正好是一幅美图（正当时）！正好是一幅美图！"子路去轰它们，这群雌野鸡起落了几次，最后终于飞走了。

译解

"色斯举矣！翔而后集"，这里"色"可以理解为"景色"之"色"，而不是"孔子的脸色"。"举"有突然展开之意，"翔而后集"就是对其"色"的描绘。这一章原文其意难解。不过，对"山梁雌雉，时哉！时哉！"的感叹，我们也可以理解为孔子对自己人生道路坎坷、时运不济的感慨。至于两种译文的差异，供参考。

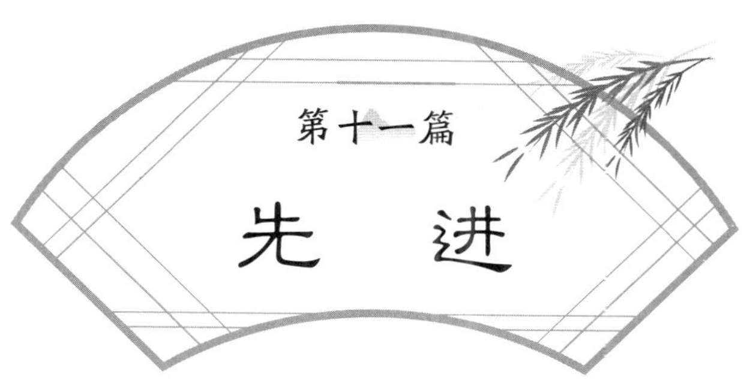

第十一篇 先进

一

原文

子曰:“先进于礼乐,野人也;后进于礼乐,君子也。如用之,则吾从先进。”

常见译文

孔子说:“先学习礼乐,后得到官职的,是那些普通老百姓;先得到官职,后学习礼乐的,是贵族大夫。如果用人,我主张选用先学习礼乐的。”

译文

孔子讲道:“学习礼乐非常努力的,常常是那些家境贫寒的百姓子弟;而不那么努力的,常常是那些家庭富有的贵族子弟。如果用人,我则主张用学习努力的。”

译证

1.《雍也篇》第二十二章　仁者先难而后获,可谓仁矣。

2.《述而篇》第二十九章　子曰:“与其进也,不与其退也……”

3.《子罕篇》第二十一章　子谓颜渊,曰:“惜乎!吾见其进也,未见其止也。”

译解

有学者认为此章“千古失解”,常见译文是大多数人的译法。在孔子所处的时代，教育只为贵族士大夫阶层所享有，一般老百姓很难有读书的机会，是孔子首开平民教育之先河。也有学者认为孔子这里不该扬小人（野人）而贬君子，这应是误解。“先进”一语，《论语》中仅此一处（和“中庸”一词一样），也没有可靠的证据证明和今天的“先进”同义。但是《论语》中的“先”有“在前、敢于人先”（见译证 1）之义，“进”有“进步、勇于进取”（见译证 2、3）之义，所以“先进”理解为“进步的，努力学习的”，“后进”理解为“落后的，不太努力学习的”则是说得通的。“野人”指“家境贫寒的百姓子弟”，“君子”指“家庭富有的贵族子弟”，这样整章译文意思就恰当合理。不然，孔子说：“如用之，则吾从先进。”岂不是要把贵族子弟都排除在外？这不合情理。而作为老师喜欢勤奋努力的学生则是完全可以理解的。

二

原文

子曰：“从我于陈、蔡者，皆不及门也。”

译文

孔子回忆起他和众弟子在陈国和蔡国受到困厄的经历，感叹道：“曾经和我一起在陈国、蔡国受苦的学生，现在都已经不在我身边了。”

译解

译文增加了说明，以便读者了解孔子感叹的由来。孔门师生感情深厚，这是孔子表达对学生的想念。

三

原文

德行：颜渊，闵子骞，冉伯牛，仲弓；言语：宰我，子贡；政事：冉有，季路；文学：子游，子夏。

译文

孔子评价他的学生。在品德修养方面突出的，有颜渊、闵子骞、冉伯牛、仲弓；语言天赋好的，有宰我、子贡；从政能力强的，有冉有、季路；精通学术文献的，有子游、子夏。

从这里可以看出孔门学子是桃李芬芳，各有所长。

四

原文

子曰："回也，非助我者也。于吾言无所不说。"

译文

孔子谈到颜回。他笑着说道："颜回这个人啊，对我是一点儿帮助都没有。因为我所讲的东西他没有不喜欢的。"

译解

这里可以看出孔子说话的智慧与幽默。他一方面是赞扬颜回对学习的认真，另一方面也显示出对自己作为老师的自信。

五

原文

子曰："孝哉，闵子骞！人不间于其父母昆弟之言。"

常见译文

孔子说："闵子骞真是孝顺啊！别人都不会怀疑他的父母兄弟称赞他的话。"

译文

孔子谈到闵子骞。"孝子啊，闵子骞！人们从来没有说过他对父母兄弟有什么不是。"

译证

《泰伯篇》第二十一章　子曰："禹，吾无间然矣……"

译解

"人不间于其父母昆弟之言"，这个"之言"应为"人之言"而不是"父母昆弟之言"（见译证），则合理一些。

六

原文

南容三复《白圭》，孔子以其兄之子妻之。

常见译文

南容多次读《白圭》这一首诗，孔子把侄女嫁给了他。

译文

南容经常喜欢吟诵《白圭》（源于《诗经·大雅·抑》，其中有这样的诗句："白圭之玷，尚可磨也；斯言之玷，不可为也。"）。孔子把哥哥的女儿嫁给了他。

译解

译文增加了诗文的简单说明便于理解。此章显示了南容"慎言"的道德修养，说明孔子"以其兄之子妻之"的原因。

七

原文

季康子问："弟子孰为好学？"孔子对曰："有颜回者好学，不幸短命死矣。今也则亡。"

常见译文

季康子问："你的学生中谁最好学？"孔子答道："有个叫颜回的最好学，不幸短命去世，现在没有用功好学的了。"

译文

季康子问孔子："你的学生中谁最好学？"孔子回答他："颜回最好学，可惜过早死去了。至今我还没有看到像他那样好学的。"

译解

"今也则亡"，"亡"同"无"，"没有"的意思。译文是说孔子还没有发现像颜回一样好学的学生，常见译文则是不会再有这样的学生了，显得悲观。

八

原文

颜渊死，颜路请子之车以为之椁。子曰："才不才，亦各言其子也。鲤也死，有棺而无椁。吾不徒行以为之椁。以吾从大夫之后，不可徒行也。"

译文

颜渊死了，颜渊的父亲颜路（也是孔子的学生）希望孔子把车子卖掉给颜渊买一具外椁。孔子回答他："不管有无才华，人总是会为着自己的儿子。我儿子鲤死的时候，也只有内棺而无外椁。况且我不能把车卖掉徒步而行，因为我曾经做过大夫，按礼仪是不可以徒步而行的。"

译解

"椁"是棺材外面套的"大棺"。孔子在这里提出两个理由来拒绝颜路的要求：一是孔鲤死后没有用椁，如果颜渊用椁则悖情，对不住儿子孔鲤；二是弃车步行，不符合大夫的身份，悖礼。孔子间接地教育了颜路。

九

原文

颜渊死。子曰:“噫!天丧予!天丧予!”

译文

颜渊死了。孔子悲痛地说道:“唉!老天这是要了我的命!老天这是要了我的命!”

译解

颜渊的死给孔子带来巨大的悲痛。但是,从孔子对颜渊去世的态度上(见后面十一),可以看出孔子把守礼看作是重要的道德义务和政治责任,而个人感情则放在其次。

十

原文

颜渊死,子哭之恸。从者曰:“子恸矣。”曰:“有恸乎?非夫人之为恸而谁为?”

译文

颜渊死了,孔子哭得非常悲痛。旁边的学生对他说:“老师太伤心了。”孔子回答道:“真的太伤心了吗?不为这样的人伤心,该为谁伤心呢?”

译解

这一章可以看作是对上一章的补充。

十一

原文

颜渊死,门人欲厚葬之。子曰:“不可。”门人厚葬之。子曰:“回也,视予犹

父也，予不得视犹子也。非我也，夫二三子也。”

常见译文

颜渊死了，同学们想为他举行隆重的葬礼。孔子说：“不可以。”同学们还是厚葬了他。孔子说：“颜回啊，把我当作父亲对待，我却不能像对儿子一样对他。那不是我的主意，是同学们的主意。”

译文

颜渊去世，孔子的学生想厚葬他。孔子说：“不要这样做。”结果学生还是厚葬了他。孔子对学生说道：“颜回对我像对父亲一样，但我不能像对儿子一样对他。不是我不愿意，而是怕同学们有意见。”

译解

“颜渊死，门人欲厚葬之。子曰：‘不可。’门人厚葬之。”孔子严守礼仪，不因个人感情而违礼。孔子认为葬礼的厚薄应该与身份和家境贫富相当。颜渊家贫，厚葬既违礼，也没有必要。（孔子说：“礼，与其奢也，宁俭；丧，与其易也，宁戚。”）所以不同意。

“非我也，夫二三子也”有以上两解。译文是孔子向他的学生表明：他爱颜渊，但是也坚守老师的师德，对学生一视同仁。按照常见译文，孔子说“回也，视予犹父也，予不得视犹子也”就显得薄情，强调颜渊视他情同父子也就失去了意义。“非吾也，夫二三子也”则有逃避责任之嫌。

十二

原文

季路问事鬼神。子曰：“未能事人，焉能事鬼？”曰：“敢问死？”曰：“未知生，焉知死？”

常见译文

季路问如何服侍鬼神。孔子说：“没能侍奉好活人，怎么能去侍奉死人？”子路又说:“我大胆地请问,怎么看待死呢?”孔子说:“还没有懂得生的道理,怎么会懂得死的道理呢?”

季(子)路问应该如何看待鬼神之事。孔子回答他:“多想想如何做人吧,去想做鬼的事干什么呢?”又问:“冒昧地再问一下,应该如何看待死亡呢?”孔子回答道:“没有懂得人生的意义,又怎么会懂得人死后的意义呢?”

译解

“事鬼神”,中国自古以来有“事死如事生”的习俗,意思是“对待死人应该像对待活人一样”。所以王公贵族的墓葬都会按照生前的愿望来安排。这里应当理解为子路问与鬼神相关(比如人死了以后)的问题,而不是说去侍奉鬼神。如果按常见译文,孔门之儒岂不成了侍奉人的活路?而侍奉死人这样的译文又该如何理解呢?在《孔子家语·致思》中,有“子贡问于孔子曰:‘死者有知乎?将无知乎?’”(意思是“死去的人有感觉吗?还是没有感觉呢?”)这样的问话。这就可以说明“事鬼神”不宜译为“侍奉鬼神”,而应该是“与鬼神相关的事情”。所以,“事鬼神”应当理解为倒装句“鬼神事”。

十三

原文

闵子侍侧,訚訚如也。子路,行行如也。冉有、子贡,侃侃如也。子乐:“若由也,不得其死然。”

译文

闵子骞侍立在孔子旁边,显得很恭敬。子路站得笔直,像个卫兵。冉有、子贡显得和气从容。孔子看着笑了起来,说道:“像仲由这样子,只怕以后不得善终啊。”

仲由(子路)后来确实死于战乱。这应该是巧合,而不能说孔子是先知。

十四

鲁人为长府。闵子骞曰:“仍旧贯,如之何?何必改作?”子曰:“夫人不言,言必有中。”

鲁国扩建国库。闵子骞说:“现在这样不是很好吗?为什么要改呢?是想改变什么呢?”孔子说道:“此人不爱讲话,但是一讲话就击中要害。”

译解

鲁国执政贵族扩建仓库是为了多收赋税,儒家的政治观是“轻徭薄赋”,所以孔子说闵子骞“言必有中”。

十五

原文

子曰:“由之瑟,奚为于丘之门?”门人不敬子路。子曰:“由也升堂矣,未入于室也。”

常见译文

孔子说:“仲由为什么要到我这里来弹瑟呢?”孔子的学生因此不再尊重子路。孔子说:“仲由的学问已经不错了,只是还不够精深罢了。”

译文

孔子谈到学生仲由:“仲由这样老不长进,在我这里能做什么呢?”以后同学们都不大尊重子路。孔子知道后,说道:“仲由学问也是入了门的,只是学得还不够精通，你们不要这样对他。”

此“瑟”有“萎缩、愚笨”的意思，是一种形容。何新解读“瑟”：“瑟，缩也，愚笨。”则合理。《论语》中子路确实是孔子批评较多的学生，所以这样解是可以的。如果只是瑟弹得不好，何至于同学们都不再尊敬子路呢？

十六

子贡问：“师与商也孰贤？”子曰：“师也过，商也不及。”曰：“然则师愈与？”子曰：“过犹不及。”

译文

子贡问孔子：“颛孙师（子张）和卜商（子夏），谁更优秀呢？”孔子说道：“师常常显得过头，而商却常常显得不够。”子贡说：“那师要好一些？”孔子说道：“过头了和达不到都不好。”

译解

“过犹不及”是中庸的重要思想。

十七

季氏富于周公，而求也为之聚敛而附益之。子曰：“非吾徒也！小子鸣鼓而攻之，可也。”

常见译文

季氏的财富已经超过周公，冉求还在为他聚敛，增加更多的财富。孔子说：“冉求不再是我的学生，你们大家可以大张旗鼓地攻击他。”

季氏已经比周公(指当时的周王室公侯)更富有了,然而冉求还在为他聚敛老百姓的税赋,并从中获取利益。孔子气愤地说道:“冉求不是我的学生!同学们,你们就是一起鸣鼓讨伐他,也是可以的。”

“而求也为之聚敛而附益之”,“聚敛”已经有“增加税赋、搜刮民财”的意思,如《礼记·大学》就有“百乘之家,不畜聚敛之臣”,所以‘而附益之”似可以理解为“冉求附带从中获取了利益”。冉求不但为季氏聚敛搜刮百姓,自己还从中渔利,这样的行为当然会使孔子感到非常气愤,所以孔子才会说:“非吾徒也!小子鸣鼓而攻之,可也。”这里是试译。

十八

柴也愚,参也鲁,师也辟,由也喭。

孔子提到几个学生的不足:高柴憨厚直率,曾参反应迟钝,颛孙师华而不实,仲由大大咧咧。

孔子对自己的学生可以说是了如指掌。

十九

子曰:“回也其庶乎?屡空!赐不受命而货殖焉,亿则屡中。”

常见译文

孔子说："颜回的学问和道德都不错吧？可是常常穷得没法！端木赐不信天命去经商，行情常常猜中。"

译文

孔子讲道："颜回应该是很卓越了吧？可是他穷得要命！端木赐不听我的话而去经商，不过他预测的行情常常是对的。"

译解

"赐不受命"有几种说法：一说是"不信天命"；一说是"不受官方之命"（不是官方任命的商人，相当于个体户）；还有的说是"不受老师（孔子）之命"。颜渊以"学道"为自己的人生使命，所以甘愿受穷；端木赐作为孔子学生不按照老师的安排（不受命）"学以致道"而按自己想法去经商，孔子也没有反对。所以译文译为"子贡不遵师命"，这样整章内容联系才紧密。而孔子对子贡经商能力的肯定，显示了他对人的包容。

二十

原文

子张问善人之道。子曰："不践迹，亦不入于室。"

常见译文

子张问善人是怎样的。孔子说："不会踩着别人的脚印走，学问道德也难以学到家。"

译文

子张问完善自我、提高修养的正确做法。孔子讲道："不要盲目地跟着别人走，更不要陷入迷信。"

译证

1.《为政篇》第十二章　子曰:“君子不器。”

2.《里仁篇》第十章　子曰:“君子之于天下也,无适也,无莫也,义之与比。”

3.《先进篇》第十五章　子曰:“由也升堂矣,未入于室也。”

4.《微子篇》第八章　我则异于是,无可无不可。

“善人之道”,常见译文认为“善人”低于“圣人”,所以他能够做到“不践迹”(优于践迹),但是也“不入于室”(学问不到家,成不了圣人)。不过,这里的“善”应为动词,是“提高、完善”之意。孔子是告诉子张:提高修养要避免两种错误,一是盲目跟随别人,再就是迷信别人。孔子要求学生钻研学问、提高修养都应当保持高度的独立性,对任何事情都要有自己的主见。(见译证1、2、4)“学而不思则罔”“多闻,择其善者而从之”“不愤不启,不悱不发。举一隅不以三隅反,则不复也”等,都说明孔子是不主张盲目地跟着别人走的,即告诉子张要“不践迹”。“亦不入于室”(注意:它和“未入于室也”的用词、语境都是不同的),则是孔子对子张的进一步提醒,即不要陷入迷信。“入于室”可有两解:一是“学问精通”(见译证3),二是“陷入迷信”。何新的译文是,孔子说:“不要踩着别人的脚印走,也不要进入别人的房屋。”译文表达的“不盲目,不迷信”思想,正是儒家所倡导的“君子不器”“君子慎独”的道德修养,更具思想意义。

二十一

子曰:“论笃是与,君子者乎?色庄者乎?”

常见译文

孔子说:“言论笃实的人值得肯定,但是要看他是真君子呢?还是只是外表显得庄重呢?”

译文

孔子讲道："一个人的信仰是否真诚、实在，就看他是按自己的信仰去做呢？还是只把信仰挂在嘴上，装装门面呢？"

译证

《子张篇》第二章　子张曰："执德不弘，信道不笃，焉能为有？焉能为亡？"

译解

这一章历来让学者感到难以翻译，有的学者认为这一章文理难懂，歧义也颇多。本译文则认为："论笃是与"即"评论一个人的信仰（笃）是真还是假"（见译证）；"君子者乎？"即"表现得像君子那样言行一致呢？""色庄者乎？"即"只是装得像个君子，而实际上并没有照自己说的去做呢？"这一章其实很重要，孔子在这里讲：一个说自己有信仰的人到底是真还是假，关键看他是否照自己所说的信仰去做。常见译文未说明原文意思。孔子周游列国长达十四年，最后无果而归。但是他用行动证明了自己对信仰的笃行。

二十二

原文

子路问："闻斯行诸？"子曰："有父兄在，如之何其闻斯行之？"冉有问："闻斯行诸？"子曰："闻斯行之。"公西华曰："由也问'闻斯行诸'，子曰'有父兄在'；求也问'闻斯行诸'，子曰'闻斯行之'。赤也惑，敢问。"子曰："求也退，故进之；由也兼人，故退之。"

译文

子路问孔子："听说了有道理的事情就该去做吗？"孔子讲道："父兄在，该征求他们的意见，怎么能够听到就去做呢？"冉有也问了同样的问题，孔子讲道："听到有道理的事情，就照着去做吧。"公西华不解，问孔子："仲由问'闻斯行诸'，老师说'有父兄在'；冉求问'闻斯行诸'，老师说'闻斯行之'。我感到不解，请问老师这是什么道理呢？"孔子讲道："冉求这个人遇事胆小，所以要鼓励他勇于进取；仲由这个人遇事莽撞，所以要让他多加谦退。"

这一章说出了一个非常重要的教育方法，那就是因材施教。

二十三

原文

子畏于匡，颜渊后。子曰："吾以女为死矣。"曰："子在，回何敢死？"

译文

孔子在匡地遇到危险，和颜渊走散了。后来见到颜渊，孔子说道："我以为你没命了。"颜渊说："老师您在，我怎么敢死呢？"

译解

这里可以看出颜回继承了孔子的幽默感。

二十四

原文

季子然问："仲由、冉求可谓大臣与？"子曰："吾以子为异之问，曾由与求之问。所谓大臣者，以道事君，不可则止。今由与求也，可谓具臣矣。"曰："然则从之者与？"子曰："弑父与君，亦不从也。"

常见译文

季子然问："仲由、冉求可以称得上是大臣吗？"孔子说："我以为你问别的人，原来是问仲由和冉求。所谓大臣，是以道义来侍奉君主，行不通就辞职。现在冉求与仲由二人，可以说得上是称职的臣子了。"季子然又说："那么，他们是唯命是从吗？"孔子说："杀父亲、害君主的事情，他们是不会听从的。"

译文

季子然(季氏家族子弟)问孔子:“仲由、冉求可以做国家大臣吗?”孔子回答道:“我以为你会问其他问题,结果是问仲由和冉求。所谓大臣,是以道义为君主做事,如果行不通,宁可辞官不做。现在仲由和冉求,只不过是季氏的家臣。”那人又问:“既然这样,他们就该一切都听从(季氏)吗?”孔子回答道:“像杀害父亲、谋害君主的事,他们是不会听从的。”

译解

“所谓大臣者,以道事君,不可则止”是这一章的重点,孔子在这里明确地讲到了国家大臣“事君”的原则。

“今由与求也,可谓具臣矣”,两种译文有差异。“具臣”是指“贵族大夫聘用的家臣(何新注解),为其私家服务”,而非“国家大臣”,(辜鸿铭称“具臣”为“政客”,称“大臣”为“政治家”以示区别)这样理解合理。不然,就不会有后面的“‘然则从之者与?’子曰:‘弑父与君,亦不从也。’”之说。

二十五

原文

子路使子羔为费宰。子曰:“贼夫人之子!”子路曰:“有民人焉,有社稷焉,何必读书,然后为学?”子曰:“是故,恶夫佞者。”

译文

子路让子羔去当费邑地方长官。孔子对他讲道:“你这是误人子弟!”子路辩解说:“那里有人民需要管理,有社会工作需要做,为什么非要读书才算是学习呢?”孔子对他说道:“这是狡辩,我最讨厌狡辩的人。”

译解

孔子把学问和道德修养作为能否从政的标准,对子路的实用主义观点是否定的。

二十六

原文

子路、曾皙、冉有、公西华侍坐。子曰："以吾一日长乎尔，毋吾以也。居则曰：'不吾知也！'如或知尔，则何以哉？"子路率尔而对曰："千乘之国，摄乎大国之间，加之以师旅，因之以饥馑，由也为之。比及三年，可使有勇，且知方也。"夫子哂之。"求，尔何如？"对曰："方六七十，如五六十，求也为之，比及三年，可使足民。如其礼乐，以俟君子。""赤，尔何如？"对曰："非曰能之，愿学焉。宗庙之事，如会同，端章甫，愿为小相焉。""点，尔何如？"鼓瑟希，铿尔，舍瑟而作，对曰："异乎三子者之撰。"子曰："何伤乎？亦各言其志也。"曰："莫春者，春服既成。冠者五六人，童子六七人，浴乎沂，风乎舞雩，咏而归。"夫子喟然叹曰："吾与点也！"

三子者出，曾皙后。曾皙曰："夫三子者之言何如？"子曰："亦各言其志也已矣。"曰："夫子何哂由也？"曰："为国以礼，其言不让，是故哂之。""唯求则非邦也与？""安见方六七十如五六十而非邦也者？""唯赤则非邦也与？""宗庙会同，非诸侯而何？赤也为之小，孰能为之大？"

常见译文

子路、曾皙、冉有、公西华陪着孔子。孔子说："我只是比你们虚长几岁而已。平常你们总是说：'没有人了解我！'如果有人了解你们，你们打算怎么做呢？"子路立刻回答说："一千辆兵车的国家，夹在大国之间，外面有军队侵犯，国内有饥荒。如果我来治理，只要三年，可以使老百姓变得勇敢，懂得礼仪。"孔子微微一笑。孔子又问："冉求，你怎么样？"冉求回答："方圆六七十里或者五六十里的地方，我来治理，只要三年，可以使老百姓富足。但是礼乐教化，则要等高尚的君子来了。"孔子又问："公西华，你怎么样？"公西华回答："我不敢说我能做到，但是我愿意学习。对宗庙祭祀或者诸侯会盟之事，我愿意穿上礼服戴上礼帽，做一个小司仪。"孔子又问："曾皙，你怎么样？"曾点弹瑟已近尾声，铿的一声，放下瑟，站起来说："我与他们的想法有所不同。"孔子说："没有关系，只是说说各人的志向而已。"曾皙说："暮春三月，春天的衣服早已穿上，我陪同五六个年轻人，六七个小孩，在沂水边洗洗澡，在舞雩台上吹吹风，唱着歌，一路走回家。"孔子赞叹道："我欣赏曾皙的想法。"

子路、冉有、公西华三人都出去了，曾皙走在后面。曾皙问："三位同学的话怎么样？"孔子说："不过各人说说自己的志向罢了。"曾皙说："老师为什么笑仲由呢？"孔子说："治理国家应当靠礼让，他说话毫不谦让，所以我笑他。""难道冉求说的就不是治国吗？"孔子说："怎么见得方圆六七十里、五六十里就不是国家呢？""公西华说的不是国家吗？"孔子说："有宗庙、会盟，不是国家是什么呢？如果他只能做个小小的司仪，又有谁来做大司仪呢？"

子路、曾皙、冉有、公西华在一起侍奉孔子。孔子对他们说道："我只不过比你们年龄大一些罢了。平时常听到你们说自己'怀才不遇'，假如有当权者要任用你们，你们准备做什么呢？"子路率先回答："如果一个中等大的国家，受制于大国之间，有战乱之祸，而且造成了饥荒，我也能改变它。如果给我三年时间，我可以使人民变得勇敢，而且会打仗。"孔子淡淡地笑了笑。他又问道："冉求，你怎样打算呢？"冉求回答："一个方圆六七十里或五六十里大的地方，我可以去管理。用三年左右时间，使人民生活富足起来。礼乐教化方面，我则会请道德修养高的人。"孔子又问："公西赤，你是如何打算呢？"公西赤回答："我不敢说我有多能干，但我愿学习。国家的宗庙祭祀，诸侯国的协议商定，隆重的对外接待，我愿做一个副职。"孔子又问："曾点，你是如何打算呢？"曾点正在弹瑟，瑟声渐渐停了下来，他放下瑟，站起来回答："我的想法和他们三个都不同。"孔子说道："那有什么关系呢？大家只是随便谈谈自己的想法而已。"曾点回答："暮春三月，穿上新做的春装，约上几个年轻的朋友，再带上几个可爱的小孩子，大家一起到沂水河中畅游，再去古老的祭台上沐浴春风。最后，大家一路唱着歌，高高兴兴地回家去。"孔子感叹地说道："我赞同曾点的想法！"

三人出去了。曾皙问道："他们三人的想法如何？"孔子回答道："不过各人谈谈自己的志向罢了。"曾皙问："那老师为什么笑仲由呢？"孔子说道："国家之间的事，以礼仪为原则，互相妥协、谦让。他说话一点儿也不谦让，所以我笑他。"曾皙又问："冉求说的难道不是一个国家吗？"孔子说道："谁说方圆六七十里或五六十里大就不能是一个国家呢？"曾皙又问："那么公西赤说的不是国家事务吗？"孔子说："有宗庙祭祀，有外交协商，不是国家事务又是什么呢？如果公西赤只能做个副职，谁又有能力做正职呢？"

“居则曰：‘不吾知也！’”一段在《学而篇》的第一章中作为译证，说明了“人不知而不愠”的由来。孔门弟子以“学而优则仕”的态度求官从政，却屡屡不能如愿，所以才会有“怀才不遇”之感。

“为国以礼，其言不让，是故哂之。”孔子是说处理诸侯国家之间的关系，应当以礼仪为原则，相互协商，有所妥协（以礼让为国），而不是说国家内部的治理。（《里仁篇》第十三章也有同样的论述。在《论语》中，只有这两处可以见到“为国以礼让”的说法）“千乘之国，摄乎大国之间，加之以师旅，因之以饥馑”，在这种状况下，当然只有处理好与大国之间的关系才能够生存，而子路缺乏这种认识，只知道打仗，所以孔子才会笑他。

“夫子喟然叹曰：‘吾与点也！’”有意思的是孔子这位伟大的思想家却对曾皙的想法给以肯定，这恰恰反映了孔子普通人的一面。历史上任何伟大的人物，总会有他生活中自己的一面。生活的轻松和愉悦是人的自然追求，体现了人性的本真。

第十二篇 颜渊

一

原文

颜渊问仁。子曰:"克己复礼为仁。一日克己复礼,天下归仁焉。为仁由己,而由人乎哉?"颜渊曰:"请问其目。"子曰:"非礼勿视,非礼勿听,非礼勿言,非礼勿动。"颜渊曰:"回虽不敏,请事斯语矣。"

常见译文

颜渊问什么是仁德。孔子说:"克制自己,使自己的言行符合礼的要求,这就是仁。一旦做到这样,天下人都会说你是有仁德的人。做到仁要靠自己,怎么能靠别人呢?"颜渊说:"请问实行仁的办法。"孔子说:"不合礼的事不看,不合礼的话不听,不合礼的话不说,不合礼的事不做。"颜渊说:"我虽然不聪明,但我会照老师说的去做。"

译文

颜渊问天下(国家)政治应该怎样才算好。孔子讲道:"个人提高道德修养,天下恢复正常礼仪,这就是最好的政治秩序。一旦做到这样,天下政治就完美了。提高道德修养只有靠自己,怎么能靠别人呢?"颜渊说:"请问要达到什么目标。"孔子讲道:"不合礼仪的事不看,不合礼仪的事不听,不合礼仪的事不说,不合礼仪的事不做。"颜渊说:"我虽然不聪明,我会照着老师说的去努力。"

译证

1.《**八佾篇**》**第十四章**　子曰:"周监于二代,郁郁乎文哉!吾从周。"

2.《**公冶长篇**》**第二十六章**　子路曰:"愿闻子之志。"子曰:"老者安之,朋友信之,少者怀之。"

3.《**述而篇**》**第十一章**　子谓颜渊曰:"用之则行,舍之则藏,惟我与尔有是夫。"

4.《**卫灵公篇**》**第十一章**　颜渊问为邦。子曰:"行夏之时,乘殷之辂,服周之冕。乐则《韶》《舞》。放郑声,远佞人。郑声淫,佞人殆。"

5.《**阳货篇**》**第五章**　子曰:"夫召我者,而岂徒哉?如有用我者,吾其为东周乎?"

6.《**微子篇**》**第六章**　夫子怃然曰:"鸟兽不可与同群,吾非斯人之徒与而谁与?天下有道,丘不与易也。"

7.《**子张篇**》**第十九章**　曾子曰:"上失其道,民散久矣。如得其情,则哀矜而勿喜!"

8.《**子张篇**》**第二十五章**　子贡曰:"……夫子之得邦家者,所谓立之斯立,道之斯行,绥之斯来,动之斯和。其生也荣,其死也哀。如之何其可及也?"

译解

这一章的重点应该是对"一日克己复礼,天下归仁焉"的理解。钱穆的译文是:"约束我自己来践行礼,那就是仁了。只要一天能这样,便见天下尽归入我心之仁了。"是将"克己复礼"作为个人道德修养来看的;杨逢彬的译文是:"克制自己,使言语行动都恢复到'礼'的境界,就是仁。一旦这样做成了,天下的人都会归向道德。"是将"克己复礼"作为国家政治秩序的改善来看的。从译证所引的八条《论语》内容,我们有理由认为这里颜渊和孔子是谈论"天下(国家)政治"(如杨逢彬译文)而不是"个人道德修养"。

"克己"的"克"有"能"(克勤克俭)、"胜"(克敌制胜)、"克服"(克己奉公)等义项。以《尚书·尧典》中"克明峻德"(《大学》中"大学之道,在明明德")的文意,"克己"强调的是"提高自身修养,懂得弘扬道德"。所以,这里孔子所言的"克己"应该是在一个"天下归仁"的和谐社会中,人人都应当做到"提高修养,弘扬道德"而不仅仅是"克制个人的欲望"。"复礼"则应该是"恢复礼仪,政治清明",而不是"服从礼"。孔子所言的"复礼"不完全是"恢复旧周礼",而是要复兴一个像"周王朝"那样文明的新天下。只有这样来理解原文,才能够显示出孔子高远的政治抱负。译证 1 表明了孔子对周王朝礼仪文明的赞扬;译证 2 表明了孔子自己的政治志向;译证 3 说明了孔子和颜渊对参与国家政治的思想准备;译证 4 说明了孔子的“复礼”不是“依样画葫芦”而是“择其善者而从之”;译证 5 说明了孔子想利用一切机会来实现“复礼”大梦;译证 6 说明了孔子“不可为而为之”的艰难处境;译证 7 是曾子所言“礼崩乐坏”时代的实际状况;译证 8 是子张设想的孔子实现“复礼”大梦的宏伟愿景。

这些都可以说明,所谓“一日克己复礼,天下归仁焉”应该是谈“天下(国家)政治”而不是“个人修养”。而“克己”和“复礼”则应该是“天下归仁焉”的两个必要条件。要实现“克己复礼”的政治理想,只有发展大众教育和复兴天下(国家)政治秩序才能达到。这正是孔子一生的奋斗目标。

另外,据《左传·昭公十二年》“仲尼曰:‘古也有志:克己复礼,仁也。’”说明“克己复礼”并不是孔子才有的政治愿望,而是前人就有的政治抱负。这里是试译。

二

仲弓问仁。子曰:“出门如见大宾,使民如承大祭。己所不欲,勿施于人。在邦无怨,在家无怨。”仲弓曰:“雍虽不敏,请事斯语矣。”

常见译文

仲弓问如何实行仁。孔子说:“平常出门要像是去接见贵宾,役使百姓要像是承办大祭典一样隆重。自己不喜欢的事情,不要强加给别人。在诸侯国中没有人怨恨你,在卿大夫的封地上,也没有人怨恨你。”仲弓说:“我虽然不聪明,我会照老师说的去做。”

译文

仲弓问应当如何处理社会关系。孔子讲道:“做事情,把对方总是当贵宾一样尊重,役使老百姓,总是像对大祭典礼一样慎重。自己不愿意遭受的事情,就不应当强加给别人。这样做,无论在社会上,还是在家族中,都不会遭到怨恨。”仲弓说:“我虽然不聪明,但我会照老师说的去做。”

“仲弓问仁”，译文根据具体的内容作了说明，便于读者理解。

“己所不欲，勿施于人”，两种译文有差异。“不喜欢”和“不愿意遭受的事情”表达的意思不一样。这是《论语》中的经典名言，它体现了孔子对处理人与人之间利害关系的态度和原则，是儒家思想的重要论述，也是被全世界公认的道德“金律”。

原文

司马牛问仁。子曰：“仁者，其言也讱。”曰：“其言也讱，斯谓之仁已乎？”子曰：“为之难，言之得无讱乎？”

常见译文

司马牛问什么是仁。孔子说：“仁人说话，会显得迟钝。”司马牛说：“说话迟钝就算是仁吗？”孔子说：“做成事不容易，说话能不迟钝吗？”

译文

司马牛问提高道德修养的问题。孔子讲道：“修养好的人，谨言慎语。”司马牛说：“谨言慎语就是修养好吗？”孔子讲道：“做成一件事会有许多困难，难道说出来不应当谨慎一些吗？”

两种译文表述有差异。

四

司马牛问君子。子曰：“君子不忧不惧。”曰：“不忧不惧，斯谓之君子已乎？”子曰：“内省不疚，夫何忧何惧？”

译文

司马牛问怎样才算是高尚、智慧的人。孔子讲道:“高尚、智慧的人不会成天忧心忡忡,也不会胆小怕事。”司马牛问:“不忧虑、不怕事就是高尚、智慧的人?”孔子讲道:“一个人内省没有做亏心的事,那有什么值得忧虑和害怕的呢?”

译解

“内省不疚,夫何忧何惧?”表明了孔子“人之生也直”(人应该过道德的生活)的人生态度,只有这样一个人才能够安心于“君子坦荡荡”的生活。

五

原文

司马牛忧曰:“人皆有兄弟,我独亡。”子夏曰:“商闻之矣:‘死生有命,富贵在天。’君子敬而无失,与人恭而有礼,四海之内,皆兄弟也。君子何患乎无兄弟也?”

译文

司马牛心生忧愁地说:“他人都有兄弟,唯独我已经没有了。”子夏对他说:“我听说有这么一句话:‘一个人的死生是命里注定的,富贵得失也是上天的安排。’一个道德修养好的人,做事认真不犯错误,对人恭敬谦虚有礼,那么他和天下的朋友都会亲如兄弟。这样的人何必担心没有兄弟呢?”

译解

据载:司马牛的哥哥宋国大夫桓魋谋反失败,几个兄弟也和桓魋一起被杀。“四海之内,皆兄弟也”是《论语》中的名句,它反映了儒家宽广的胸怀和孔门弟子“尽人事,听天命”的道德观念。

六

原文

子张问明。子曰:“浸润之谮,肤受之愬,不行焉,可谓明也已矣。浸润之

谮，肤受之愬，不行焉，可谓远也已矣。”

常见译文

子张问怎样才算是明白人。孔子说：“日积月累的谗言，切肤之痛般的诬告，对你都行不通，就可以说你是个明白人。日积月累的谗言，切肤之痛般的诬告，对你都行不通，你就可以称得上是有远见的人。”

译文

子张问如何才算是聪明睿智。孔子讲道：“含沙射影般诬陷别人的谗言，切肤之痛般攻击自己的诽谤，对你来说都不起作用，就可以说你是聪明睿智的人。含沙射影般诬陷别人的谗言，切肤之痛般攻击自己的诽谤，对你来说都不起作用，甚至可以说你是有远见卓识的人。”

译解

“浸润之谮”是针对别人的谗言，“肤受之愬”是针对自己的诽谤，这样表述原文意思才完整。它是一个“君子”思想高度独立和自觉才能够达到的境界。

七

原文

子贡问政。子曰：“足食，足兵，民信之矣。”子贡曰：“必不得已而去，于斯三者何先？”曰：“去兵。”子贡曰：“必不得已而去，于斯二者何先？”曰：“去食。自古皆有死，民无信不立。”

译文

子贡问治理国家的办法。孔子讲道：“有充足的粮食，有充足的军备，老百姓对政府有充分的信任。”子贡说：“不得已的话，三项中哪一个可以先去掉呢？”孔子讲道：“那就是军备。”子贡又说：“不得已的话，剩下的两项还可以去掉哪一项呢？”孔子讲道：“去掉粮食。自古以来人难免会死去，但是，老百姓对政府缺乏信任，这个政府就会垮台。”

译解

“民无信不立”，这是孔子对一个国家的政权能否存在下去给出的答案。

八

原文

棘子成曰：“君子质而已矣，何以文为？”子贡曰：“惜乎！夫子之说君子也，驷不及舌。文犹质也，质犹文也。虎豹之鞟犹犬羊之鞟？”

常见译文

棘子成说：“君子质朴就够了，要文饰做什么呢？”子贡说：“真遗憾！先生这样说君子。一言既出，驷马难追。文饰同质朴一样重要，质朴同文饰一样重要。如果去掉文饰，那么就像虎豹的皮和犬羊的皮都去掉毛，两种皮看起来就一样了。”

译文

棘子成（卫国大夫）说：“高尚、智慧的人只要有良好的道德就可以了，何必一定要有优雅的表现呢？”子贡回答他：“很遗憾！先生这样看高尚、智慧的人。一言既出，驷马难追。优雅的表现是因为有良好的道德修养，而有良好的道德修养，也才会有优雅的表现。如果没有优雅的表现，就好比拔光了毛的皮，虎豹的皮和犬羊的皮被拔光了毛该如何区分呢？”

译解

“鞟”是去掉毛的皮革。译文表达意思似更清楚，更容易理解。

九

原文

哀公问于有若曰：“年饥，用不足，如之何？”有若对曰：“盍彻乎？”曰：“二，吾犹不足，如之何其彻也？”对曰：“百姓足，君孰与不足？百姓不足，君孰与足？”

译文

哀公问有若："灾荒之年，国家用度不够，有什么办法吗？"有若回答说："为什么不按十抽一的办法征税呢？"哀公说："就是十抽二我都嫌不够，你怎么说十抽一呢？"有若回答他："老百姓如果富足，国君怎么会不富足呢？老百姓都穷，那国君又怎么会富足呢？"

译解

有若，字子有，鲁国人，孔子学生。这里是有若告诉鲁哀公一个道理：国家的强盛只能建立在人民富裕的基础之上。

十

原文

子张问崇德辨惑。子曰："主忠信，徙义，崇德也。爱之欲其生，恶之欲其死。既欲其生，又欲其死，是惑也。'诚不以富，亦祇以异。'"

常见译文

子张问如何能提高道德，辨别迷惑。孔子说："以忠诚信实为原则，认真去做应该做的事，这就是提高道德。爱一个人就希望他长寿，厌恶起来又希望他马上死掉。既想他长寿，又想他死掉，这就是迷惑。《诗经》中这样说的：'诚不以富，亦祇以异。'"

译文

子张问如何才能做到崇尚道德，不受迷惑。孔子讲道："把正直、诚信作为人生的信条，做事追求正义，这就是崇尚道德。而自己喜欢的东西总想越多越好，不喜欢的东西总想完全没有。一方面贪得无厌，另一方面又想完全摆脱，这就是迷惑。'之所以不幸福，皆因为想法多。'《诗经》里的这句诗，说的就是这个道理。"

译解

"爱之欲其生，恶之欲其死。既欲其生，又欲其死，是惑也。"常见译文不合常理。首先，孔子这里谈的是道德和哲理问题，并非局限于对一个人的爱和恨。其次，过去爱一个人，以后又恨他，各有缘由，故谈不上迷惑。而对喜欢的东西希望越多越好（欲其生）；不喜欢的东西希望一点儿都没有（欲其死），这在生活中显然是不实际的想法，所以才是迷惑。并且这里的“两欲”具有同时性，这一点对于爱、恨一个人显然是不可能的。所以，常见译文存在逻辑问题。

“诚不以富，亦祇以异”，引自《诗经·小雅·我行其野》。程颐认为这是错简，与本章内容无关，所以常见译文没有译。

从译文中我们可以看到孔子对学生子张所提问题的精彩回答。

十一

原文

齐景公问政于孔子。孔子对曰：“君君，臣臣，父父，子子。”公曰：“善哉！信如君不君，臣不臣，父不父，子不子，虽有粟，吾得而食诸？”

常见译文

齐景公向孔子询问国政的事。孔子回答说：“君主要像君主，臣子要像臣子，父亲要像父亲，儿子要像儿子。”齐景公说：“说得好！如果君主不像君主，臣子不像臣子，父亲不像父亲，儿子不像儿子，即使有粮食，我能吃得着吗？”

译文

齐景公问好的国家政治秩序。孔子对他讲道：“国君是有道德操守的国君，臣子是恪尽职守的臣子，父亲做出父亲的榜样，儿子孝敬父亲、听从教导。”齐景公说：“这样真是最好的！假如国君不像国君，臣子不像臣子，父不像父，子不像子，即使在丰收之年，恐怕我也得不到饭吃吧？”

译解

译文对“君君、臣臣、父父、子子”做了进一步诠释和限定。《论语》中孔子对君臣关系有很多讲述，如“为政以德；政者，正也；为君难，为臣不易；以道事君，不可则止；事君数，斯辱矣”；等等，都可以说明孔子所言君臣关系的含义。但是这一段被后来的人引用成了等级森严、残酷的封建社会伦理关系，这是历史的遗憾。

十二

子曰:“片言可以折狱者,其由也与!”子路无宿诺。

常见译文

孔子说:“可以只是听一面之词,就能够断案的,大概就是仲由吧!”子路答应做的事情从不拖延。

译文

孔子谈到学生子路:“只听信一面之词就断案的,恐怕只有仲由才会这样吧!”子路承诺的事情当天就办,绝不拖延。

译证

《颜渊篇》第十三章　子曰:“听讼,吾犹人也。必也使无讼乎!”

译解

子路勇敢、性急,在《论语》中多有孔子批评他的记录。而听一面之词常常是诉讼判案应当避免的错误,所以应当理解为孔子对子路是批评而不是表扬。孔子说自己和别人审理案件也差不多。(见译证)如果是表扬子路,则有神化子路之嫌,不应是孔子的作为。“子路无宿诺”则可以看作是孔子对他做事不拖沓的赞扬。在《论语》中,我们常常可以看到孔子从两方面来评价自己的学生,体现了中庸思想。

十三

子曰:“听讼,吾犹人也。必也使无讼乎!”

孔子讲道:“审理案件,我和别人也差不多。但是,我希望没有诉讼。”

“必也使无讼乎!”孔子希望通过教育、自我批评、互相谦让达到没有诉讼的目的,所以他才会有“父为子隐,子为父隐”之说。不过后人应该是错解了这一句话(见《子路篇》第十八章译文)。

十四

原文

子张问政。子曰:“居之无倦,行之以忠。”

译文

子张问从政应有的态度。孔子讲道:“身居官位不懈怠,处理政务要公正。”

译解

“忠”这里所表达的是“正直、秉公办事”。

十五

原文

子曰:“博学于文,约之以礼,亦可以弗畔矣夫。”

译文

孔子讲道:“具有广博的学问,言行合乎礼仪,人生就不会犯大错。”

译解

这一章和《雍也篇》第二十七章相同。

十六

子曰:"君子成人之美,不成人之恶。小人反是。"

常见译文

孔子说:"君子成就别人的好事,不成全别人的坏事。小人却相反。"

译文

孔子讲道:"高尚、智慧的人会鼓励人做道德的事情,而不会鼓励人做不道德的事情。自私自利的人则相反,只会从自身利益考虑问题,不管做事道德不道德。"

译解

"成人之美"的"成"有"鼓励和赞赏"的意思,而不是去"帮助、促成",否则"君子"会忙不过来。辜鸿铭的译文是:"聪明而高尚的人鼓励他人在本性上发挥优点。"

"小人反是"意思是小人和君子看待事情的原则不同。如果只说"相反"则译文意思不完整,会造成"小人尽在鼓励别人做坏事"的印象,不合常理。

十七

原文

季康子问政于孔子。孔子对曰:"政者,正也。子帅以正,孰敢不正?"

常见译文

季康子问孔子国政之事。孔子说:"所谓政治,就是端正。您自己带头端正,谁敢不端正呢?"

译文

季康子问孔子如何执政。孔子对他讲道:“所谓政治,就是执政的人品德正直,做事公正。您作为执政者率先这样做,下面的人谁还敢违反呢?”

译解

译文对原文作了详细解释,只说“端正”则意犹未尽。

十八

原文

季康子患盗,问于孔子。孔子对曰:“苟子之不欲,虽赏之不窃。”

译文

季康子为国内偷盗频繁发生所烦恼,问孔子该怎么办。孔子对他讲道:“假如您能放弃对财富的贪欲,即使是奖励偷盗,人们也不会去。”

译解

“榜样的力量是无穷的”,可以这样理解孔子的意思。

十九

原文

季康子问政于孔子曰:“如杀无道,以就有道,何如?”孔子对曰:“子为政,焉用杀?子欲善而民善矣。君子之德,风;小人之德,草。草上之风,必偃。”

译文

季康子问孔子执政的问题,他说:“杀掉所有违法的人来促使人们走正道,这样做如何呢?”孔子对他讲道:“您作为执政者,为什么只想到用杀人的办法呢?如果您做事正当合理,老百姓自然也会做事正当合理。执政者的道德就像风，老百姓的道德就像草。草上的风吹向哪边，草就会倒向哪边。”

这一章和上一章所表达的意思是执政者的道德作风对老百姓会产生必然的影响。

二十

原文

子张问：“士何如斯可谓之达矣？”子曰：“何哉，尔所谓达者？”子张对曰：“在邦必闻，在家必闻。”子曰：“是闻也，非达也。夫达也者，质直而好义，察言而观色，虑以下人。在邦必达，在家必达。夫闻也者，色取仁而行违，居之不疑。在邦必闻，在家必闻。”

常见译文

子张问：“读书人怎样做才算是通达呢？”孔子说：“你说的通达是什么意思呢？”子张说：“在国家做官有名望，在大夫采邑做官有名望。”孔子说：“这是有名，不是通达。所谓通达，就是品行正直，遇事讲理，认真听人说话，善于看人神色，凡事都把自己居于人下。这种人，在国家做官会行得通，在大夫采邑做官也会行得通。所谓有名，表面上看来爱好仁德，实际上却背道而驰。可他还自认为不错，毫不怀疑自己的行为。这种人，在国家做官会骗取名声，在大夫采邑做官也会骗取名声。”

译文

子张问：“一个读书人怎样做才会有好的声誉呢？”孔子问道：“指什么呢？你所谓的好声誉？”子张回答说：“在国内、在大夫采邑都有名气。”孔子讲道：“那只是出名，而不是好声誉。所谓有好声誉，是指品行正直、做事道义。既能听取意见又善于了解别人，遇事能为自己的下属着想。这样的人，在国内、在大夫采邑都会有好的声誉。而只想出名的人，表面上道貌岸然，做事却违背道义，而且自己还心安理得。这种人，在诸侯国内和大夫采邑都只会是臭名远扬。”

“察言而观色，虑以下人”，两种译文不同。译文表现的是一个官员的宽容和爱心，常见译文表现的是一个官员的拘谨和忍让。

二十一

原文

樊迟从游于舞雩之下，曰：“敢问崇德、修慝、辨惑。”子曰：“善哉问！先事后得，非崇德与？攻其恶，无攻人之恶，非修慝与？一朝之忿，忘其身，以及其亲，非惑与？”

常见译文

樊迟跟着孔子在舞雩台下散步，樊迟说：“请问如何才能提高道德，消除积怨，辨别哪种是糊涂事？”孔子说：“问得好！先付出，然后才获得，不就是提高道德吗？批判自己的过错，不要批判别人的过错，不就可以消除积怨了吗？因为一时的愤怒而忘记自身的处境与父母的安危，不是糊涂吗？”

译文

樊迟跟孔子在古老的祭台下散步，樊迟说：“请问老师，如何做才能遵从道德、消除怨恨、不犯糊涂。”孔子讲道：“问得好！先看事情是否正当，然后再看报酬是否合理，这样不就合乎道德了吗？努力改正自己的缺点，不要总是指责别人的不是，不是就消除了怨恨吗？为了泄一时之愤，全然不顾自己的处境，甚至不顾父母的安危，这不就是犯糊涂吗？”

译解

“先事后得”，先做事后取酬是常理，先看事情是否正当，再看报酬是否合理，这样才是君子道德。译文的表述更具道德意义。辜鸿铭的译文是：“制定自己的原则，不管做什么，首先看是否符合自己的原则。”

二十二

樊迟问仁。子曰："爱人。"问知。子曰："知人。"樊迟未达。子曰："举直错诸枉，能使枉者直。"樊迟退，见子夏，曰："嚮也，吾见于夫子而问知，子曰，'举直错诸枉，能使枉者直'，何谓也？"子夏曰："富哉言乎！舜有天下，选于众，举皋陶，不仁者远矣。汤有天下，选于众，举伊尹，不仁者远矣。"

译文

樊迟问仁爱的准确含义。孔子讲道："仁爱的准确含义就是真心地去关心他人。"樊迟又问智慧的准确含义。孔子讲道："智慧的准确含义是能够正确地识别他人。"樊迟不理解。孔子又讲道："支持正直的人和事，各种不正之风就会得以纠正。"樊迟退下，遇见子夏，说："刚才我见到老师，问他智慧的准确含义，老师说'支持正直的人和事，各种不正之风就会得以纠正'，这是什么意思啊？"子夏说："有一个故事寓意深刻！说舜掌握了天下，在群臣中选拔人才，他提拔了皋陶，那些品德不端的人和事就越来越少了。汤掌握了天下，在群臣中选拔人才，他提拔了伊尹，那些品德不端的人和事也越来越少了。"

译解

孔子总是希望用榜样和道德的力量来改变社会，这是儒家的信仰。而"举直错诸枉"在《为政篇》第十九章中有解释，这里不再重复。

二十三

子贡问友。子曰："忠告而善道之。不可则止，毋自辱焉。"

译文

子贡问对待朋友的方法。孔子讲道："要讲真话，但是要注意开导的方法。如果觉得他听不进去就应当放弃，不要自取其辱。"

译解

“忠告而善道之”应该是对朋友说出真心话。儒家所言的“忠”重要的是“正直、坦诚”。

“毋自辱焉”是对自己的保护,体现了儒家处世的智慧。

二十四

原文

曾子曰:“君子以文会友,以友辅仁。”

常见译文

曾子说:“君子以学问来结交朋友,凭借朋友来辅助自己修养仁德。”

译文

曾子说:“读书人应当以学问来结交朋友,并且在与朋友的交往中共同提高。”

译解

“君子”,这里是指“读书人”。

“以友辅仁”应该理解为“在与朋友的交往中,互相学习,共同提高”而不是只为自己提高。这个“仁”也不仅仅是指道德,而是道德、学问都要得到提高。钱穆的译文是:“因于朋友会合来互相辅助,共进于仁道。”

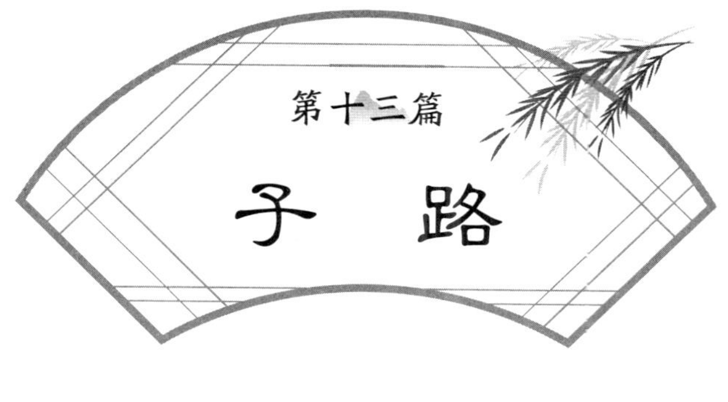

第十三篇 子路

一

原文

子路问政。子曰："先之，劳之。"请益，曰："无倦。"

常见译文

子路问国政的问题。孔子说："先给老百姓做榜样，然后才役使他们。"子路要求多讲一点儿，孔子说："不要倦怠。"

译文

子路问应当如何行政。孔子讲道："先要把政策制定好，然后照政策去执行。"子路请求再讲一点儿，孔子讲道："不要半途而废。"

译证

1.《里仁篇》第十八章　子曰："事父母几谏，见志不从，又敬不违，劳而不怨。"

2.《子路篇》第三章　子路曰："卫君待子而为政，子将奚先？"子曰："必也正名乎。"

译解

“先之，劳之”，原文太简约，所以不好翻译。“先之”应当理解为“执政者制定政策当先”（见译证 2）之意，而不是“给老百姓做榜样”。在封建等级社会，要贵族统治者处处给老百姓做榜样才能役使他们恐怕不切实际。“劳之”则应当按“执行政策”理解，如“劳而不怨”之“劳”（见译证 1），而不应理解为“让老百姓劳动”。这样译文整章意思完整贴切，与子路问政也吻合。这和下面紧接的两章中的“先”，都有“预先应当做的事情”之意，可以看出是古人刻意的安排。

二

原文

仲弓为季氏宰，问政。子曰：“先有司：赦小过，举贤才。”曰：“焉知贤才而举之？”子曰：“举尔所知，尔所不知，人其舍诸？”

常见译文

仲弓做了季氏的家臣，向孔子请教执政的方法。孔子说：“给官员带头，赦免大家的小错误，提拔优秀的人才。”仲公再问：“怎样才能识别优秀的人才，并提拔他们呢？”孔子说：“提拔你知道的人，你不认识的，别人难道会埋没他吗？”

译文

仲弓担任季氏家族总管，他问应如何加强管理。孔子讲道：“首先选好管事的人：对小的过错不要去追究，提拔有能力的。”仲弓又问：“如何知道有能力而提拔他呢？”孔子讲道：“先提拔你了解的人，那些你不了解的人，难道会自己放弃机会吗？”

译解

“先有司”有两解：一说是“自己先带个好头”，一说是“选好管事的”。不过，后面的“赦小过，举贤才”应该是“先有司”的两个选人要求，这样整章意思才显得联系紧密。

三

子路曰："卫君待子而为政，子将奚先？"子曰："必也正名乎。"子路曰："有是哉，子之迂也。奚其正？"子曰："野哉，由也！君子于其所不知，盖阙如也。名不正，则言不顺；言不顺，则事不成；事不成，则礼乐不兴；礼乐不兴，则刑罚不中；刑罚不中，则民无所错手足。故君子名之必可言也，言之必可行也。君子于其言，无所苟而已矣。"

译文

子路说："卫国国君如果请您去管理国政，老师认为应该先做什么呢？"孔子讲道："必须先端正名分。"子路说："也有道理。不过老师也太迂腐了。端正名分有那么重要吗？"孔子说道："太没有礼貌了，仲由！读书人对自己不了解的，应当虚心等待解释。一件事情名分不正，就讲不清楚；讲不清楚，事情就做不成；事情做不成，那礼乐制度就难以建立；礼乐制度建立不好，刑罚规定就不能恰当；刑罚规定不能恰当，老百姓就不知道该怎么做才对。所以，执政者必须把事情的名分讲清楚，而讲的事情必须要能够实行。所以执政者的话，是不能随便说的。"

译解

孔子以推导的方式讲明"正名"对国家政治的重要性。

四

原文

樊迟请学稼。子曰："吾不如老农。"请学为圃。曰："吾不如老圃。"樊迟出。子曰："小人哉，樊须也！上好礼，则民莫敢不敬；上好义，则民莫敢不服；上好信，则民莫敢不用情。夫如是，则四方之民襁负其子而至矣，焉用稼？"

常见译文

樊迟请教学种庄稼，孔子说："我比不上老农民。"樊迟请教学种蔬菜，孔子说："我比不上老菜农。"樊迟退了出去。孔子说："樊迟真是个干粗活的人！统治者讲礼仪，百姓就没有人敢不尊敬的；统治者行为正当，百姓就没有人敢不服从的；统治者爱好诚信，百姓就没有人敢不说真话。能做到这样，四方的百姓会背着孩子来投奔你。哪里用得着自己去耕种呢？"

译文

樊迟问孔子学种庄稼有无前途。孔子说道："我不是老农民。"又问学种菜有无前途。孔子说道："我不是老菜农。"樊迟离开后，孔子说道："樊迟啊，没有志气！执政者尊崇礼仪，老百姓不敢不恭敬；执政者主张正义，老百姓不敢不服从；执政者坚守诚信，老百姓不敢不诚实。只要做到这些，四方的百姓都会背着孩子来投奔你，哪里需要你去学种庄稼呢？"

译证

《子罕篇》第八章　子曰："吾有知乎哉？无知也。有鄙夫问于我，空空如也。我叩其两端而竭焉。"

译解

"樊迟请学稼"常常译为"樊迟请求学种庄稼"，好像是他要孔子教他种庄稼。樊迟是孔子的学生，他应当知道孔子是不会教农事的。（见译证）这里试译为"问种庄稼或种菜有无前途"而不是"学习种庄稼"。樊迟对学习的前途缺乏信心，想中断学习，改弦易辙。

"吾不如老农"，这里"不如"似应作"不是"讲，而不是"比不上"，不然与孔子所言对农事"空空如也"相矛盾。

"小人哉，樊须也！"是孔子批评樊迟"目光短浅，没有志气"而不是说他是"自私自利的人"。

这一章常常被说成是孔子轻视劳动的证据。孔子作为老师，他以教书为业，以做学问和实现政治理想为人生正途。所以，要求孔子“热爱劳动”恐怕不是尊重历史的正确态度。

五

子曰：“诵《诗》三百，授之以政，不达；使于四方，不能专对。虽多，亦奚以为？”

译文

孔子讲道：“《诗经》三百余首都能背诵，但是，要他去执政一方，却管理不好；派他出使他国，又不能独立应对。这诗背得再多，又有什么用呢？”

译解

孔子在这里告诉我们，“书呆子”绝不是他喜欢的读书人。

六

原文

子曰：“其身正，不令而行；其身不正，虽令不从。”

译文

孔子讲道：“领导者自己遵守礼仪，不用命令老百姓，老百姓也会照要求去做；领导者自己不守规矩而要老百姓守规矩，老百姓是不会听从的。”

译解

对于政治，孔子始终把希望寄托在执政者身上。这是儒家政治思想的重要内容之一。

七

子曰:“鲁、卫之政,兄弟也。”

孔子说:“鲁国和卫国的政治秩序混乱,就像两兄弟一样(差不多)。”

译解

据载,此章是说鲁哀公七年、卫出公五年的状况。当时两国政治秩序都混乱不堪,所以孔子以“兄弟”比喻。

八

原文

子谓卫公子荆:“善居室。始有,曰:‘苟合矣。’少有,曰:‘苟完矣。’富有,曰:‘苟美矣。’”

译文

孔子评价卫国的公子荆(卫国大夫):“这是个善于持家的人。刚有了一点儿财产,他会说:‘够用了。’财产增加了,他会说:‘该用的都用了。’当积累了更多的财产,他会说:‘现在可以说非常美好了。’”

译解

公子荆,卫国大夫。孔子称赞他是因为他对财产的节用和满足感,孔子认为奢侈和自私是一个人的重大道德缺点。

九

子适卫，冉有仆。子曰：“庶矣哉！”冉有曰：“既庶矣，又何加焉？”曰：“富之。”曰：“既富矣，又何加焉？”曰：“教之。”

译文

孔子去卫国，冉有驾车。孔子说道：“这里的人真多啊！”冉有问：“这么多人，该怎么办呢？”孔子说道：“让他们先富裕起来。”冉有又问：“富了以后，又该如何呢？”孔子说道：“给他们好的教育。”

译解

从这一章可以看出，说孔子有愚民思想是不正确的。

十

原文

子曰：“苟有用我者，期月而已可也，三年有成。”

译文

孔子讲道：“假如有人用我来主持政务，用一年的时间会有所改变，三年时间会大见成效。”

译解

孔子显示了对自己行政能力的自信。

十一

原文

子曰:"'善人为邦百年,亦可以胜残去杀矣。'诚哉是言也。"

译文

孔子讲道:"'即使由很能干的人来治理国家,也要一百年左右才可能消除残暴和杀戮。'这个说法是有道理的。"

译解

孔子把"可以胜残去杀"看作是一件非常难的事情。历史证明了孔子的远见。

十二

原文

子曰:"如有王者,必世而后仁。"

译文

孔子讲道:"即使由英明的君主来统治,也会需要三十年左右的时间,国家政治才会井然有序。"

译解

历史证明治理国家的确是一件非常难的事情。

十三

原文

子曰:"苟正其身矣,于从政乎何有?不能正其身,如正人何?"

孔子说:“如果能端正自身,治理国家有什么难呢?如果不能端正自身,又如何去端正别人呢?”

孔子讲道:“如果执政者能带头遵守礼仪,执政有何困难呢?执政者自己都不守规矩,又如何要求别人守规矩呢?”

“苟正其身”如果只说是“端正自身”则意犹未尽。

十四

冉子退朝,子曰:“何晏也?”对曰:“有政。”子曰:“其事也。如有政,虽不吾以,吾其与闻之。”

冉有退朝回来,孔子问道:“怎么这样晚?”冉有说:“有政务。”孔子说道:“可能是其他事吧,如果是政务,尽管我已不在朝中任职,我也会知道。”

孔子对国家政治总是非常关心。

十五

原文

定公问:“一言而可以兴邦,有诸?”孔子对曰:“言不可以若是,其几也。人

之言曰:'为君难,为臣不易。'如知为君之难也,不几乎一言而兴邦乎?"曰:"一言而丧邦,有诸?"孔子对曰:"言不可以若是,其几也。人之言曰:'予无乐乎为君,唯其言而莫予违也。'如其善而莫之违也,不亦善乎?如不善而莫之违也,不几乎一言而丧邦乎?"

译文

定公(鲁国国君)问孔子:"一句话可以使国家兴盛,有吗?"孔子回答道:"说一句话可能办不到,类似的话也许有。有人说:'做君主是很难的,做臣子也是很不容易的。'如果懂得做君主的艰难,这不近似一言可以使国家兴盛吗?"定公又问:"那一句话可以亡国,有吗?"孔子回答道:"说一句话可能做不到,类似的话也许有。有人说:'我做国君实在是没有乐趣,唯一的乐趣是没有人敢不听我的话。'如果他说的都是正确的,没有人违反不是好事吗?但是,如果错误的话也没有人敢反对,这不近似一句话可以亡国吗?"

译解

"为君难,为臣不易"是孔子"责任政治观"的体现。

十六

原文

叶公问政。子曰:"近者说,远者来。"

译文

叶公(一个小诸侯国的国君)请教孔子政务。孔子讲道:"政府能使国内的老百姓安居乐业,其他地方的老百姓自然会投奔而来。"

译解

这里也体现了孔子的"责任政治观"。

十七

子夏为莒父宰，问政。子曰："无欲速，无见小利。欲速，则不达；见小利，则大事不成。"

常见译文

子夏当了莒父的县长。问如何管理。孔子说："不要图快，不要贪图小利。图快，反而达不到目的；贪图小利，就办不成大事。"

译文

子夏当了莒父城长官，请教孔子政务。孔子讲道："做事情不要操之过急，不要贪图局部的利益。操之过急，事情往往做不好；贪图局部利益，往往会使整件事情功败垂成。"

译解

这一章是至理名言。孔子以自己的智慧说出做大事应当注意的两个关键问题，对后来的创业者取得事业成功有莫大的帮助。译文把"无见小利"译为"不要贪图局部利益"是强调要有大局观。

十八

叶公语孔子曰："吾党有直躬者，其父攘羊，而子证之。"孔子曰："吾党之直者异于是。父为子隐，子为父隐，直在其中矣。"

常见译文

叶公告诉孔子说："我们乡里有一个正直的人，他的父亲偷了羊，他去告发了父亲。”孔子说：“我们乡里正直的人做法不同。父亲为儿子隐瞒，儿子为父亲隐瞒。这就是正直的体现。”

译文

叶公给孔子讲他家乡的事：“我家乡有个正直的人，他父亲偷了一只羊，他去告发了父亲。”孔子说道：“我家乡正直的人不会这样做。父亲会为儿子的过失感到心痛，并且会尽量想办法消除影响；儿子也会为父亲的过失感到心痛，并且会尽量想办法消除影响。正直应当这样体现。”

译证

1.《**雍也篇**》**第十九章**　子曰：“人之生也直。罔之生也幸而免。”
2.《**泰伯篇**》**第十三章**　子曰：“……天下有道则见，无道则隐……”
3.《**颜渊篇**》**第二章**　子曰：“……己所不欲，勿施于人……”
4.《**颜渊篇**》**第十三章**　子曰：“听讼，吾犹人也。必也使无讼乎！”
5.《**卫灵公篇**》**第三十章**　子曰：“过而不改，是谓过矣。”

译解

“父为子隐，子为父隐，直在其中矣。”常见译文基本上是直译，历来无大的变化。不过，辜鸿铭的译文是：“如果儿子做错了事情，父亲会保持沉默（视‘隐’为沉默）；如果父亲做错了事情，儿子会保持沉默。”这说明“相互隐瞒”的说法是有疑问的。孔子讲“人生应当过正直的生活”（见译证1）；“自己不愿意承受的事不要强加给别人”（见译证3）；“有错不改才是真的过错”（见译证5）；等等，都不支持“相互隐瞒”之说。而与《论语》齐名的儒家经典《孝经·谏诤章第十五》中说：“父有争子，则身不陷于不义。故当不义，则子不可以不争于父。”这就充分说明孔子不会认为父子相互隐瞒的行为（“攘羊”是盗窃，是违反“大德”的行为）是正直的。所以，历来的译文对这里的“隐”理解有误。“隐”字在《论语》中多处可见，也有多义，如“隐居、退隐、离开”（见译证2）等。译文是将“隐”按“内心隐隐作痛，尽量消除影响”的意思来理解。比如本章，儿子应当指出父亲的错误，并且将羊给人送回去。儿子并没有去告官，但是却使父亲的错误得到了纠正，这样才是孔子主张的亲情保护和正直的道德。所以，这里“隐”应该理解为孔子所希望的“必也使无讼乎！”（见译证4）而不是“相互隐瞒错误”。

十九

樊迟问仁。子曰:“居处恭,执事敬,与人忠。虽之夷狄,不可弃也。”

樊迟问道德修养的问题。孔子讲道:“恭敬有礼,做事认真,对人正直。这些品行即使在偏远落后地区也不可丢弃。”

这三点体现了孔子对如何做人的基本要求。

二十

原文

子贡问曰:“何如斯可谓之士矣?”子曰:“行己有耻,使于四方,不辱君命,可谓士矣。”曰:“敢问其次。”曰:“宗族称孝焉,乡党称弟焉。”曰:“敢问其次。”曰:“言必信,行必果。硁硁然,小人哉!抑亦可以为次矣。”曰:“今之从政者何如?”子曰:“噫!斗筲之人,何足算也?”

常见译文

子贡问:“怎样才能称为士呢?”孔子说:“自身廉洁而知羞耻,出使他国不辱使命,这样就可以称为士。”子贡说:“差一点儿的呢?”孔子说:“家族的人称赞他孝顺父母,乡里的人称赞他尊敬长辈。”子贡说:“再差一点儿的呢?”孔子说:“说话守信,行动果断,不问正义与否只管执行的小人,也算是差一点儿的士吧。”子贡说:“那么现在这些执政的人呢?”孔子说:“唉!这些度量、见识狭小的人,怎么算得上呢?”

译文

子贡问孔子："怎样做才配称为修养好的读书人呢？"孔子说道："严于律己，出使他国不辱使命，可以说他是修养好的读书人。"又问："做得差一点儿的呢？"孔子说道："家族人说他孝顺，同乡人说他尊敬兄长。"又问："再差一点儿呢？"孔子说道："说话负责任，做事有始终。但是性格固执，像个教养差的人，也可以算吧。"又问："那现在这些当政的人如何呢？"孔子说道："唉！这些只知道对老百姓收粮征税、混吃官饭的人，怎么能算呢？"

译解

译文将"士"译为"修养好的读书人"。"士"在春秋战国时期社会地位相对较低，但是数量大，所以子贡才会有几问，孔子也一一作了解答。而从他的解答中可以看出，"道德和能力"是他评价一个"士"的标准。

"斗筲之人"的"斗"为古代量器，"筲"为饭筐。古代庸碌、无作为的官员的重要职责就是收取老百姓的税，所以译为"混吃官饭的人"。辜鸿铭的译文是："只是懂得繁文缛节的官僚而已，算不得什么绅士。"

二十一

原文

子曰："不得中行而与之，必也狂狷乎。狂者进取，狷者有所不为也。"

译文

孔子讲道："如果不能与符合中庸之道的人交往，也应当选择热情向上、洁身自好的人。热情向上的人做事有进取心，洁身自好的人做事有道德底线。"

译解

孔子对于交友的态度是可以有不同层次的选择，但是也有底线。这是一种"权"的智慧。这里也有助于我们对"无友不如己者"一句的理解。

二十二

子曰:“南人有言曰:‘人而无恒,不可以作巫医。’善夫!”“不恒其德,或承之羞。”子曰:“不占而已矣。”

常见译文

孔子说:“南方人有一句话:‘人如果没有恒心,不可以做巫医。’这句话说得很好啊!”又说:“不能恒久地保持德行,就会遭到羞辱。”孔子说:“这是告诉不持守德行的人不要去占卜罢了。”

译文

孔子讲道:“南方有一句谚语:‘一个人不能坚守美德,不可以当巫医。’这话说得有道理。”还有个说法:“美德不能坚持,可能会遭到羞辱。”孔子说道:“这样的人就不要去当巫医。”

译解

“不恒其德,或承之羞”是《周易·恒卦》中的句子。

“人而无恒”“不恒其德”都是讲“对道德的坚守”而不是说“有恒心”。

“不占而已矣”有两解:一说是“这种人不要当巫医”,一说是“不持守道德的人不要去占卜”。两种译文都成立。

二十三

子曰:“君子和而不同,小人同而不和。”

常见译文

孔子说:“君子追求和谐,不会盲目附和,小人盲目附和而不会考虑和谐。”

译文

孔子讲道："高尚、智慧的人尊重他人而不失去自我，自私自利的人私下相勾结而反对他人。"

译证

《卫灵公篇》第九章 子曰："志士仁人，无求生以害仁，有杀身以成仁。"

译解

这里君子之"和"是一种"包容"，"不同"是"有自己的主见，不改变自己的信仰，不违背自己的道德观念"。（见译证）这也是"君子不器"的又一种表述，译文显得更深刻。

二十四

原文

子贡问曰："乡人皆好之，何如？"子曰："未可也。""乡人皆恶之，何如？"子曰："未可也。不如乡人之善者好之，其不善者恶之。"

译文

子贡问孔子："全乡的人都说他好，这人怎样？"孔子说道："未必有那么好。""全乡的人都厌恶他，这人怎样？"孔子说道："未必有那么坏。不如这样，乡里品行良好的人都喜欢他，而品德败坏的人都厌恶他。"

译解

这里可以看出，中庸之道不是"保持中立"而是"弃恶扬善"，所以孔子说"唯仁者能好人，能恶人"。

二十五

原文

子曰："君子易事而难说也。说之不以道，不说也。及其使人也，器之。小

人难事而易说也。说之虽不以道，说也。及其使人也，求备焉。”

孔子讲道：“与高尚、智慧的人共事容易，但难以取悦他。因为取悦他不合道德的话，他会不高兴。但是用人他会量才而用。与自私自利的人共事困难，但容易讨好他。用不正当的方法讨好他，他会喜欢。但是他用人百般挑剔，求全责备。”

与人相处是任何人都不能避免的事情，所以“知人”就是一种智慧。孔子说“居是邦也，事其大夫之贤者，友其士之仁者”，说明儒家“事君择友”都是以己为主，而不是盲目地顺从他人。

二十六

子曰：“君子泰而不骄，小人骄而不泰。”

译文

孔子讲道：“道德高尚、聪明智慧的人对人宽容而不傲慢，自私自利的人则傲慢无礼、心胸狭隘。”

译解

“泰”是“宽容”，“骄”是“无礼”。

二十七

原文

子曰：“刚、毅、木、讷，近仁。”

常见译文

孔子说："刚强、果敢、朴实、慎言，这几种品德近于仁德。"

译文

孔子讲道："意志刚强、坚韧不拔、对人真诚、说话谨慎，这些都是好品德。"

译解

"近仁"是一种概括性的用语，表示肯定，但不是实义的"仁德或道德"。

二十八

原文

子路问曰："何如斯可谓之士矣?"子曰："切切偲偲，怡怡如也，可谓士矣。朋友切切偲偲，兄弟怡怡。"

译文

子路问："怎样做才可以称得上是修养好的读书人呢?"孔子讲道："能够相互切磋学问，能够和睦相处的人就能称得上。和朋友能够相互切磋学问，和兄弟能够和睦相处，这样就可以说是修养好的读书人。"

译解

这是孔子对一个读书人对待友情、兄弟情的要求。

二十九

原文

子曰："善人教民七年，亦可以即戎矣。"

常见译文

孔子说："善人教导百姓七年，百姓也能够组成军队作战了。"

孔子讲道:“即使能力很强的人来教导老百姓,也要用七年时间(意思是很长的时间),才能够训练出一支好的军队。”

两种译文意思相近,但是语气不同。钱穆解:“古人约言数字,常用奇数,如一三五七九是也。三载考绩,七年已逾再考,此乃言其久。”所以不应理解为实数“七年”。孔子是在强调一支好的军队是不容易被训练出来的。

三十

子曰:“以不教民战,是谓弃之。”

译文

孔子讲道:“如果不经训练就让老百姓去打仗,可以说是让他们去白白送命。”

译解

这一章体现了孔子对老百姓的爱护和人道情怀。

第十四篇 宪问

一

原文

宪问耻。子曰:“邦有道,谷。邦无道,谷,耻也。”“克、伐、怨、欲,不行焉,可以为仁矣?”子曰:“可以为难矣,仁则吾不知也。”

常见译文

原宪问什么是耻辱。孔子说:“国家政治清明,做官拿俸禄;国家政治黑暗,仍然去做官拿俸禄就是耻辱。”原宪又问:“好胜、自夸、怨恨、贪婪的行为都没有,可以算是仁吗?”孔子说:“可以说是难得的,能否算得上仁,我还不知道。”

译文

原宪问从政如何避免可耻。孔子讲道:“一个国家政治清明,秩序良好,从政享有俸禄是可以的;如果国家政府昏聩,秩序混乱,参与其中还安享俸禄,那就是可耻的。”又问:“争强好胜、自吹自擂、嫉妒怨恨、贪得无厌,这些毛病都没有,可以说是道德完美了吧?”孔子讲道:“可以说是难得的,是不是道德很完美,我还不能肯定。”

译解

“可以为难矣,仁则吾不知也”,前面说过“仁”在《论语》中出现频繁,多达百余处，不同的语境中含义不同。这里的“仁”不译不容易理解，根据原文意思译为“道德完美”。孔子认为：对一个人没有全面的了解，单凭这几点不能下道德完美的结论。如果说孔子“不知道是不是仁”（如常见译文）则有悖原文意思。

二

子曰：“士而怀居，不足以为士矣。”

常见译文

孔子说：“士如果留恋安逸的生活，就不足以称他为士。”

译文

孔子讲道：“一个怀有志向的读书人如果贪恋生活享受，他就不足以成就自己。”

译解

译文对“士”给予了特定的含义。“不足以为士矣”，是说就实现不了自己的人生目标，即不能成为一个“君子”，一个“仁人志士”。

三

原文

子曰：“邦有道，危言危行。邦无道，危行言孙。”

常见译文

孔子说：“政治清明，说话正直，行为正直。政治黑暗，行为正直，说话谦逊。”

译文

孔子讲道："国家政治清明，应当说话正直，行为正直。国家政治黑暗，也应当行为正直，但是说话要谨慎小心。"

译解

"危行言孙"的"孙"同"逊"，有的译为"谦逊"，有的译为"谦顺"，有"不惹祸"之意。根据语境，译文体现了孔子的谨慎与智慧。

四

原文

子曰："有德者必有言，有言者不必有德；仁者必有勇，勇者不必有仁。"

译文

孔子讲道："道德高尚的人必然会有善语箴言，而口说善言的人不一定是道德高尚的人；有仁爱之心的人必然勇敢无畏，而表现勇敢的人并不一定都有仁爱之心。"

译解

这里体现了孔子的辩证思维和"知人"的智慧。

五

原文

南宫适问于孔子曰："羿善射，奡荡舟，俱不得其死然。禹稷躬稼而有天下。"夫子不答。南宫适出。子曰："君子哉若人！尚德哉若人！"

译文

南宫适求教于孔子："羿擅长射箭，奡擅长水战，但是两人都不得好死。禹和稷像农夫一样辛勤耕耘，最后得到了天下。这是什么原因呢？"孔子未回答他。

南宫适离开以后，孔子说道："聪明智慧的人就像他！崇尚道德的人就像他！"

孔子总是要求学生勤于思考，从南宫适思考的问题他就能够判断出学生的道德修养。

六

原文

子曰："君子而不仁者有矣夫，未有小人而仁者也。"

常见译文

孔子说："作为君子而不仁的人是有的，但小人中绝不会有仁德之人。"

译文

孔子讲道："高尚、智慧的人也会犯错误，而自私自利的人绝不会表现出道德高尚。"

译解

原文中的前一个"仁"和后一个"仁"所表达的意思有差异，不然"不仁的君子"应该如何理解呢？

七

原文

子曰："爱之，能勿劳乎？忠焉，能勿诲乎？"

常见译文

孔子说："爱他，能不让他操劳吗？忠于他，能不给他教诲吗？"

译文

孔子讲道："一个领导者，如果老百姓爱戴他，能不为他勤奋劳动吗？如果老百姓忠于他，能不听从他的教诲吗？"

译证

1.《子张篇》第十章　子夏曰："君子信而后劳其民。未信，则以为厉己也……"

2.《尧曰篇》第一章　宽则得众，信则民任焉，敏则有功，公则说。

译解

两种译文意思差别大，翻译以常见译文为主，但是感觉语焉不详。这一章在《论语》中是不可忽视的。孔子在这里用反问的语气说明了一个重要的执政道理：只有取得了老百姓的爱戴和信任，老百姓才会听从调遣，听从指挥。（见译证1、2）辜鸿铭对这一章的译文是："孔子说：'一旦有影响力，发挥起来就很容易；一旦公正无私，指示也就不会被忽视。'"都是从执政者的角度来理解原文。在《论语》中存在一语多义、正反用之的现象。对这样极精简的文言，我们应该从言者所希望表达的意思去理解，而不能只在文字表面上下功夫。孔子作为政治思想家，他考虑问题常常是从政治的需要出发，而不是以"匹夫匹妇"的角度。

八

原文

子曰："为命，裨谌草创之，世叔讨论之，行人子羽修饰之，东里子产润色之。"

译文

孔子谈到郑国制定政策的慎重："制定一份外交文件，先由裨谌起草，再由世叔推敲，又交给子羽作些修改，最后让子产加以润色完成。"

译解

禆谌、世叔、子羽、子产是郑国的四位大夫。孔子对慎重的行政作风总是给以赞赏。

九

原文

或问子产,子曰:"惠人也。"问子西,曰:"彼哉! 彼哉!"问管仲,曰:"人也! 夺伯氏骈邑三百,饭疏食,没齿无怨言。"

常见译文

有人问孔子如何评价子产。孔子说:"他很照顾老百姓。"又问子西。孔子说:"他呀! 他呀!"又问管仲。孔子说:"他是个人才! 他剥夺了伯氏的三百户骈邑,使伯氏只能吃粗食,但是伯氏到死都没有怨言。"

译文

有人问孔子对子产(郑国贵族)的看法,孔子说道:"他重视老百姓利益。"又问子西(子产的兄弟),孔子说道:"此人糟糕! 此人糟糕!"又问管仲,孔子说道:"政治强人! 他剥夺了伯氏的三百户骈邑并据为己有,使伯氏穷途潦倒,伯氏却至死不敢有怨言。"

译证

《八佾篇》第二十二章　子曰:"管仲之器小哉! ……管氏而知礼,孰不知礼?"

译解

这一章的主要差异在于孔子对管仲的评价。常见译文带有孔子赞扬管仲的意思(他是个人才);译文却表现了管仲的威权和霸道。从《论语》中我们知道孔子对管仲有不同的评价。比如孔子说"管仲之器小哉!"一章就完全能够看出管仲不守规矩的作风。(见译证)辜鸿铭比喻管仲为德国的"铁血宰相"俾斯麦。

他的译文是："他可以从国内的一个贵族世家首脑（伯偃，齐国大夫）那里没收土地并据为己有。"可见说管仲"政治强人"是合适的。

十

原文

子曰："贫而无怨难，富而无骄易。"

常见译文

孔子说："贫穷却没有怨言很难做到，富贵却不骄傲很容易。"

译文

孔子讲道："贫穷却没有怨言很难做到，富有能不骄傲则各有不同。"

译证

1.**《学而篇》第七章** 贤贤易色。

2.**《八佾篇》第四章** 子曰："大哉问！……丧，与其易也，宁戚。"

3.**《学而篇》第十五章** 子贡曰："贫而无谄，富而无骄，何如？"子曰："可也。未若贫而乐，富而好礼者也。"

译解

《论语》中一字多义是常见的。这里因为前面有一个"难"，所以后面的"易"会看作是和它相对的"容易"。然而，《论语》中的"易"字也并非只有一个意思。（见译证1、2）译文把"易"当作"与其易也，宁戚"和"贤贤易色"中的"易"来解，即"有差异，各种各样"的意思。《孝经·诸侯章第三》中有这样的训言："在上不骄，高而不危；制节谨度，满而不溢。"说明要做到富有而不骄傲并非易事，需要约束自己，提高修养才能做到。"富而不骄"得到孔子的肯定，但是孔子又提出更高的要求，即"贫而乐，富而好礼者也"（见译证3），这间接说明"富而不骄"是有各种不同的表现。从古到今，生活富有且骄傲自大、傲慢无礼的人历来不在少数，所以绝非易事。

《左传·定公十三年》所记史鳕（史鱼）对公叔文子说："富而不骄者鲜，吾唯子之见。"还有《晏子春秋·内篇杂下》所记:"富而不骄考,未尝闻之。贫而不恨者,婴是也。"这说明"贫而无怨,富而不骄"已经是当时常用的警世短语。所以这里孔子说的"易"不应当作为"容易"解。

十一

原文

子曰:"孟公绰为赵、魏老则优,不可以为滕、薛大夫。"

译文

孔子谈到孟公绰(鲁国大夫):"让孟公绰去做赵、魏这些权贵的家臣他会很优秀,但是做滕国、薛国这样小国的官员他难以胜任。"

译解

据载,孟公绰无私心,有贤德,受孔子尊敬。但是"尺有所短,寸有所长",孔子在这里讲用人应该"用其所长,避其所短"。

十二

原文

子路问成人。子曰:"若臧武仲之知,公绰之不欲,卞庄子之勇,冉求之艺,文之以礼乐,亦可以为成人矣。"曰:"今之成人者何必然? 见利思义,见危授命,久要不忘平生之言,亦可以为成人矣。"

译文

子路问怎样成为一个完美的人。孔子说道:"有臧武仲的智慧,孟公绰的无私,卞庄子的勇敢,冉求的才艺,再加以提高礼乐的修养,可以算是完美的人。"孔子又说道:"但是,现在的人要完善自我,何必非要这样呢? 能做到得利之时想到是否正当,危难之际敢于献出生命,长期贫困却能不忘平生之志,这样也可以说是完美的人了。"

“平生之言”应该理解为“一生的信仰和志向”。

十三

子问公叔文子于公明贾曰：“信乎？夫子不言，不笑，不取乎？”公明贾对曰：“以告者过也。夫子时然后言，人不厌其言；乐然后笑，人不厌其笑；义然后取，人不厌其取。”子曰：“其然！岂其然乎？”

译文

一次，孔子向公明贾（卫国大夫）探问他的老师公叔文子：“是这样吗？说你的老师不说，不笑，也不接受礼物？”公明贾回答：“这话说得言过其实。我的老师该讲话的时候才讲，所以人们不讨厌他讲话；确实高兴的事情他才笑，所以人们不讨厌他笑；正当的礼物他才会接受，所以人们不会讨厌他收礼。”孔子说道：“原来是这样的！真是这样吗？”

译解

孔子对所听到的事情总是要探个究竟才放心，显示出了孔子对“知人”的谨慎与细心。

十四

原文

子曰：“臧武仲以防，求为后于鲁。虽曰不要君，吾不信也。”

译文

孔子说道：“臧武仲以他占据的防邑为条件，要求鲁国国君在鲁国册封他的后人。虽然有人说没有要挟国君，我不会相信。”

据《左传》记载，臧武仲是因为获罪而离开防邑的，却写信以此为条件要求鲁国国君册封他的后人为鲁国贵族。他的信言词虽然谦逊，但是孔子认为臧武仲是在要挟国君。可以看出，孔子对一切以不正当手段达到目的的做法都是反对的。

十五

子曰："晋文公谲而不正，齐桓公正而不谲。"

孔子谈到春秋时期的两个霸主："晋文公奸猾狡诈，言而无信；齐桓公正直诚信，不奸猾狡诈。"

晋文公、齐桓公都是春秋有名的霸主。齐桓公能够以政治的力量"九合诸侯"避免战争，所以得到孔子的肯定。

十六

子路曰："桓公杀公子纠，召忽死之，管仲不死。"曰："未仁乎？"子曰："桓公九合诸侯，不以兵车，管仲之力也。如其仁，如其仁。"

常见译文

子路说："齐桓公杀了公子纠，公子纠的老师召忽因此自杀，而管仲却活着。"又说："管仲怕是没有仁德吧？"孔子说："齐桓公多次主持诸侯会盟，使天下没有战事，这些都是管仲的功劳。这就是他的仁德！这就是他的仁德！"

译文

子路说："齐桓公杀了公子纠，召忽自杀殉主，而管仲却没有自杀。"他又说："管仲这样做不道德吧？"孔子对他说道："齐桓公多次主盟天下诸侯，不是凭借武力，而是靠管仲的能力。这正是他做得好的地方，这正是他做得好的地方。"

译解

"如其仁"，这里的"仁"不应理解为管仲的"仁德"，而是孔子对管仲"避免了诸侯国家之间的战争"这件事的肯定，因为孔子反对不义战争。

十七

原文

子贡曰："管仲非仁者与？桓公杀公子纠，不能死，又相之。"子曰："管仲相桓公，霸诸侯，一匡天下，民到于今受其赐。微管仲，吾其被发左衽矣。岂若匹夫匹妇之为谅也，自经于沟渎而莫之知也！"

常见译文

子贡说："管仲不是有仁德的人吧？齐桓公杀了公子纠，管仲不但没有自杀，还去辅佐齐桓公。"孔子说："管仲辅佐齐桓公，称霸诸侯，匡正天下，老百姓到现在还受着他的好处。如果没有管仲，我们也许已经沦为夷狄，披头散发，穿着衣襟向左开的衣服了。他难道要像普通老百姓那样守着小礼节，自缢在山沟里而没有人知道吗？"

译文

子贡说："管仲不是很不道德吗？齐桓公杀了公子纠，他不但不殉主，反而去给桓公当宰相。"孔子说道："管仲辅佐齐桓公，降服各路诸侯，使天下重归太平。直至今日，人民还享受着他带来的好处。没有管仲，我们恐怕已经沦为夷狄了，过着披头散发、衣襟左开的野蛮生活。他可不能像小老百姓男女之间的忠贞不渝，为了爱情跑去水沟里淹死也没有人知道！"

“自经于沟渎”两种译文意思有差异。“沟渎”指“水渠、水沟”，要上吊怎么会去水沟呢？把“自经”视为“自尽、自杀”就说得通了。结合上一章内容可以看到，孔子对国家大臣的仁与不仁、忠与不忠并非以是否对君主殉节尽忠为标准，而是以对国家、对人民有没有功利来评价的。孔子在《论语》中对管仲的不同评价，可以看出孔子对“仁”与“忠”的价值判断。

十八

公叔文子之臣大夫僎与文子同升诸公。子闻之，曰：“可以为‘文’矣。”

公叔文子（卫国贵族）升任官职的时候，推荐家臣僎和他一起升任朝廷官员为国家服务。孔子知道后，说道：“他配享有‘文’这个谥号。”

“谥号”是古代王公贵族死了以后，对其生前的功德所作的评价用语。孔子说“可以为‘文’矣”是对公叔文子道德的肯定。因为当时官员向国家推荐贤才被视为美德。

十九

子言卫灵公之无道也，康子曰：“夫如是，奚而不丧？”孔子曰：“仲叔圉治宾客，祝鮀治宗庙，王孙贾治军旅。夫如是，奚其丧？”

译文

孔子说卫灵公是个昏庸无道的国君。季康子说：“他这样，怎么没有失掉国君之位呢？”孔子说道：“有仲叔圉主管外交事务，有祝鮀主管国家宗庙事务，王孙贾治理军队。有这些能人相助，他怎么会失掉君位呢？”

译解

孔子所言“知人”是一种智慧，有“知人善任”的意思。卫灵公虽然荒淫，但是他有能干的大臣为他治理国家，所以没有丢掉君位。孔子评价人公正客观，不以其短抑其所长。这里也体现了“人才之关国运”（钱穆语）的儒家政治思想。

二十

原文

子曰：“其言之不怍，则为之也难。”

常见译文

孔子说：“说话大言不惭，要是实行就很难了。”

译文

孔子讲道：“一个人大言不惭，要他做成事就更难。”

译解

既然是说大话，要实行当然是做不到的。译文是说：说大话不感到羞愧的人，要他做事能够成功就更加困难。

二十一

原文

陈成子弑简公。孔子沐浴而朝，告于哀公曰：“陈恒弑其君，请讨之。”公曰：“告夫三子。”孔子曰：“以吾从大夫之后，不敢不告也。君曰‘告夫三子’者！”之三子告，不可。孔子曰：“以吾从大夫之后，不敢不告也。”

陈成子(齐国大臣)杀了齐简公(齐国国君)。孔子沐浴后到朝中告诉鲁哀公:“陈恒(陈成子)杀了他的君主,请对他给以讨伐。”鲁哀公说:“去告诉三位大夫。”孔子退出来,说道:“因为我过去是大夫,所以不敢不来报告。可是哀公却说‘去告诉三位大夫’。”孔子去告诉了三位大夫,三位大夫都不同意出兵讨伐。孔子说道:“因为我过去也是大夫,所以不能不来报告。”

译解

这里可以看出孔子对国家的政治责任心。

二十二

子路问事君。子曰:“勿欺也,而犯之。”

常见译文

子路问如何侍奉君主。孔子说:“不要欺骗他,还要直言进谏。”

译文

子路问应当怎样对待自己的君主。孔子说道:“要对他说真话,并且要敢于冒犯他。”

译解

“勿欺也”,如果看到错误而不说也可以说是“勿欺也”,所以译文说“要对他说真话”,体现了孔子所言的“忠”。

二十三

原文

子曰:“君子上达,小人下达。”

常见译文

孔子说:"君子通晓高深的道理,小人通达于财利。"

译文

孔子讲道:"道德高尚、聪明智慧的人追求道义和真理,自私自利的人只是贪图自己的利益。"

译解

对"达"字两种译文有不同的理解。钱穆的译文是:"君子日日长进向上,小人日日沉沦向下。"

二十四

原文

子曰:"古之学者为己,今之学者为人。"

常见译文

孔子说:"古代学者一心提高自己的修养,现在的学者一心只是想炫耀自己。"

译文

孔子讲道:"古代好学的人是为了提高自己的道德和学问,现在好学的人却是为了应对社会和他人。"

译解

"今之学者为人",如果只是为了"炫耀自己"恐怕还不是原文意思。子曰:"不逆诈,不亿不信,抑亦先觉者,是贤乎!"(见本篇第三十一章)说明在礼崩乐坏的时代,欺骗、不诚实、不讲信用的现象并不少见。所以"为人"应该是"应对复杂的社会现实"。

二十五

蘧伯玉使人于孔子。孔子与之坐而问焉，曰："夫子何为？"对曰："夫子欲寡其过而未能也。"使者出。子曰："使乎！使乎！"

译文

蘧伯玉（卫国大夫）派人拜访孔子。孔子请他坐下，然后问他："你的主人最近做些什么呢？"来人说："主人一直想少犯错误，但是进展不大。"信使走了以后，孔子说道："这信使不错！这信使不错！"

译解

孔子对能够自觉内省、警惕犯错的人总是给以赞扬。

二十六

原文

子曰："不在其位，不谋其政。"曾子曰："君子思不出其位。"

常见译文

孔子说："不在这个职位上，不要去谋划它的政务。"曾子说："君子考虑问题不会超出自己职位所及的范围。"

译文

孔子讲道："不在执政的岗位上，就无法谋划执政的事情。"曾子说："执政者应当思考自己职位应尽的责任。"

译解

此章前一段在《泰伯篇》第十四章有译解。"君子思不出其位"的"思"是指

"在位之思",译文明确指出了"不出其位"的含义。那就是:不在其位则无法谋政事,而在其位时就应当想办法尽其职责。常见译文意思表达不准确。

二十七

原文

子曰:"君子耻其言而过其行。"

常见译文

孔子说:"君子感到羞耻的是说得多,做得少。"

译文

孔子讲道:"高尚、智慧的人对自己说的事情做不到会感到可耻。"

译解

"说得多,做得少"只是一种现象,比如执政的人,肯定说的比自己做的多,因为职位性质使然。而说了要做的事情却又做不到,这才是君子所不齿的。

二十八

原文

子曰:"君子道者三,我无能焉:仁者不忧,知者不惑,勇者不惧。"子贡曰:"夫子自道也。"

常见译文

孔子说:"君子之道有三种,我却没有做到:仁德的人不忧愁,智慧的人不迷惑,勇敢的人不畏惧。"子贡说:"老师说的就是他自己啊。"

译文

孔子说道:"高尚、智慧的人表现在三方面,我还不能完全做到:有爱心而不忧虑，有智慧而不受迷惑，有勇敢精神而无所畏惧。”子贡说：“老师说的就是他自己啊。”

“我无能焉”应该理解为“还不够完美”而不是“没有能力”。“君子上达”所以总是用更高的标准要求自己。

“仁者、智者、勇者”不是三种人而是三种品德，否则译文陷入逻辑错误。

二十九

原文

子贡方人。子曰：“赐也贤乎哉？夫我则不暇。”

译文

子贡爱指责别人。孔子说道：“赐啊，你就处处比别人强吗？我可没有这份闲心。”

孔子认为人人都能够自省才是教育的最好结果，爱指责别人是缺乏修养的表现。

三十

原文

子曰：“不患人之不己知，患其不能也。”

译文

孔子讲道：“不要担心别人不了解自己，而应当担心自己的能力不够。”

译解

孔子总是把提高自身道德修养和做事能力看作是人生应该努力的方向。“用之则行,舍之则藏”才是君子的正确态度。

三十一

原文

子曰:“不逆诈,不亿不信,抑亦先觉者,是贤乎!”

常见译文

孔子说:“不先怀疑别人欺诈,不凭空猜测别人失信,但是又能及时发觉这种情况,这就是贤人了。”

译文

孔子讲道:“不先怀疑别人说谎,也不臆测别人不诚信,但是仍然能够及时发觉对方的欺骗和不诚信,这是具有智慧的表现。”

译解

不用不道德的方法来“知人”是孔子“守死善道”的要求。所以,这里所言的“贤”是指在这件事上的“聪明智慧”。

三十二

原文

微生亩谓孔子曰:“丘何为是栖栖者与?无乃为佞乎?”孔子曰:“非敢为佞也,疾固也。”

常见译文

微生亩对孔子说:“你为什么老是这样忙碌地四处游说?不是为了卖弄口才吧?”孔子说:“我不敢卖弄口才,只是担心顽固不化的人。”

微生亩（鲁国的隐士）对孔子说："孔丘你急急忙忙到处游说是为什么呢？是想当说客吗？"孔子说道："我怎么敢当说客，我只是痛心这社会的痼疾啊！"

译解

"疾固也"两种译文解释不同。译文将这句话的含义提高到关心国家和社会的层面。何新的译文："孔子说：'我不敢卖弄口才，而是心痛于时弊啊！'"

三十三

原文

子曰："骥，不称其力，称其德也。"

译文

孔子讲道："称千里马为骥，不是称赞它的力气大，而是称赞它良好的品质。"

译解

孔子以"千里马"作比喻来强调品德对于人的重要性。

三十四

原文

或曰："以德报怨，何如？"子曰："何以报德？以直报怨，以德报德。"

译文

有人问孔子："以恩德回报怨恨，这样做好吗？"孔子说道："那你又如何回报对你的恩德呢？正确的做法是：以正直对待怨恨，以恩德回报恩德。"

译解

"以直报怨"是强调对于道德原则的坚守。

三十五

原文

子曰："莫我知也夫！"子贡曰："何为其莫知子也？"子曰："不怨天，不尤人，下学而上达。知我者，其天乎！"

常见译文

孔子说："没有人了解我啊！"子贡说："怎么没有人了解你呢？"孔子说："不怨天，不责备别人，不懈地学习，通达天理，了解我的大概只有上天了！"

译文

孔子说道："没有人能理解我！"子贡说："为什么说没有人理解老师您呢？"孔子说道："人生道路坎坷，我不抱怨上天；对我指责非难，我不责怪别人；在实践中学习，在生活中求索，努力参透人生的道理。我为什么这样做呢？能理解我的恐怕只有上天啊！"

译证

1.《八佾篇》第二十四章　从者见之。出曰："二三子何患于丧乎？天下之无道也久矣，天将以夫子为木铎。"

2.《述而篇》第二十八章　子曰："……多闻，择其善者而从之；多见而识之、知之。次也。"

3.《子罕篇》第八章　子曰："吾有知乎哉？无知也……我叩其两端而竭焉。"

译解

孔子以"复周礼，安天下"为己任，(见译证1)其探求真理的执着态度，(见译证2、3)使他产生了强烈的孤独感。这一章原文看似简单，译不出什么更深的意思。但是，通过其他原文的佐证，我们可以看到一个先知般的道德家、哲人和智者，承担了天降之大任所必然感到的孤独，从而发自内心的悲叹！

三十六

公伯寮愬子路于季孙。子服景伯以告,曰:"夫子固有惑志于公伯寮,吾力犹能肆诸市朝。"子曰:"道之将行也与,命也。道之将废也与,命也。公伯寮其如命何?"

公伯寮(鲁国人,季氏家臣)向季孙(鲁国贵族)讲子路坏话。子服景伯(季孙贵族子弟)把事情告诉了孔子,并说:"季孙一定被公伯寮迷惑了,我能够杀掉公伯寮,让他曝尸街头。"孔子说道:"道理能行得通,是命中注定的。道理行不通,也是命中注定的。公伯寮能改变命运吗?"

译解

这里可以看出孔子对"命"的理解,那就是:尽人事,听天命。

三十七

子曰:"贤者辟世,其次辟地,其次辟色,其次辟言。"子曰:"作者七人矣。"

常见译文

孔子说:"贤能的人避开恶浊的社会隐居了,次一等的择地而居,再次一等的避开丑恶的嘴脸,再次一等的避开恶言。"孔子又说:"这样做的已经有七人了。"

译文

孔子说道:"现在,贤能之人已经完全隐居了。其次的,也离开了是非之地。再次,不再出来做事。再次,不再发表意见。"孔子又说道:"这样做的已有七个人了。"

译解

“其次辟色”，即“避免表现自己”（即本人之色），可以理解为“不再出来做事”。“其次辟言”即“避免说话”（即本人之言），也就是“不再发表自己的观点”。译文显示了隐士的四种不同状况。如果是避开“丑恶的嘴脸和恶言”该如何避开呢？如果在人面前你难以避开，如果不在人面前你不需要避开。常见译文存在逻辑问题。

三十八

原文

子路宿于石门。晨门曰：“奚自？”子路曰：“自孔氏。”曰：“是知其不可而为之者与？”

译文

子路在一城门过夜。早晨守门人问子路：“你从哪里来的？”子路说：“从孔子那里来。”守门人说：“就是那个明明知道行不通还执意去做的人吗？”

译解

这个守城门的人说出了一句广为人知的话，这正说明了孔子为实践自己信仰所表现出的坚强意志和伟大的人格魅力。

三十九

原文

子击磬于卫。有荷蒉而过孔氏之门者，曰：“有心哉，击磬乎！”既而曰：“鄙哉，硁硁乎！莫己知也，斯己而已矣。‘深则厉，浅则揭’。”子曰：“果哉？末知难矣！”

常见译文

孔子在卫国敲着磬。有一个背着草筐的人从门前经过，说：“这个敲磬的是个有心人。”一会儿又说:“磬硁硁地响,可鄙啊! 没有人了解自己,就放弃算了。所谓‘水深穿着衣服走过去,水浅提起衣裳走过去’。”孔子说:“好果断啊! 没有什么可以说服他。”

译文

在卫国。一次,孔子正在击磬,一个人挑着草筐从门前经过,说:“这个击磬的人啊,有满腹心事。”一会儿他又说:“讨厌啊,这敲石头的声音! 没有人会了解你,只有靠自己。‘水深和衣蹚过去,水浅提衣踩水过’。”孔子说道:“果然如此吗? 他是不了解我的难处。”

译解

“深则厉,浅则揭”,取自《诗经·邶风·匏有苦叶》,是说一个女子等待未婚夫的专情。

“子曰:‘果哉? 末知难矣!’”常见译文是孔子赞许那人的说法。译文是孔子否定了那人的说法。以孔子“是知其不可而为之者?”“知我者,其天乎!”来理解原文,译文更合适。

四十

原文

子张曰:“《书》云:‘高宗谅阴,三年不言。’何谓也?”子曰:“何必高宗? 古之人皆然。君薨,百官总己以听于冢宰,三年。”

译文

子张说:“《尚书》上说:‘高宗(殷高宗,武丁)沉默不语,三年不言政事’,这是什么意思呢?”孔子讲道:“哪里只是高宗? 古人都如此。国君死,朝廷百官都停职下来,朝中一切听命于宰相,这样维持三年。”

译解

孔子坚持守孝三年,从礼仪来说是遵守古礼,从人性来说是因为三年之后小孩才能离开父母的怀抱。所以他批评宰我“三年之丧,期已久矣”的说法。

四十一

原文

子曰:"上好礼,则民易使也。"

常见译文

孔子说:"居上位的人喜好礼仪,老百姓就容易役使。"

译文

孔子讲道:"统治者遵礼守法,老百姓就容易服从。"

译解

"好"如果只是译为"喜欢"似还不能达其本意,"统治者带头守法"才是孔子的本意。

四十二

原文

子路问君子。子曰:"修己以敬。"曰:"如斯而已乎?"曰:"修己以安人。"曰:"如斯而已乎?"曰:"修己以安百姓。修己以安百姓,尧舜其犹病诸!"

常见译文

子路问怎样才是君子。孔子说:"修养自己,敬爱他人。"子路说:"这样就够了吗?"孔子说:"修养自己,安顿四周的人。"子路又问:"这样就够了吗?"孔子说:"修养自己,以致安顿所有的百姓。做到修养自己,以致安顿所有的百姓,就连尧舜恐怕都感到很难吧!"

译文

子路问怎样才算是好的统治者。孔子讲道:"提高自己修养,勤勉于政务。"

子路说:“就这些?”孔子说道:“提高自己修养,使臣属对你心服口服。”子路说:“就这些?”孔子说道:“提高自己修养,让老百姓也心服口服。做到提高自己修养,让老百姓也心服口服,即使尧舜恐怕也不能完全做到吧!”

一个“安”字两种译文不同。译文含有“使臣属放心、佩服,使老百姓也放心、佩服”的政治含义。这一章内容很重要,它说明了孔子对执政者的道德要求。在孔子看来,一个国家的执政者,就应当是“做人的表率,道德的标准,国家治理能力的体现”。所以他才会说:“尧舜其犹病诸!”

四十三

原壤夷俟。子曰:“幼而不孙弟,长而无述焉,老而不死,是为贼。”以杖叩其胫。

原壤(孔子同乡)张开腿放肆地坐在地上。孔子看到后说:“你这个人,从小缺少教养,长大也无所作为。老了还不死,简直是个无赖!”孔子用手杖敲了敲他的小腿。

原壤是孔子家乡的人。这里可以看出孔子对一生不求上进、浑浑噩噩过日子的人是多么讨厌。

四十四

阙党童子将命。或问之曰:“益者与?”子曰:“吾见其居于位也,见其与先生并行也。非求益者也,欲速成者也。”

常见译文

阙党的一个少年向孔子传达信息。有人问孔子:“这是个求上进的人吗?”孔子说:“我见他坐在成人的位置上,又见他和长辈并肩而行。这不是一个求上进的人,只是个急于求成的人。”

译文

孔子家乡一个少年将行命名礼。有人问孔子:“这个少年要求上进吗?”孔子说道:“我见他坐在成人的位子上,又见他与长辈并肩而行。他不是要求上进,而是急于想作成人。”

译解

“童子将命”即“少年将行命名礼”。小孩子到了十五岁,就要行命名礼,表示这个孩子成人了,这是古礼。两种译文都有,都成立。

一

原文

卫灵公问陈于孔子。孔子对曰："俎豆之事，则尝闻之矣；军旅之事，未之学也。"明日遂行。

译文

卫灵公（卫国国君）问孔子打仗的问题。孔子说道："国家礼仪制度的问题，我是探求过的；军事方面的学问，我没有学过。"第二天，孔子离开了卫国。

译解

孔子对非正义的战争是非常反感的。孟子说："春秋无义战。"所以在对待战争问题上，儒家是把正义与否放在首位的。

二

原文

在陈绝粮，从者病，莫能兴。子路愠见曰："君子亦有穷乎？"子曰："君子固穷，小人穷，斯滥矣。"

译文

孔子一行来到陈国，粮食断绝，随员病倒，不能继续前行。子路感到心情郁闷，来见孔子说："难道高尚、智慧的人也该受此穷困吗？"孔子说道："高尚、智慧的人遇到穷困仍然坚守道德；自私自利的人遇到穷困会无所不为。"

译解

《论语》中多次提到孔子对贫穷和富贵的态度。就是这种"君子固穷"的道德底线，使历朝历代的读书人能够在穷困中坚守自己的志向。

三

原文

子曰："赐也，女以予为多学而识之者与？"对曰："然，非与？"曰："非也，予一以贯之。"

译文

孔子说道："赐啊，你以为我只是学得多又记得牢而已吗？"子贡回答说："是啊，难道不是吗？"孔子说道："不是这样，我是用一个基本道理来学习知识、研究问题的。"

译解

"一以贯之"是什么道理呢？《论语》中孔子谈到学习方法的地方是比较多的，但是总的来说，就是他在《子罕篇》中说的"叩其两端而竭焉"。对于任何问题，"过和不及"都是不对的，都要以符合中庸之道为标准。

四

原文

子曰："由，知德者鲜矣！"

孔子说:“由,了解道德的人是很少的。”

译文

孔子对子路讲道:“仲由,真正懂得道德价值的人是很少的啊!”

译解

“知德者鲜矣”是说“懂得道德价值的人很少”。良好的道德一般人也是能够理解的。比如做好事、助人为乐、作风正派等。而弘扬道德的意义就不是人人都能够理解的,我们应该这样理解原文。

五

原文

子曰:“无为而治者,其舜也与?夫何为哉?恭己,正南面而已矣。”

常见译文

孔子说:“无为而治理好天下的人,大概就是舜吧!他做了什么呢?只是端庄地坐在朝廷的君位上听政吧。”

译文

孔子讲道:“能做到无为而治天下的,恐怕只有舜帝吧?那他是怎么做到的呢?严格要求自己,以高尚的道德和最高统治者的身份来影响天下人。”

译证

《为政篇》第一章　子曰:“为政以德,譬如北辰,居其所而众星共之。”

译解

“恭己”即“严格地要求自己”,“正南面”是君主才能有的地位。译文是说,舜表面上无为,实际上是有为的:他严格要求自己,以端正的品德和拥有的地位来发挥影响力。正如译证孔子所言。如果只是"端庄地坐在朝廷的君位上"，岂不是泥菩萨一座？

六

原文

子张问行。子曰:"言忠信,行笃敬,虽蛮貊之邦,行矣。言不忠信,行不笃敬,虽州里,行乎哉？立则见其参于前也,在舆则见其倚于衡也,夫然后行。"子张书诸绅。

译文

子张问行为规范。孔子说道:"说话真诚守信,做事踏实敬业。哪怕是在边远落后的地方也能与人和谐相处。相反,说话言而无信,做事不踏实敬业,即使在本乡本土,能行得通吗？站立时,这些话就像出现在眼前;驾车时,这些话就像刻在车前辕木上。能够这样做,才会有良好的行为。"子张把这些话记录在自己的衣带上。

译解

"诚信、敬业"是孔子对学生道德修养的要求。

七

原文

子曰:"直哉,史鱼！邦有道,如矢;邦无道,如矢。君子哉,蘧伯玉！邦有道,则仕;邦无道,则可卷而怀之。"

译文

孔子讲道:"耿直啊,史鱼！国家政治秩序良好,他说话像箭一样直;国家政治秩序混乱,他说话仍然像箭一样耿直。聪明的人,蘧伯玉！国家政治秩序良好,他就出来做官;国家政治秩序混乱,他便收起自己的主张,拂袖而去。"

译解

史鱼和蘧伯玉对国家政治秩序的不同态度都受到了孔子称赞，是因为史鱼体现了正直，蘧伯玉体现了智慧。

八

原文

子曰："可与言而不与之言，失人；不可与言而与之言，失言。知者不失人，亦不失言。"

常见译文

孔子说："可以和他谈话却没有谈话，会失掉人才；不可以和他谈话却和他谈话，这是白费口舌。聪明人既不失掉人才，也不白费口舌。"

译文

孔子讲道："遇到值得交谈的人而没有交谈，会丧失机遇；对不值得交谈的人与他交谈，是自找麻烦。聪明的人既不会丧失机遇，也不会自找麻烦。"

译证

《宪问篇》第三十二章 微生亩谓孔子曰："丘何为是栖栖者与？无乃为佞乎？"孔子曰："非敢为佞也，疾固也。"

译解

"失人"既可以说是你需要的人才，也可以说是你有求于别人，所以译为"机遇"。辜鸿铭的译文是："当遇到适当可以说话的人却没有说出，则失去了倾诉的机会。"

"失言"则有"惹来麻烦"的意思，不仅仅是白费口舌。孔子被微生亩说成是"栖栖者"（见译证），则可以把本章看作是孔子的有感之言。

九

原文

子曰:“志士仁人,无求生以害仁,有杀身以成仁。”

译文

孔子讲道:“有崇高信仰、意志坚定的人,绝不会因为贪生怕死而丧失信仰和意志,只会牺牲生命成全自己的信仰和意志。”

译解

“杀身成仁”成语出于此。儒家思想对于牺牲生命的事情是非常慎重的。《孝经》中说:“身体发肤,受之父母,不敢毁伤。”但是这里强调“有杀身以成仁”,这是儒家思想对人生价值的最高维护。

十

原文

子贡问为仁。子曰:“工欲善其事,必先利其器。居是邦也,事其大夫之贤者,友其士之仁者。”

常见译文

子贡问怎样培养仁德。孔子说:“工匠想要做好工作,必须先磨好他的工具。你住在一个国家,要侍奉大夫中贤能的人,结交士人中有仁德的人。”

译文

子贡问从政应该如何与人相处。孔子讲道:“工匠要做出一件好作品,必然要事先准备好工具。为国家服务,要选择在贤能正直的领导手下做事,要和道德修养好的同事交朋友。”

“子贡问为仁”，这里的“仁”不是指“仁德”而是对后面所问的省略用语，这是古人节省文字记录的方法。译文应该以后面的问答内容来设计用词。

十一

颜渊问为邦。子曰：“行夏之时，乘殷之辂，服周之冕。乐则《韶》《舞》。放郑声，远佞人。郑声淫，佞人殆。”

译文

颜渊问与国家制度相关的问题。孔子讲道：“可以实行夏朝的历法，殷朝的车马使用制度，周朝的朝服制度。可采用《韶》《武》这种古代高雅的音乐作国乐。禁止用郑国的音乐，不要用奸佞小人。因为郑国的流行音乐低俗，奸佞小人会危害国家。”

译解

我们从这里可以知道：孔子前面所言的“克己复礼”并不是“复原周礼”，而是“有改革的复兴”。

十二

子曰：“人无远虑，必有近忧。”

常见译文

孔子说：“人没有长远的考虑，一定会有眼前的忧患。”

译文

孔子讲道：“做事情考虑不周密，眼前就会有麻烦。”

译证

1.《学而篇》第九章　曾子曰："慎终追远，民德归厚矣。"

2.《颜渊篇》第六章　子张问明。子曰："……浸润之谮，肤受之愬，不行焉，可谓远也已矣。"

译解

《论语》中"远"有多义。（见译证1、2）这里"远"即"圆"之意，有"考虑问题圆满、周密"的意思，而不仅仅是"长远"。如果只是考虑长远而不周密、疏忽大意，才会是眼前的麻烦。本章和"贫而无怨难，富而不骄易"一样，容易误译，常见译文存在逻辑缺陷。

十三

原文

子曰："已矣乎！吾未见好德如好色者也。"

译文

孔子说道："算了吧。我还没有见到一个爱好美德胜过爱好美色的人。"

译解

这一章在《子罕篇》第十八章有解，不再重复。

十四

原文

子曰："臧文仲其窃位者与！知柳下惠之贤而不与立也。"

译文

孔子说道："臧文仲（鲁国大夫）是不称职的官员！明知道柳下惠是个贤能的人，怕影响到自己而有意不举荐他。"

译文给出了臧文仲不举荐柳下惠的原因。在封建时代，官员有向国家举贤荐能的责任。臧文仲因一己之私而不举荐贤能的柳下惠，所以孔子说他不称职。

十五

子曰："躬自厚而薄责于人，则远怨矣。"

孔子讲道："对自己要求严格而少责备别人，这样可以避免怨恨。"

孔子在讲到与人相处中，总是严格要求自己而宽容他人。这不仅是一种道德修养，也是一种处世智慧。

十六

子曰："不曰'如之何，如之何'者，吾末如之何也已矣。"

孔子讲道："不问自己'我应该怎么做才对呢？我应该怎么做才对呢？'的人，我对他是没有办法的。"

译解

孔子强调学习要有主动性，读书人自己不努力，老师也没有办法。

十七

原文

子曰："群居终日，言不及义，好行小慧，难矣哉！"

常见译文

孔子说："一群人整天在一起，说的是无关道义的话，又喜欢卖弄小聪明，这种人很难走上正道。"

译文

孔子讲道："生活在一起，不谈正经事，还喜欢卖弄小聪明，这样生活实在糟糕！"

译解

两种译文都成立，只是对"难矣哉！"理解不同。

十八

原文

子曰："君子义以为质，礼以行之，孙以出之，信以成之。君子哉！"

译文

孔子讲道："一个人以正义为原则，做事遵守礼仪，说话谦虚谨慎，对人以诚相待。这就是道德高尚、聪明智慧的人！"

译解

"君子义以为质"，孔子总是把做人的原则放在首要的位置。"义"包含了"正直、公正、宽容"等含义。而前后两个"君子"，前面一个代指"人"，后面一个则是实在的"君子"。

十九

子曰：“君子病无能焉，不病人之不己知也。”

译文

孔子讲道：“道德高尚、聪明智慧的人只会担心自己的能力不够，不会忧虑别人不了解自己。”

译解

孔子说：“人不知而不愠，不亦君子乎？”孔子又说：“居则曰：‘不吾知也！’”这两句话都说明孔子的学生有“怀才不遇”之感。但是孔子反复强调一个人应该担心的是自己能力不足，因为提高自己的修养和能力是读书人应有的本分，是“为己”；“怀才不遇”只是机遇问题，是“命”。

二十

子曰：“君子疾没世而名不称焉。”

常见译文

孔子说：“君子担心自己到死也没有一个好名声。”

译文

孔子讲道：“道德高尚、聪明智慧的人会担心自己死了以后没有值得称颂的功名。”

译解

“疾没世而名不称焉”两解均可，但是译文有“青史留名”之意。孔子说“仁者寿”，意思和这里应该是一样的。钱穆的译文是：“先生说：‘一个君子，恨他身后声名之不传。’”

二十一

原文

子曰：“君子求诸己，小人求诸人。”

译文

孔子讲道：“道德高尚、聪明智慧的人，遇到问题总是在自己身上找原因，自私自利的人只会去责备他人。”

译解

“为己、由己、求诸己”是儒家所倡导的人生哲学。做事无论成败，都应该在自己身上找原因。

二十二

原文

子曰：“君子矜而不争，群而不党。”

译文

孔子讲道：“高尚、智慧的人自重而不争执，合群团结而不偏心。”

译解

“不党”保持自己的独立性，公正无私。

二十三

原文

子曰：“君子不以言举人，不以人废言。”

孔子说："君子不会因为一个人话说得好听就提拔他，也不会因为一个人品德差就对他说的有价值的话置之不理。"

译文

孔子讲道："高尚、智慧的人不会因为一个人说得好听就举荐他，也不会因为不喜欢一个人而否定他的正确意见。"

译解

"不以人废言"，译文显得更加宽容。

二十四

原文

子贡问曰："有一言而可以终身行之者乎？"子曰："其'恕'乎！己所不欲，勿施于人。"

常见译文

子贡问孔子："有没有一个字能让人奉行终生？"孔子说："那就是'恕'吧，自己不想要的，不要强加给别人。"

译文

子贡问孔子："有没有一个字能让人终生遵循呢？"孔子说道："那就是'恕'字吧！自己不愿遭受的事，也不要让别人遭受。"

译解

"己所不欲，勿施于人"是《论语》中的经典名言，孔子对"恕"给出了明确的解释。而"不欲"译为"不愿遭受"似比"不喜欢、不想要"更恰当。辜鸿铭的译文是："不乐意别人强加给自己什么，也不要强加给别人什么。"

二十五

原文

子曰:"吾之于人也,谁毁?谁誉?如有所誉者,其有所试矣。斯民也,三代之所以直道而行也。"

译文

孔子讲道:"我对于人,该指责谁?又该赞扬谁呢?如果我有所赞扬,必然是有根据的。夏、商、周三代的先辈们就是这样正直。"

译解

这一章可以看作是孔子对先辈正直品德的赞扬。

二十六

原文

子曰:"吾犹及史之阙文也。有马者借人乘之,今亡矣夫。"

常见译文

孔子说:"我还能看到史书中存疑的地方,如同有马的人先借给别人使用,这种精神现在看不到了。"

译文

孔子说道:"我感到就像文献史籍缺少了一段文字一样。过去,有马的人会将马借给需要的人使用,但是现在不再有这种事情了。"

译解

有的学者认为这一章表达的意思不清楚。译文则认为孔子以"借马"之事作比喻,说明"人心不古、世风日下"的社会状况。

二十七

子曰:“巧言乱德。小不忍,则乱大谋。”

常见译文

孔子说:“花言巧语会败坏道德。小事情不忍耐,就会败坏大的事情。”

译文

孔子讲道:“好听的话常常会影响正确判断。在小事情上不能忍耐,会打乱大的谋略。”

译解

“巧言乱德”的“德”是“得”的借用,即“得道,正确判断”之意。这一章是说“既不要被花言巧语影响你的正确判断,又要学会忍耐,你才能做成大事情”。如果说是“败坏道德”,那么败坏谁的道德呢?译文更合逻辑。

二十八

子曰:“众恶之,必察焉;众好之,必察焉。”

译文

孔子讲道:“大家都讨厌他,应当了解真实的原因;大家都喜欢他,也应当了解真实的原因。”

译解

孔子总是在意一个问题的真相。在回答子贡“皆好,皆恶”的问话中(见《子路篇》第二十四章），他明确讲道：应该“乡人之善者好之，其不善者恶之”才是好人。这是孔子“知人”的态度。

二十九

子曰：“人能弘道，非道弘人。”

常见译文

孔子说：“人可以把道发扬光大，而不是道能把人光大。”

译文

孔子讲道：“真理要靠信仰它的人来弘扬，而不是打着真理的招牌就能使自己变得伟大。”

译解

译文在语序上做了调整，意思则更容易理解。

三十

子曰：“过而不改，是谓过矣。”

译文

孔子讲道：“知道自己的过错而不思改正，这才是真的过错。”

译解

孔子作为老师，并不认为犯错误就是可耻的事情。他称赞颜渊“不贰过”，颜渊则称道孔子“循循善诱”，都含有“知错能改”的意思。

三十一

子曰："吾尝终日不食，终夜不寝以思，无益，不如学也。"

译文

孔子讲道："我曾经整天不吃，整夜不睡地思考问题，结果一无所获，还不如去学习。"

译解

孔子强调"思"要以"学"为前提，否则"思而不学则殆"。

三十二

原文

子曰："君子谋道不谋食。耕也，馁在其中矣；学也，禄在其中矣。君子忧道不忧贫。"

译文

孔子讲道："一个读书人应当追求人生道理，而不要整天为衣食忙碌。勤奋于田间耕作，也免不了有挨饿的时候；学好了人生道理去做官，俸禄自然在其中。所以，聪明的读书人只会担心学业不好，而不会忧心于生活的贫困。"

译解

"万般皆下品，惟有读书高"可以说是这一章的解释。在孔子所处的时代，老百姓没有读书的权利，而读书人的出路则是做官。这是时代的差别，不应该认为是孔子轻视劳动人民。

三十三

原文

子曰："知及之，仁不能守之，虽得之，必失之。知及之，仁能守之，不庄以莅之，则民不敬。知及之，仁能守之，庄以莅之，动之不以礼，未善也。"

常见译文

孔子说："以聪明才智可以得到官职，但是不用仁德守持，得到官职也会失掉。以聪明才智得到官职，用仁德守持，但是不用认真态度对待老百姓，老百姓不会敬重他。以聪明才智得到官职，用仁德守持，也能够以认真态度对待老百姓，但是行动不守礼，也不完善。"

译文

孔子讲道："有学问，但是道德修养不够，即使得到官职，迟早会失去。有学问，也有道德修养，但是不能以庄重认真的态度对待工作，得不到老百姓的尊敬。有学问，有道德修养，也能认真对待工作，但是执行政策（礼）不彻底，也不完善。"

译解

"动之不以礼，未善也。"《论语》中"礼"和"仁"一样也有多种含义，这里的"礼"应该是指"国家的政策制度"。而整句理解为"执行不彻底"似更为合理。如果"行动不守礼"则有"无礼"之嫌。

三十四

原文

子曰："君子不可小知而可大受也，小人不可大受而可小知也。"

常见译文

孔子说："君子不可以用小事考验他，却能担当重任；小人不能担当重任，却可以用小事考验他。"

译文

孔子讲道："高尚、智慧的人在小事情上可能做不好，但是能够承受重大使命，自私自利的人无法承受重大使命，但小事情有可能做得好。"

译解

"不可小知"是说"小事情做不好"。因为孔子所言的"君子"是"好学达理，担当重任，敢于临危受命，不惧杀身成仁的人"。

三十五

原文

子曰："民之于仁也，甚于水火。水火，吾见蹈而死者矣，未见蹈仁而死者也。"

常见译文

孔子说："老百姓对仁德的需要，超过他们对水和火的需要。我见过踏进水火而死的，还没有见过因实践仁德而死的。"

译文

孔子讲道："现在人们害怕做道德的事，已经超过害怕水火的伤害。我见过被水淹死、被火烧死的，没有见过因做道德的事情而丧命的。"

译证

《述而篇》第二十六章 子曰："善人，吾不得而见之矣。得见有恒者，斯可矣。亡而为有，虚而为盈，约而为泰，难乎有恒矣。"

“水火”有两义：一是“物质生活的水火”，一是“会伤害人的水火”。从字面意思上讲两种译文都说得通。但是从孔子生活的时代来看，当时礼崩乐坏，隐者避世，“滔滔者天下皆是也，而谁以易之？”人们不敢说真话（见译证）等，可以说孔子这里说的“水火”是“会伤人的水火”。说明世风日下，人们已经远离了道德的生活。而孔子则是鼓励人们重新回归道德的生活。

三十六

原文

子曰：“当仁，不让于师。”

常见译文

孔子说：“在对待仁的问题上，即使是对老师也不必谦让。”

译文

孔子讲道：“在大是大非的问题上，即使是面对大多数人，也不能让步妥协。”

译解

“当仁”如果不做解释而直译，《论语》中如此多仁，是哪一个仁呢？译文是指“大是大非的问题”。什么是“大是大非”呢？在孔子看来，就是“道德和信仰”，即所谓“大德”。

“不让于师”的“师”有两解：一为“老师”，一为“众人”。钱穆认为“此师字当训为众”。在《孟子·公孙丑上》中有“自反而缩，虽千万人吾往矣！”这样的章句，意思是：反省自己是正义的，即使面对千万人我也会勇往直前。表达了同样的意思。两种译文都成立。

三十七

原文

子曰：“君子贞而不谅。”

译文

孔子讲道："高尚、智慧的人坚持正义原则，不会拘泥于小的守信。"

"谅"是所谓"匹夫匹妇之谅"，是"守小信"的意思。孟子说："大人者，言不必信，行不必果，惟义所在。"就是这个意思。

三十八

原文

子曰："事君，敬其事而后其食。"

孔子讲道："为君主做事，应当先考虑如何尽职，然后才考虑俸禄。"

译解

这是孔子对侍奉君主所主张的态度。

三十九

原文

子曰："有教无类。"

常见译文

孔子说："人人我都教育，不分高低贵贱。"

译文

孔子讲道："真正有教养的人，不会有身份贵贱、门第高低的差别。"

译证

1.《学而篇》第七章　子夏曰："贤贤易色，事父母，能竭其力，事君，能致其身，与朋友交，言而有信；虽曰未学，吾必谓之学矣。”

2.**《述而篇》第七章** 子曰：“自行束脩以上，吾未尝无诲焉。”

“有教无类”，辜鸿铭的译文是：“孔子说：‘在真正学识渊博的人当中，是没有阶级区分，也没有门第差别的。’”他将“有教”视为“具有教养的人”是讲得通的，而且使这一章另有一番意义。例如子夏说：具有道德上的几种优点，即使这个人说自己学养不够，我也会说他有教养。（见译证 1）表达的是同样的意思。孔子收学生不分门第高低贵贱，前面的章节已有说明。（见译证 2）两种译文都成立。

四十

原文

子曰：“道不同，不相为谋。”

译文

孔子讲道：“人生理想不同，不会在一起谋事。”

译解

常言说：“物以类聚，人以群分。”这个区分就在于“道不同”。

四十一

原文

子曰：“辞达而已矣。”

译文

孔子讲道：“说话表明自己的思想是重要的。”

孔子强调说话与思想要一致。

四十二

师冕见。及阶，子曰："阶也。"及席，子曰："席也。"皆坐，子告之曰："某在斯，某在斯。"师冕出。子张问曰："与师言之道与？"子曰："然，固相师之道也。"

一个叫冕的盲人乐师来见孔子。走到台阶前，孔子对他说："小心台阶。"到了坐席前，孔子又说："请入席。"大家都坐了下来。孔子又告诉他："这里是某人，这里是某人。"冕乐师走了以后，子张问："和盲人乐师说话都必须这样吗？"孔子说道："当然，这是尊重乐师应有的方式。"

这里可以看出孔子对人的尊重和细致照顾。

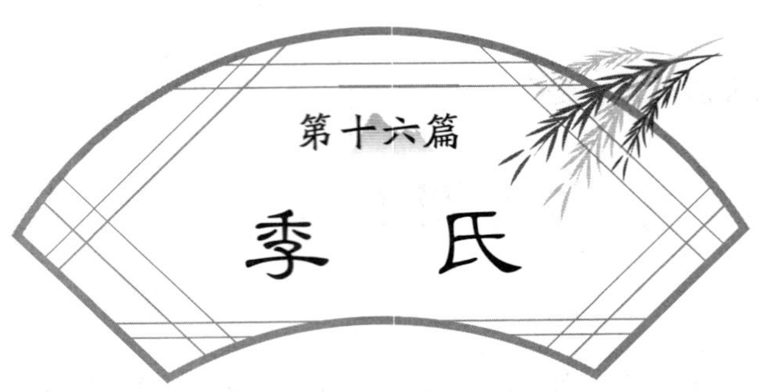

第十六篇 季氏

一

原文

季氏将伐颛臾。冉有、季路见于孔子，曰："季氏将有事于颛臾。"孔子曰："求！无乃尔是过与？夫颛臾，昔者先王以为东蒙主，且在邦域之中矣，是社稷之臣也。何以伐为？"冉有曰："夫子欲之，吾二臣者皆不欲也。"孔子曰："求，周任有言曰：'陈力就列，不能者止。'危而不持，颠而不扶，则将焉用彼相矣？且尔言过矣，虎兕出于柙，龟玉毁于椟中，是谁之过与？"冉有曰："今夫颛臾，固而近于费，今不取，后世必为子孙忧。"孔子曰："求！君子疾夫舍曰欲之而必为之辞。丘也闻有国有家者，不患寡而患不均，不患贫而患不安。盖均无贫，和无寡，安无倾。夫如是，故远人不服，则修文德以来之。既来之，则安之。今由与求也，相夫子，远人不服，而不能来也。邦分崩离析，而不能守也。而谋动干戈于邦内。吾恐季孙之忧，不在颛臾，而在萧墙之内也。"

译文

季氏准备派兵攻打小国颛臾。冉有、子路来见孔子，说："季氏要攻打颛臾。"孔子说道："冉求！难道这不是你的过错吗？颛臾，先王封为东蒙山之主，而且就在鲁国疆域之内，是鲁国社稷之重臣，为什么要攻打它呢？"冉有说："是季大夫要打，我们两个做臣子的都不同意。"孔子说道："冉求，过去周任（古代的史官）说过：'能够施展抱负就从政，不能施展抱负就辞职。'如同盲人的助手，见到他危险不去救助，看到他要跌倒不去搀扶，那何必要当助手呢？况且，你刚才的说法是逃避责任。老虎、犀牛跑出笼子；龟甲、宝玉毁坏在匣子中该是谁的过错呢？”冉有说：“现在的颛臾国，城防坚固，离费邑（季氏封地）近在咫尺。现在不夺取，后世必遗祸子孙。”孔子说道：“冉求！道德高尚的人最鄙视那种想要得到又不说，却编造借口来达到目的的人。我也听说过这样的话：执掌一国一家权力的人，不应当担心财富少，而应当担心财富分配不合理；不应当担心人口少，而应当担心老百姓没有安定的生活。财富分配合理就无所谓贫穷，老百姓能和睦相处就无所谓人口多少，社会安定国家就不会被颠覆。这样，如果远方的老百姓还不肯前来，可以提高人民的文化修养、道德水平吸引他们到来。如果他们到来了，就应当让他们过上安定的生活。可是现在你们两个辅佐季氏的做法，其他地方的人不会信服，所以不会前来。国家正分崩离析，不得安宁，反而在谋划发动国内战争。我担心季氏忧虑的不是颛臾，恐怕是深宫高墙内的鲁君啊。”

“丘也闻有国有家者，不患寡而患不均，不患贫而患不安。盖均无贫，和无寡，安无倾。”这一段是孔子对国家政治的重要论述，它反映了孔子“均贫富（贫富悬殊不能太大）、利百姓（让老百姓过上安定的生活）、安天下（国家政权稳定）”的仁政思想。有学者认为“寡”和“贫”应该互换，即“不患贫而患不均，不患寡而患不安”，这样才能和后面的“盖均无贫，和无寡，安无倾”相合。

“吾恐季孙之忧，不在颛臾，而在萧墙之内也。”孔子在这里是提醒冉有和子路，季氏攻打颛臾的原因是害怕颛臾协助鲁君讨伐他。因为季氏把持国政，和鲁君之间的矛盾已经很久了。

二

孔子曰：“天下有道，则礼乐征伐自天子出；天下无道，则礼乐征伐自诸侯出。自诸侯出，盖十世希不失矣；自大夫出，五世希不失矣；陪臣执国命，三世希不失矣。天下有道，则政不在大夫。天下有道，则庶人不议。”

译文

孔子讲道："天下政治秩序正常，礼乐制度的制定和战争号令的发布都应该由天子决定；天下政治秩序混乱，礼乐制度的制定和战争号令发布会掌握在诸侯手中。如果出自诸侯，政权要维持十代不亡很难；如果出自大夫，政权要维持五代不亡很难；如果让大夫的家臣执掌政权，要维持三代不亡很难。天下政治秩序良好，政权不会落入大夫手中。天下政治秩序良好，老百姓不会议论朝政。"

译解

这是孔子关于天下（国家）政治权力结构的重要思想。一方面孔子主张"复礼"，维持封建等级制度；另一方面他主张天下（国家）政治权力的高度集中。分封制被历史所淘汰，而"一统天下"的政治思想影响了中国国家政治几千年。辜鸿铭在讲《论语》时说："孔子所做的最大贡献就在于他给了中华民族一个真正的国家观念。并且，孔子还使得这个观念固化，扩大，成为一种宗教观念。"这样的评价有深刻的内涵。

三

原文

孔子曰："禄之去公室五世矣，政逮于大夫四世矣。故夫三桓之子孙微矣。"

译文

孔子说道："国家政权被篡夺已经过了五代，政权落入大夫手中已经四代。所以三桓的子孙们也到了势力衰微的时候了。"

译解

"三桓"是指鲁国仲孙氏、叔孙氏、季孙氏三家大夫，他们都是鲁桓公的兄弟。

四

原文

孔子曰:"益者三友,损者三友:友直,友谅,友多闻,益矣;友便辟,友善柔,友便佞,损矣。"

常见译文

孔子说:"有益的朋友有三种,有害的朋友有三种:与正直的人为友,与诚信的人为友,与见多识广的人为友,有益;与装腔作势的人为友,与一味讨好的人为友,与花言巧语的人为友,有害。"

译文

孔子讲道:"亲近三种品德有益,亲近三种品德有害:亲近正直的品德,诚信的品德,好学的品德,有益;亲近强词夺理的品德,阿谀奉承的品德,油腔滑调的品德,有害。"

译证

1.**《学而篇》第八章**　子曰:"君子不重则不威;学则不固。主忠信,无友不如己者,过则勿惮改。"

2.**《卫灵公篇》第十章**　子贡问为仁。子曰:"……居是邦也,事其大夫之贤者,友其士之仁者。"

3.**《卫灵公篇》第四十章**　子曰:"道不同,不相为谋。"

译解

"益者三友,损者三友"中的"友"似应作动词,按"亲近、学习"的意思解(见译证 2)而不是"朋友"。从三条译证可以看出,"损者"儒家是不会引以为"朋友"的。这里孔子是讲培养自己的品德而不是朋友的品德,因为儒家讲的是"为己、由己、求诸己"。"攻己之恶而无攻人之恶。"所以"损者三友"不宜译为"有害的朋友"。下面一章的"乐多贤友"才应该是指"朋友"。

五

原文

孔子曰:“益者三乐,损者三乐。乐节礼乐,乐道人之善,乐多贤友,益矣;乐骄乐,乐佚游,乐宴乐,损矣。”

译文

孔子讲道:“三种爱好有益,三种爱好有害。以遵守礼仪为爱好,以赞扬他人良好道德为爱好,以结交贤能的朋友为爱好,有益;喜欢骄傲自大带来的快乐,喜欢放荡行为带来的快乐,喜欢酒宴吃喝带来的快乐,有害。”

译解

“益者三乐,损者三乐”,作为个人的兴趣培养,我们可以看到孔子对个人喜好的道德要求。它反映了儒家思想对道德的教育和培养的文明高度。

六

原文

孔子曰:“侍于君子有三愆:言未及之而言,谓之‘躁’。言及之而不言,谓之‘隐’。未见颜色而言,谓之‘瞽’。”

常见译文

孔子说:“与君子相处容易犯三种错误:不到该说话时说话,叫做急躁;该说话不说,叫做隐瞒;不看君子脸色就说了,叫做瞎眼睛。”

译文

孔子讲道:“在尊长面前要避免三种过失:没有让你说话抢着说,这叫‘急躁’;让你说话你不说,这叫‘虚伪’;不看尊长脸色说话,这叫‘瞎眼睛’。”

译文把“君子”译为“尊长”是根据文章内容来译的。傅佩荣对这里的“君子”解读为“德行、地位、年龄、辈分比自己高的人”。

七

原文

孔子曰：“君子有三戒：少之时，血气未定，戒之在色；及其壮也，血气方刚，戒之在斗；及其老也，血气既衰，戒之在得。”

常见译文

孔子说：“君子要有三点警惕：年轻时，血气未定，要警惕好色；到了壮年，血气旺盛，要警惕好斗；到了老年，血气已衰，要警惕贪欲。”

译文

孔子讲道：“人生有三个阶段应当注意：年少时，由于身体发育不成熟，应当避免贪恋女色；青壮年阶段，血气正当旺盛，要避免争强好胜；老年阶段，血气已经衰弱，生活上应有节制，不要贪多。”

译解

这里可以看出“君子”一词的多用。在不同的语境中意思不同，所以《论语》中的“君子”应该视原文内容翻译。这里的“君子”就是指“一个人”。

八

原文

孔子曰：“君子有三畏：畏天命，畏大人，畏圣人之言。小人不知天命而不畏也，狎大人，侮圣人之言。”

常见译文

孔子说："君子敬畏三件事：敬畏天命，敬畏身居高位的人，敬畏圣人说的话。小人不了解天命所以不害怕，他们轻慢身居高位的人，亵渎圣人的言语。"

译文

孔子讲道："有教养的人在三方面保持敬畏之心：遵从自然和社会的根本道理，佩服杰出的政治领袖，听从德高望重之人的至理名言；小人愚昧无知，所以不遵从自然和社会的根本道理；傲慢无礼，所以轻辱杰出的政治领袖；狂妄自大，所以亵渎德高望重之人的至理名言。"

译证

1.**《八佾篇》第二十二章**　子曰："管仲之器小哉！"

2.**《子路篇》第二十章**　曰："今之从政者何如？"子曰："噫！斗筲之人，何足算也？"

3.**《宪问篇》第十七章**　子曰："管仲相桓公，霸诸侯，一匡天下，民到于今受其赐……"

译解

两种译文的差异主要是对原文意思的表达上。对"君子、畏、天命、大人、圣人言"等，常见译文基本上是直译。另外，孔子并非对一切身居高位的人都敬畏，而是有所选择。例如管仲，孔子对他治理国家的能力是肯定的，（见译证 3）但是对他不守礼仪的行为又是批评的。（见译证 1）至于那些从政的"斗筲之人"，孔子则是完全看不起的。（见译证 2）

九

原文

孔子曰："生而知之者，上也；学而知之者，次也；困而学之，又其次也；困而不学，民！斯为下矣。"

常见译文

孔子说："一出生就知道的是上等，学习后知道的要次一等，遇到困难才去学习的再次一等，遇到困难也不去学习，老百姓就是这种最下等的。"

孔子讲道："具有学习天赋的人理解能力是最好的；通过学习才提高理解能力的人其次；理解能力差，但是仍然能够努力学习的又在其次；天生愚钝还不努力学习，就像没有读书的老百姓！那是最差的了。"

译证

1.《**阳货篇**》**第二章**　子曰："性相近也，习相远也。"

2.《**子张篇**》**第五章**　子夏曰："日知其所亡，月无忘其所能，可谓好学也已矣。"

译解

"生而知之者，上也"，孔子不迷信，一生勤奋好学，他也鼓励学生勤奋好学，整部《论语》也没有见孔子说谁是生来就什么都懂得的人。所以，"生而知之"常见译文不妥。这里"知"实为"智"之意（在《论语》中，"知、智"都是用同一字），即"生而智之者"，指天生智力、禀赋很好的人。这些人接受知识快，理解能力强，学一能知十，举一隅能以三隅反，等等。如颜回这样的人，孔子说，人生下来都差不多，是生活的不同才造成人的千差万别。（见译证 1）另外，我们也可以从子夏对好学的评价（见译证 2）中知道，所谓"一出生就知道的是上等"不会是孔子的意思，也是不可能有的事情。辜鸿铭的译文为："最高等的人，生来具备天生的领悟能力。"

"……民！斯为下矣"中的"民"也可以说是指"老百姓"，但是不能译为"老百姓就是这种最下等的"。孔子是说愚钝还不愿意努力学习的读书人（这里应该是指读书人中的懒人）就和没有读书的老百姓一个样（因为在当时，老百姓是没有条件读书的）。这才应该是原文的意思。所以，不能直接译为"老百姓就是这种最下等的"。

十

原文

孔子曰："君子有九思：视思明，听思聪，色思温，貌思恭，言思忠，事思敬，疑思问，忿思难，见得思义。"

译文

孔子讲道："高尚、智慧的人注意九方面的修养：看问题看清楚，听事情听明白，对人态度温和，行为恭敬有礼，说话正直坦白，做事敬业尽职，不懂的问题要问明白，发怒要考虑后果，获取利益要考虑是否正当。"

译解

"九思"，除了"视思明，听思聪"是了解和观察别人，其他"七思"都是讲个人自身的修养，体现了儒家"重修身"的思想道德。

十一

原文

孔子曰："'见善如不及，见不善如探汤。'吾见其人矣，吾闻其语矣。'隐居以求其志，行义以达其道。'吾闻其语矣，未见其人也。"

译文

孔子讲道："'见到善行立即去做，像怕来不及一样；见到恶行赶快躲避，像怕手伸进沸水一样。'我见过这样的人，也听过这样的话。'用避世的方法来成就自己的志向，做好事情来实现正义主张。'我听过这样的说法，但是没有见过这样的人。"

这里可以看出孔子对好学、弘扬道德者的赞扬和对隐士委婉的批评。

十二

齐景公有马千驷，死之日，民无德而称焉；伯夷、叔齐饿于首阳之下，民到于今称之。其斯之谓与？

译文

齐景公（齐国国君）生前拥有四千匹马，死的时候老百姓觉得他没有任何德行可称道；伯夷、叔齐饿死在首阳山下，至今还受到老百姓的称颂。这说明什么道理呢？

译解

一个是富有的君主，另外两个是守志的贵族。孔子用他们的死在老百姓心中所产生的不同结果来拷问世人，也间接表明了孔子的立场。那就是：人对于自己志向和信仰的坚守才是人生价值的最高体现。

十三

原文

陈亢问于伯鱼曰：“子亦有异闻乎？”对曰：“未也。尝独立，鲤趋而过庭。曰：‘学《诗》乎？’对曰：‘未也。’‘不学《诗》，无以言。’鲤退而学《诗》。他日又独立，鲤趋而过庭。曰：‘学《礼》乎？’对曰：‘未也。’‘不学《礼》，无以立。’鲤退而学《礼》。闻斯二者。”陈亢退而喜曰：“问一得三，闻《诗》，闻《礼》，又闻君子之远其子也。”

常见译文

陈亢向孔子的儿子伯鱼问道："你是否在老师那里得到不同的教导呢？"伯鱼说："没有。他曾经一个人站在庭中，我恭敬地从庭前走过。他说：'学《诗》了吗？'我回答：'没有。'他说：'不学《诗》，就无法把话说好。'我退回去学《诗》。一天，他又一个人站在庭中，我恭敬地走过庭院。他说：'学《礼》了吗？'我回答：'没有。'他说：'不学《礼》，便不能立足社会。'我退回去学《礼》。这就是我听到的两件事。"陈亢回去以后，高兴地说："我问了一件事，知道了三件事。知道了该学习《诗》，懂得了该学习《礼》，还知道了君子要和自己的儿子保持适当的距离。"

译文

一次，陈亢（字子禽，陈国人，孔子学生）问孔子的儿子孔鲤（字伯鱼）："老师对你有专门的讲课吗？"孔鲤说："没有的事。只是有一次，他站在过庭中，我快步走过。听到他问我：'学《诗》了吗？'我回答：'没有。''不学《诗》，说话缺乏水平。'从那开始，我学习《诗》。又有一次，他又站在过庭中，我快步走过。听到他问我：'学《礼》了吗？'我回答：'没有。''不学《礼》，不能明辨是非。'从那开始，我学习《礼》。我私下听到就这两次。"陈亢回去后高兴地说："我问一个问题得到了三个答案。我知道了学《诗》和学《礼》的重要性，而且还知道了父亲不应当偏爱儿子。"

译解

"不学礼，无以立"，这个"立"应当以"懂政治，有立场，明是非"解。因为"明辨是非"是儒家的学习目的和道德要求。

"又闻君子之远其子也"常见译文显得机械。钱穆的译文是："君子不对自己儿子有私厚。"也就是"不要偏爱自己的儿子"。

十四

邦君之妻，君称之曰"夫人"。夫人自称曰"小童"。邦人称之曰"君夫人"，

称诸异邦曰"寡小君"。异邦人称之亦曰"君夫人"。

国君的妻子，国君称她"夫人"，夫人自称"小童"。国内老百姓称她"君夫人"，而对外国人，称她为"寡小君"。外国人也称她"君夫人"。

这一章意义不大，一般认为是错简。

第十七篇 阳货

一

原文

阳货欲见孔子，孔子不见。归孔子豚。孔子时其亡也，而往拜之。遇诸涂。谓孔子曰："来！予与尔言。"曰："怀其宝而迷其邦，可谓仁乎？"曰："不可。""好从事而亟失时，可谓知乎？"曰："不可。""日月逝矣，岁不我与。"孔子曰："诺，吾将仕矣。"

译文

阳货（鲁国季氏家臣）想见孔子，但是孔子不愿见他。于是阳货送了一只蒸熟的小猪给孔子（按照礼仪，孔子应该登门致谢。这是阳货送小猪的原因）。孔子等阳货不在家时前去道谢，归途中两人相遇。阳货对孔子说："终于见到您了！我有话对您说。"又说："胸怀治国学问而任由国家陷入混乱，能说是有仁爱之心吗？"孔子说："不能吧。""想做事而又屡屡错过机会，能说是聪明吗？""不能吧。"阳货接着又说："岁月流逝，时不我待啊。"孔子说道："是的，我是要出来做事的。"

译解

阳货为季氏家臣，曾一度把持鲁国国政，想让孔子去辅佐他，孔子不愿意。所以才有"孔子不见"。

“孔子曰：‘诺，吾将仕矣。’”不应当理解为孔子答应了阳货。钱穆说：“孔子非不欲仕，特不欲仕于货。其语直而婉，雍容不迫，而拒之已深。”

二

子曰：“性相近也，习相远也。”

译文

孔子讲道：“人生下来都差不多，由于生活条件和习性的不同，会变得千差万别。”

译解

孔子认为一个人的后天学习和培养是决定人生价值的主要条件。这一章也说明了前文里常见译文把“生而知之”译为“生来就有知识”的译文是不恰当的。

三

子曰：“唯上知与下愚不移。”

常见译文

孔子说：“只有最聪明的人和最愚昧的人是改变不了的。”

译文

孔子讲道：“只有信仰坚定的人和顽固不化的人难以被改变。”

译证

《季氏篇》第九章　孔子曰：“……困而不学，民！斯为下矣。”

译解

“上知”应当体现的是“人具有道德和信仰”而不仅仅是“头脑绝顶聪明”，而“下愚”也不仅仅是“愚昧、不聪明”，而是“既不愿学习，又不接受教训的人”。如孔子所言，人（这里当然是指读书人）感到困惑还不愿意学习，就像是没有读书的老百姓，那是最差的。（见译证）译为“最聪明的人和最愚昧的人”如同没有翻译。

四

原文

子之武城，闻弦歌之声。夫子莞尔而笑，曰：“割鸡焉用牛刀？”子游对曰：“昔者偃也闻诸夫子曰：‘君子学道则爱人，小人学道则易使也。’”子曰：“二三子！偃之言是也。前言戏之耳！”

译文

孔子一行到武城，见到各种人都在弹琴唱歌。孔子幽默地笑着说道：“杀鸡何必用杀牛的刀呢？”子游对孔子说：“以前我听老师说过：‘有地位、有身份的人学习礼乐就会关爱老百姓，老百姓学习礼乐就会服从管理。’”孔子说道：“同学们，言偃说的是对的。我刚才只是开个玩笑而已。”

译解

关于“割鸡”有两种说法：一是说孔子认为这么一个小地方治理不必用礼乐大道；另一说是以子游的才干治理这么一个小地方，是大材小用，孔子为之惋惜。两种说法都有一定道理。孔子对子游的解释马上给予肯定，并且委婉地表明自己说的欠妥。这正是孔子“过则勿惮改”优良品德的体现。

五

原文

公山弗扰以费畔。召，子欲往。子路不说，曰：“末之也？已，何必公山氏之之也？”子曰：“夫召我者，而岂徒哉？如有用我者，吾其为东周乎？”

常见译文

公山弗扰占据费邑，起兵反叛季氏。他召孔子去帮忙，孔子准备去。子路不高兴，说：“没有地方去就算了，为什么一定要去公山氏那里呢？”孔子说：“请我去的人难道没有他的意图吗？如果有人肯用我，我也许能让周王朝的礼乐制度在东方复兴。”

公山弗扰占据费邑妄图谋反。邀请孔子去，孔子打算去。子路不高兴，对孔子说：“没有地方去了吗？算了吧，为什么一定要去公山氏那里呢？”孔子说道：“他邀请我去，难道我就会照他说的做吗？如用我，我不是可以使周礼在东方得以复兴吗？”

译证

1.《先进篇》第十七章　子曰：“非吾徒也！小子鸣鼓而攻之，可也。”

2.《微子篇》第六章　夫子怃然曰：“鸟兽不可与同群，吾非斯人之徒与而谁与？天下有道，丘不与易也。”

译解

“夫召我者，而岂徒哉？”可以直译为：“对召我去的人，我就必须是他之徒吗？”言下之意是孔子有自己的打算，不会按照公山弗扰的意思去做事。本章和译证中出现的两个“徒”（见译证 1、2）应该是一个意思，都是指“为他人做事，受他人使唤的人。如臣子于君主，学生于老师”。

六

子张问仁于孔子。孔子曰：“能行五者于天下为仁矣。”“请问之。”曰：“恭、宽、信、敏、惠。恭则不侮，宽则得众，信则人任焉，敏则有功，惠则足以使人。”

子张问孔子怎样做才符合道德。孔子讲道："具有五种品德做人做事，就符合道德。""请问哪五种？"孔子讲道："恭敬、宽容、诚信、勤奋、慷慨大方。恭敬则不会自取其辱，宽容则会得到大家拥护，诚信则得到信任，勤奋则能建立功业，慷慨大方则足以让人服从。"

译解

这里孔子说的五种品德是儒家道德修养的核心内容，并且孔子对每一种品德做了讲解。即使在今天，具有这样五种品德的人也是会得到广泛认可的。这确实体现了孔子的伟大。

七

原文

佛肸召，子欲往。子路曰："昔者由也闻诸夫子曰：'亲，于其身为不善者，君子不入也。'佛肸以中牟畔，子之往也，如之何？"子曰："然。有是言也。不曰坚乎？磨而不磷。不曰白乎？涅而不缁。吾岂匏瓜也哉？焉能系而不食？"

译文

佛肸（一个反叛的贵族）邀请孔子，孔子准备去。子路说："过去我听老师说过：'即使是亲近的人，如果是在做不道德的事，道德高尚的人也不会与他交往。'佛肸占据中牟，反叛国家，老师您却要去，是为何呢？"孔子说道："不错。但是我还说过这样的话。不是说很坚硬吗？那是怎么也磨不薄的。不是说很洁白吗？那是怎么也染不黑的。难道我是个葫芦吗？只能挂起来看而不能食用？"

译解

"不曰坚乎？磨而不磷。不曰白乎？涅而不缁。吾岂匏瓜也哉？焉能系而不食？"透过比喻孔子想表达的是："我意志坚定，做事正直。但是，我的理想难道只能是空谈而没有用吗？"可以这样理解原文。

八

原文

子曰："由也，女闻六言六蔽矣乎？"对曰："未也。""居，吾语女。好仁不好学，其蔽也愚；好知不好学，其蔽也荡；好信不好学，其蔽也贼；好直不好学，其蔽也绞；好勇不好学，其蔽也乱；好刚不好学，其蔽也狂。"

译文

孔子说道："仲由，你听说过六种品德和它们可能存在的弊病吗？"子路说："没听说。"孔子说道："坐下来，让我讲给你听。心地善良不爱学习的毛病是愚昧无知；爱动脑筋不爱学习的毛病是知识贫乏；爱许诺言不爱学习的毛病是狡猾奸诈；性格耿直不爱学习的毛病是尖酸刻薄；好勇逞强不爱学习的毛病是轻率鲁莽；性格刚强不爱学习，会变得狂妄自大。"

译解

"好学"既是孔子对学生的要求。对于这六种品德因为不爱学习而成为缺点，这是一种辩证的分析，体现了中庸思想。

九

原文

子曰："小子，何莫学夫《诗》？《诗》，可以兴，可以观，可以群，可以怨。迩之事父，远之事君。多识于鸟兽草木之名。"

译文

孔子说道："同学们，为什么不好好学《诗》呢？《诗》，可以丰富人的想象力，可以观察风俗民情、政治得失，可以唤起人的共鸣，也可以表达心中的哀怨。说近，有益孝敬父母；说远，有益服务国家。而且还可以认识到更多鸟兽草木的名称。"

译解

“可以观”有两解：一说是“可以观察风俗民情、政治得失”，一说是“可以供他人观赏”，都成立。孔子之所以把学《诗》看得如此重要，是因为《诗》是孔子塑造学生道德修养，理解国家政治历史，提高文化水平的重要教学内容。

十

原文

子谓伯鱼曰：“女为《周南》《召南》矣乎？人而不为《周南》《召南》，其犹正墙面而立也与！”

译文

孔子对伯鱼说道：“你学习了《周南》《召南》没有？读书人不学习《周南》《召南》，就像面对墙壁站着无法前进！”

译解

《周南》《召南》是《诗经》“国风”中的两篇，内容大多数是周代各地的民间歌谣，是《诗经》中最有思想意义和艺术价值的部分。而《周南》的第一首诗，即是千古名篇《关雎》。

十一

原文

子曰：“礼云礼云，玉帛云乎哉？乐云乐云，钟鼓云乎哉？”

译文

孔子说道：“一再谈论礼，难道仅仅是说的玉器锦帛这些东西吗？一再谈论乐，难道仅仅是说的钟鼓乐器这些东西吗？”

译解

这里可以看出，孔子所言的“礼、乐”主要是精神层面的东西而不仅仅是这些承载精神的器物。

十二

原文

子曰："色厉而内荏，譬诸小人，其犹穿窬之盗也与！"

孔子说："外表严厉，内心却怯弱，以小人做比喻，他就像是一个挖洞跳墙的小偷吧！"

译文

孔子说道："外表凶狠而内心怯弱，与其把他比作自私自利的人，不如说他更像穿墙行窃的贼！"

译解

"譬诸小人，其犹穿窬之盗也与！"译文有强调这种人比一般的小人更糟糕的意思。

十三

原文

子曰："乡原，德之贼也。"

常见译文

孔子说："没有是非的好好先生，是损害道德的蟊贼。"

译文

孔子说道："处事圆滑、是非不分，是不符合道德的。"

译解

“德之贼也”中的“贼”，在《论语》中多处可见。如批评子路“贼夫人之子”，说原壤“老而不死，是为贼”等，有“不合规矩，不符合道德标准”的意思，应该是一种比较委婉的批评。

十四

原文

子曰：“道听而涂说，德之弃也。”

常见译文

孔子说：“在路上听到的传闻就在路上传播，是背弃道德的。”

译文

孔子讲道：“把听到的真理曲意乱讲，是完全丧失道德的。”

译证

《季氏篇》第八章 孔子曰：“……小人不知天命而不畏也，狎大人，侮圣人之言。”

译解

“道听而涂说”以常见译文的翻译为主，也是现在“道听途说”成语的来源，意指“传闻的、没有根据的话”。不过，假如“道听”是真实的，“途说”也没有乱说，逻辑上讲应该是说得过去的。而把听到的道理（真理）改变原话意思曲意乱讲，这样才是丧失道德的行为（即“听道而说涂”）。所以此“道听”应是“听道（闻道）”，“涂说”应是“说涂（乱说）”的倒装（《论语》中的倒装句不乏其例。如“己知”“吾谁欺？”“岂不尔思？”“礼云”“乐云”等），有强调语气的作用。孔子说“闻道”就是“听道”之意，而“侮圣人之言”就是“说涂”。（见译证）

“德之弃也”中的“弃”语气重于“贼”。如《子路篇》中孔子说：“以不教民战，是谓弃之。”这里孔子是批评故意歪曲真理的做法，等同于“不顾老百姓死活”之

“弃”，语气比“贼”更加严厉。

据传这一成语是说在战国时期，一个人对朋友讲一只鸭子一天能够下一百个蛋。朋友不信，他就不断增加鸭子的数量。最后说不过去了，就说是路上听别人说的。这个故事并不符合“道听而涂说”的本意（因为他不断地自己改变说法，但是他不可能不断地“道听”，于理不通。而这一类夸张的故事，在后来汉儒的著书中常常可见），所以不足为凭。“道听而涂说”出自《论语》，而这个故事则有后来者杜撰之嫌。

译文是试译，其理由供探讨。

十五

子曰：“鄙夫可与事君也与哉？其未得之也，患不得之；既得之，患失之。苟患失之，无所不至矣。”

译文

孔子说道：“怎么可以和卑鄙自私的人一起为国君做事呢？这种人没有官职时，害怕得不到；得到了，又害怕失去。由于害怕失去官职，什么事情都干得出来。”

译解

这里孔子把“小人事君”（参与政治）的作为和心态刻画得入木三分。

十六

子曰：“古者民有三疾，今也或是之亡也。古之狂也肆，今之狂也荡；古之矜也廉，今之矜也忿戾；古之愚也直，今之愚也诈而已矣。”

常见译文

孔子说：“古代的人有三种毛病，现在的人恐怕没有了。古代狂妄的人不拘小节，现在狂妄的人放纵言行；古代矜持的人行为端正有威，现在矜持的人凶恶蛮横；古代愚昧的人憨厚，现在愚昧的人只是为了欺诈。”

译文

孔子讲道：“在古代，有的人性格上存在三种缺点。现在也有这样的人，但是表现却不一样。古代激进的人追求自由，现在激进的人行为放荡；古代高傲的人行为端正，现在高傲的人脾气暴躁；古代愚昧的人对人正直，现在愚昧的人心怀欺诈。”

译解

“古者民有三疾”里的“民”应该是指部分人而非所有人。

“今也或是之亡也”，可以理解为“现在也有这样的人，但是表现却不一样。”这样才能与后面的内容相吻合。

十七

原文

子曰：“巧言令色，鲜矣仁。”

译文

孔子讲道：“一个人有花言巧语、装腔作势的坏毛病，道德修养难以提高。”

译解

见《学而篇》第三章。

十八

原文

子曰：“恶紫之夺朱也，恶郑声之乱雅乐也，恶利口之覆邦家者。”

译文

孔子说道："可恶的是用紫色替代了朱红色，可恶的是郑国低俗的音乐扰乱了高雅的乐章，可恶的是巧舌如簧的家伙导致了国家灭亡。"

孔子对违背礼仪的行为，低级趣味的爱好，不讲原则的政客都表示厌恶。

十九

原文

子曰："予欲无言。"子贡曰："子如不言，则小子何述焉？"子曰："天何言哉？四时行焉，百物生焉，天何言哉？"

译文

孔子说道："我不再想说什么了。"子贡说："老师不说，那我们学生又能学到什么呢？"孔子说道："上天又说过什么呢？四季照样运行，万物照样生长，上天又说了什么呢？"

译解

这一章大都未加注解。不过，我们从《论语》中可以看到孔子百无聊赖的记录，如"凤鸟不至，河不出图，吾已矣夫！""不怨天，不尤人，下学而上达，知我者，其天乎"等。这是一个"志于道"的"智者、君子"所必然存在的孤独感。

二十

孺悲欲见孔子，孔子辞以疾。将命者出户，取瑟而歌，使之闻之。

孺悲（鲁国一个傲慢的人）送信来要孔子去见他，孔子以有病推辞。当送信

的人刚走出门，孔子马上弹瑟并唱起歌来，故意让送信的人听见。

孺悲是一个傲慢的人。鲁哀公要他到孔子那里去学习，他却带信要孔子去见他。这里孔子是用行动来教育孺悲，让他反思自己的傲慢缺点。

二十一

原文

宰我问："三年之丧，期已久矣。君子三年不为礼，礼必坏；三年不为乐，乐必崩。旧谷既没，新谷既升，钻燧改火，期可已矣。"子曰："食夫稻，衣夫锦，于女安乎？"曰："安。""女安，则为之！夫君子之居丧，食旨不甘，闻乐不乐，居处不安，故不为也。今女安，则为之！"宰我出。子曰："予之不仁也！子生三年，然后免于父母之怀。夫三年之丧，天下之通丧也。予也有三年之爱于其父母乎？"

常见译文

宰我问孔子："父母去世，子女守孝三年，时间也太长了吧。君子三年不行礼，礼仪必定会荒废掉；三年不奏乐，音乐必然会失传。陈谷子吃完，新谷子又长出来，钻木取火的木头也轮换一遍了，守丧一年就可以了。"孔子说："（父母去世不到三年，）你就吃白米饭，穿锦缎衣服，你会安心吗？"宰我说："我安心。"孔子说："你觉得安心，你就那样做吧。有德行的人守孝期间，吃美味无滋味，听音乐不会快乐，住在家里不觉得舒服，所以不会这样做。现在，你既然安心，你就去做吧。"宰我出去以后，孔子说："宰我缺乏真诚的情感！一个孩子生下来，要三年才会离开父母的怀抱。为父母守孝三年，天下人都是这么做的。宰我难道对父母连三年的爱心都没有吗？"

译文

宰我问孔子："守孝三年，时间未免太长了吧？三年不行礼仪，会失掉礼仪；三年不研习音乐，音乐必然生疏。旧的谷子没有了，新谷子会成熟，取火用的木头都轮了一遍了，所以，守孝一年就可以了。”孔子说道：“那守孝一年，吃白米饭，穿锦绣衣，你会心安吗？”回答说：“心安。”孔子说道：“既然心安，那你就那样吧。不过，一个有道德修养的人在居丧期间，对美食没有兴趣，对美乐不会感到快乐，再好的住所也不会感到舒服。所以，不会像你那样做。你觉得心安，你去做吧！”宰我走了。孔子说道：“宰予缺乏孝敬之心！孩子生下来，三年以后才会离开父母的怀抱。守孝三年，天下通行的礼制，宰予小时候难道缺乏三年的父母之爱吗？”

“予也有三年之爱于其父母乎？”译文的语气更重，言下之意是说宰我的行为“忘恩负义”。

二十二

原文

子曰：“饱食终日，无所用心，难矣哉！不有博弈者乎？为之，犹贤乎已。”

译文

孔子说道：“一个人每天只对吃饭感兴趣，其他事情都不关心，这种生活太可怕。不是有下棋比赛之类的活动吗？玩玩这些，也比那样过日子好啊！”

译解

子在川上曰：“逝者如斯夫！不舍昼夜。”孔子认为无所事事就是浪费生命，这样的人生价值观确实是超越时空，永恒不衰的。

二十三

子路曰：“君子尚勇乎？”子曰：“君子义以为上。君子有勇而无义为乱，小人有勇而无义为盗。”

常见译文

子路说:“君子崇尚勇敢吗?”孔子说:“君子崇尚道义。君子只有勇敢没有道义就会作乱,小人只有勇敢没有道义就会做土匪强盗。”

译文

子路问:“一个人崇尚勇敢是美德吗?”孔子讲道:“高尚、智慧的人做事以符合道义为准则。有身份地位的人勇敢而无道义就会犯上作乱,地位卑贱的人勇敢而无道义就会沦为强盗。”

译解

译文对三个“君子”给以不同的翻译,这样意思表达更清楚。

二十四

原文

子贡曰:“君子亦有恶乎?”子曰:“有恶。恶称人之恶者,恶居下流而讪上者,恶勇而无礼者,恶果敢而窒者。”曰:“赐也亦有恶乎?”“恶徼以为知者,恶不孙以为勇者,恶讦以为直者。”

译文

子贡说:“高尚、智慧的人也会厌恶别人吗?”孔子讲道:“当然会有厌恶。他会厌恶爱在背后说人坏话的人,会厌恶地位低贱、品行不端反而诽谤有身份地位、道德高尚的人,厌恶所谓勇敢却不讲道德秩序的人,厌恶做事武断听不进别人意见的人。”孔子又说道:“赐也有厌恶的人吗?”子贡说:“我厌恶把投机取巧当作聪明的人,厌恶把专横跋扈当作勇敢的人,厌恶把散布别人隐私当作直率的人。”

译解

孔子说:“唯仁者能好人,能恶人。”这里孔子和子贡一共说了七个“恶”。可见“中庸之道”也是“是非之道”。

二十五

子曰："唯女子与小人为难养也。近之则不孙，远之则怨。"

常见译文

孔子说："只有女子和小人是最难相处的。太亲近，他们会无礼；太疏远，他们又会怨恨。"

译文

孔子讲道："和有情感瓜葛的女子、缺乏教育的人长期相处是件困难的事情。若太亲近他们会无礼，若太疏远他们又会埋怨。"

译证

1.《**里仁篇**》**第二十六章**　子游曰："事君数，斯辱矣；朋友数，斯疏矣。"

2.《**卫灵公篇**》**第二十一章**　子曰："君子求诸己，小人求诸人。"

3.《**季氏篇**》**第十三章**　陈亢退而喜曰："问一得三，闻《诗》，闻《礼》，又闻君子之远其子也。"

译解

这一章有许多人都认为是孔子轻视妇女的证据。对于《论语》我们应从中去发现有价值的东西而不宜主观臆测，轻易地下结论（因为许多章句是永远也无法找到可靠证据的）。如果只有"唯女子与小人为难养也"一句，我们还可以这样认为。然而"近之则不孙，远之则怨"两句，使整章意思有了改变。它是孔子"君子求诸己"（见译证2）儒家道德修养的体现，是说"君子应当避免对女子和小人有过于亲近或过于疏远的做法"。译文在不违背历史根据的情况下，以"依仁从善"的态度来理解原文，把这一章看作孔子谈特定条件下的人与人的相处（没有任何关系的女子，又何来难养之说呢）。我们知道，男女之间长期和睦相处历来就不是一件容易的事情（和小人相处当然也是如此）。唐诗《八至》最后两句说"至高至明日月，至亲至疏夫妻"，说的就是这个道理。当今社会，离婚率的日益增高已经是不小的社会问题，这也说明男女长时间相处不是一件容易的事情。子游说应当和君主保持距离，应当和朋友保持距离。（见译证 1）陈亢说他知道了孔子与自己的儿子也保持距离。（见译证 3）这都说明这是儒家的修养之道和处世之道，而不能就本章轻易下孔子普遍性地歧视妇女的结论。至于妇女社会地位不能等同于男子，那是时代的局限。

二十六

子曰："年四十而见恶焉，其终也已。"

孔子说道："一个人已年过四十都还恶习不改，他到死恐怕都改不掉了。"

孔子说自己"三十而立，四十而不惑"，又说"后生可畏"，但是"四十、五十而无闻焉，斯亦不足畏也已"。结合本章，可以看到孔子把实现人生价值看作生命中最重要的东西。

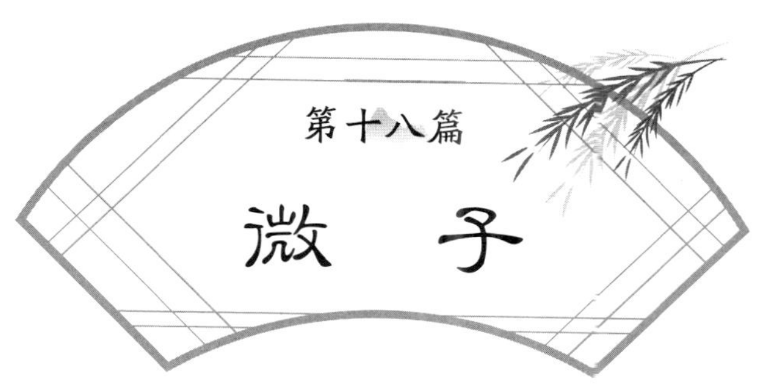

第十八篇 微子

一

微子去之，箕子为之奴，比干谏而死。孔子曰："殷有三仁焉。"

译文

微子（商纣王的同母兄弟）离开了祖国，箕子（商纣王的叔父）沦为了奴隶，比干（商纣王的另一个叔父）因直谏而被杀。孔子说道："在殷代，有三位道德高尚的人。"

译解

译文对三人背景进行简单介绍，便于读者了解。孔子在这里并没有说商纣王的恶，而是说微子、箕子、比干的德，这是对道德行为的肯定和张扬。

二

原文

柳下惠为士师，三黜。人曰："子未可以去乎？"曰："直道而事人，焉往而不三黜？枉道而事人，何必去父母之邦？"

柳下惠在鲁国做典狱官，几次被罢免。有人说："难道你不能离开这个国家吗？"柳下惠说："我完全按公正原则做事，到哪里不会被多次罢官呢？不按公正原则做事，又何必离开自己的祖国呢？"

译解

柳下惠是一位隐士，从这里可以看出当时的隐士也颇有君子之风。

三

原文

齐景公待孔子，曰："若季氏，则吾不能。以季、孟之间待之。"曰："吾老矣，不能用也。"孔子行。

常见译文

齐景公谈到对待孔子的礼数，说："像鲁君对待季氏那样我做不到，我按季氏与孟氏之间的礼数对待他吧。"不久，他又说："我已经老了，没有什么用了。"孔子离开了齐国。

译文

齐景公（齐国国君）谈到聘请孔子的待遇，说："若按季氏（地位显赫的贵族）的待遇，我做不到。只能给你低于季氏、高于孟氏的待遇。"然后，他又说道："我已老了，不能重用你了。"孔子离开了齐国。

译解

"吾老矣，不能用也"有以上两解。译文体现了孔子"事君"的目的，既然不能被重用，就不能在政治上有所作为，所以孔子选择离开。

四

齐人归女乐，季桓子受之，三日不朝。孔子行。

齐国人送了一批歌舞女子给鲁国，执政的季桓子接受了，三天不理朝政。孔子离开了鲁国。

译文

齐国送季桓子（鲁国执政贵族）一批歌舞女，季桓子接受以后许久不理朝政。于是，孔子离开了鲁国。

译解

“三日不朝”译为“三天不理朝政”显得时间太短。“三”有多义，《论语》中用得也多，这里应作“很久，很长时间”理解。

五

原文

楚狂接舆歌而过孔子曰：“凤兮！凤兮！何德之衰？往者不可谏，来者犹可追。已而！已而！今之从政者殆而！”孔子下，欲与之言。趋而辟之，不得与之言。

译文

在楚国，一个狂人（姓陆名通，楚国著名隐士）迎着孔子乘坐的车走来，并大声地唱道：“凤凰啊，凤凰啊！道德何以如此沦丧？过去已无法挽回，未来还可以把握。没有办法！没有办法！只因当今执政的人太坏！”孔子急忙下车，想和他说话，那人急忙躲避而去，孔子没能和他说上话。

译解

钱穆注解这一章，说这些隐者“亦非谓孔子趋慕荣禄，同于俗情，但以世不可为而劳劳车马，为孔子惜耳”，说明孔子“不可为而为之”需要莫大的勇气，并且做出了莫大的牺牲。

六

原文

长沮、桀溺耦而耕，孔子过之，使子路问津焉。长沮曰："夫执舆者为谁？"子路曰："为孔丘。"曰："是鲁孔丘与？"曰："是也。"曰："是知津矣。"问于桀溺。桀溺曰："子为谁？"曰："为仲由。"曰："是鲁孔丘之徒与？"对曰："然。"曰："滔滔者天下皆是也，而谁以易之？且而与其从辟人之士也，岂若从辟世之士哉？"耰而不辍。子路行以告。夫子怃然曰："鸟兽不可与同群，吾非斯人之徒与而谁与？天下有道，丘不与易也。"

常见译文

长沮、桀溺一起在耕田，孔子经过那里，叫子路去问一下渡口在哪里。长沮反问子路："那位手拉缰绳的人是谁？"子路说："孔丘。"长沮说："是鲁国的孔丘吗？"子路回答："是的。"长沮说："他应该知道渡口在哪里。"子路又去问桀溺。桀溺问："你是谁？"子路回答："我是仲由。"桀溺又问："你是鲁国孔丘的学生吗？"子路回答说："是的。"桀溺说："像大水泛滥了，到处都一样。你要同谁去改变它呢？你与其跟随孔子这样逃避无道君主的人，哪里比得上跟随我们这样避开乱世的人呢？"说完，继续耕他的地。子路回来把情况告诉了孔子，孔子怅然地说："我是不可以与鸟兽同群的，不同天下的人在一起又和谁在一起呢？如果政治清明，我就不会带你们去试图改变了。"

译文

长沮、桀溺在一起耕地，孔子乘车经过，叫子路去打听渡口在何处。长沮问道："那个手握缰绳的是谁？"子路说："是孔丘。""是鲁国孔丘吗？"子路说："是的。""他应当知道渡口在哪里。"子路又问桀溺。桀溺说："你是谁？""我是仲由。""是鲁国孔丘的学生？""不错。""当今天下，人们都像在滔滔的洪水中漂泊，有谁能改变呢？与其随人到处离开无道的君主寻找有道的君主，不如跟随我们躲避乱世，不是更好吗？"说完继续干活不再理子路。子路回去如实告诉了孔子。孔子神情忧郁地说道："飞鸟和走兽是不会选择同样道路的。我不去做辅佐人的事情那谁去呢？天下秩序良好，孔丘我也不会去想改变它。"

1.《**先进篇**》**第十七章**　子曰:“非吾徒也! ……”

2.《**子罕篇**》**第九章**　子曰:“凤鸟不至,河不出图,吾已矣夫。”

3.《**宪问篇**》**第三十二章**　微生亩谓孔子曰:“丘何为是栖栖者与? 无乃为佞乎?”

4.《**卫灵公篇**》**第十四章**　子曰:“臧文仲其窃位者与! 知柳下惠之贤而不与立也。”

译解

“辟人之士”指的不仅仅是“逃避无道的君主”,而是在不断选择“有道的君主”。而选择“有道的君主”正是孔子“周游列国”的目的。

“鸟兽不可与同群”的翻译以常见译文为主。意思是孔子把这些隐士比喻为鸟兽,言下之意是“人(自己)和鸟兽不可以同群”。译文则是另解:在对待天下政治秩序混乱的态度上,孔子四处奔走,宣传儒家治国安天下的政治主张,希望改变社会;而隐士们却采取逃避现实的消极态度,所以孔子用“天上的飞鸟(比喻志向高远)和地上的走兽(比喻目光短浅)”作比喻,表明他和隐士们各自选择的人生道路不同。如果把隐士比作“鸟兽”甚至为“禽兽”则未免太过。《孟子·公孙丑上》中说:“麒麟之于走兽,凤凰之于飞鸟,泰山之于丘垤,河海之于行潦,类也。”说明“非类不比”已经是诗词文章的要求。孔子作为老师,精通诗书,他的比喻自然会考虑是否恰当。而隐士也是各有其志,如柳下惠等,孔子对其评价也是不错的。(见译证 4)所以,这句话应该理解为“鸟与兽不可同群”才合理。

“吾非斯人之徒与而谁与?”一句中的“人之徒”,应是指“辅佐别人、侍奉别人的人”,如“臣子、学徒”(见译证 1)等。而这里的“人”则是指“被辅佐、被侍奉的人(如国君、大夫、老师等)”,而不是指“天下的人”。孔子周游列国,不断地选择可以辅佐的国君,期望能实现“克己复礼”的政治理想,甚至被微生亩嘲笑为“一天到晚匆匆忙忙到处跑,想当说客的人”(见译证 3)也在所不惜。所以,常见译文有误译之嫌。

七

原文

子路从而后，遇丈人，以杖荷蓧。子路问曰："子见夫子乎？"丈人曰："四体不勤，五谷不分，孰为夫子？"植其杖而芸。子路拱而立。止子路宿，杀鸡，为黍而食之，见其二子焉。明日，子路行以告。子曰："隐者也。"使子路反见之。至，则行矣。子路曰："不仕无义。长幼之节，不可废也；君臣之义，如之何其废之？欲洁其身，而乱大伦。君子之仕也，行其义也。道之不行，已知之矣。"

常见译文

子路跟随孔子出行，却落在了后面。他遇到一位老者，用木杖挑着除草的工具。子路问他："你看到我的老师了吗？"老者说："你这个人，四肢不劳动，五谷分不清，我怎么知道你的老师是谁呢？"说完，放下木杖去除草。子路恭敬地站在一边。稍后，老者留子路到家里过夜，杀鸡做饭给子路吃，又叫两个儿子出来相见。第二天，子路赶上了孔子，把头天的事情告诉了孔子。孔子说："这是一个隐居的人。"又吩咐子路回去看看他。子路赶到他家，老者已经出门去了。子路说："不从政是不应该的。长幼之间的礼节都不能废去，君臣之间的道义又怎么能废去呢？本来想洁身自爱，结果却败坏了更大的伦理关系。君子出来从政，只是做他应当做的事。至于政治理想无法实现，也是早就知道的事情。"

译文

一次，子路落在孔子后面了。他遇见一位老人，老人用木杖挑着除草用的农具。子路问："请问老人家，看见我老师了吗？"老人说："四体不勤，五谷不分，哪有这种老师呢？"说完把木杖插在地上开始除草。子路只好恭敬地站在一旁。干完活，老人留子路在他家过夜。他杀了一只鸡，煮黄米饭招待子路，还把两个儿子介绍给子路。第二天，子路见到孔子后，把事情告诉了孔子。孔子说道："这是位隐士。"叫子路再回去见他。子路去了，但是老人已经出门了。孔子说道："拒绝从政不合道义。长幼的礼节不可偏废，难道君臣大义就可以偏废吗？为了洁身自好却偏废了伦理大义。高尚、智慧的人出来做官，是想为国家尽责任。国家政治秩序混乱，早已是有目共睹的事情。"

“四体不勤，五谷不分，孰为夫子？”历来有三种译文：一说是丈人说自己；二说是指子路；三说是指孔子。译文是指孔子。理由是孔子已经是当时的名人，许多隐士是知道他的。孔子选择与隐士不同的人生追求，隐士们对他是有看法的。而孔子批评樊迟请学稼“小人哉！”也说明孔子对农事的态度。

子路曰：“不仕无义……”一段，原文记为子路说的话。有意思的是，辜鸿铭的译文将“子路曰”直接改译为“孔子说”，但是并没有说明改动的原因。而钱穆在这里的解释是：“此乃子路对其二子言。所言大意，当即孔子所授，欲以告丈人者。”可见钱穆的意思也认为这一段话应为孔子所言。而经这一改，这一段高论者的身份则更为恰当。

八

原文

逸民：伯夷、叔齐、虞仲、夷逸、朱张、柳下惠、少连。子曰：“不降其志，不辱其身，伯夷、叔齐与！”谓：“柳下惠、少连，降志辱身矣，言中伦，行中虑，其斯而已矣。”谓：“虞仲、夷逸，隐居放言，身中清，废中权。我则异于是，无可无不可。”

常见译文

隐世的人有：伯夷、叔齐、虞仲、夷逸、朱张、柳下惠、少连。孔子说：“不改变自己的意志，不辱没自己的身份，这是伯夷、叔齐吧！”又说：“柳下惠、少连志节受屈，人格受辱。可是他们说话合乎伦理，行为合乎理智，也就这样吧。”又说：“虞仲、夷逸，隐居起来，放纵直言。人格保持廉洁，废弃官职，也合乎权宜之术。我就和这些人不同，不一定这样做，也不一定不这样做。”

译文

谈到有名的隐士：伯夷、叔齐、虞仲、夷逸、朱张、柳下惠以及少连。孔子说道：“不改变自己的意志，不玷污自己的名声，伯夷、叔齐是做得最好的吧！”又说道：“柳下惠、少连丧失了自己的志向，玷污了自己的名声。不过，他们说话符合伦理，做事考虑周到，这样也还是不错。”又说道：“虞仲、夷逸两人隐居起来，不再在社会上发表言论，洁身自好，弃官让权。我则不同，不管他们做与不做，我都不会有他们那样的选择。”

译解

“隐居放言”，既然已经隐居起来，“放言”合理的理解应该是“放弃发表意见”而不是“放纵直言”。

“我则异于是，无可无不可”应该理解为：不管隐士们做与不做，孔子都不会与他们做出同样的选择。孔子说“鸟兽不可与同群”就有这个意思。

九

原文

大师挚适齐，亚饭干适楚，三饭缭适蔡，四饭缺适秦，鼓方叔入于河，播鼗武入于汉，少师阳、击磬襄入于海。

译文

首席乐师挚去了齐国，二饭乐师干去了楚国，三饭乐师缭去了蔡国，四饭乐师缺去了秦国，鼓师方叔去了黄河边，摇小鼓的乐师武去了汉水边，少师阳、击磬手襄则已漂洋过海，远走他方。

译解

这一章谈了鲁国当时礼崩乐坏、人才流失的情况。

十

原文

周公谓鲁公曰：“君子不施其亲，不使大臣怨乎不以。故旧无大故，则不弃也。无求备于一人。”

常见译文

周公对鲁公说：“君子不疏远他的亲属，不让大臣抱怨没有受到重视。长期跟随的属下没有严重过失，不要抛弃他们。不要对某个人求全责备。”

周公（周王朝的开国元老）对鲁公（周公的儿子）讲执政的几个原则："一国之君不应当只施惠于自己的亲属，不要使大臣抱怨没有受到重用，对旧臣没有大过不可以遗弃。对任何人，都不应当求全责备。"

译证

《尧曰篇》第一章 尧曰："咨！尔舜！天之历数在尔躬，允执其中。四海困穷，天禄永终！"……周有大赉，善人是富。"虽有周亲，不如仁人。百姓有过，在予一人。"

译解

"君子不施其亲"常见译文将"施"借为"失"，"不失"即"不疏远"之意；译文则视"施"为"施惠"。从《论语·尧曰篇》中我们可以看到，文中所表达出的"公允正直、善待臣属、举贤纳才、勇于担当"的思想，特别是"虽有周亲，不如仁人"（见译证）的表白，更说明了周王朝的执政者公允、正直的政治作风。这也是孔子崇拜周礼的重要原因。

十一

周有八士：伯达、伯适、仲突、仲忽、叔夜、叔夏、季随、季騧。

在周代有八个著名的人：伯达、伯适、仲突、仲忽、叔夜、叔夏、季随、季騧。

"八士"有多解，意义相差不大。

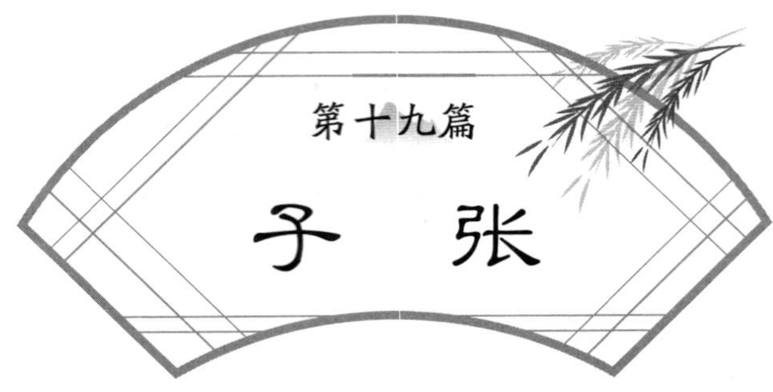

第十九篇 子张

一

原文

子张曰："士见危致命，见得思义，祭思敬，丧思哀，其可已矣。"

常见译文

子张说："读书人见到危险，不惜牺牲自己生命；见到利益，要想该不该得；祭祀的时候，要想到虔诚；居丧的时候，要想到悲哀，这样就可以了。"

译文

子张说："一个有道德信仰的人，在国家、社会危难之际能够献出自己的生命，利益面前考虑是否符合道义，祭祀有敬畏之心，临丧有发自内心的哀痛，能这样就非常不错。"

译解

"士见危致命"并不是每个读书人都能做到的，而应该是"仁人志士"才具有的英勇之举，而"仁人志士"则当具有"道德信仰"。

二

原文

子张曰:"执德不弘,信道不笃,焉能为有?焉能为亡?"

常见译文

子张说:"对于道德不能坚定不移,信仰道义不能忠诚执着,这样的人,有他不多,无他不少。"

译文

子张说:"懂道德却不去弘扬,有信仰却不坚定,那有了道德信仰又有什么用呢?没有道德信仰又有什么关系呢?"

译证

《泰伯篇》第七章 曾子曰:"士不可以不弘毅,任重而道远。仁以为己任,不亦重乎?死而后已,不亦远乎?"

译解

"焉能为有?焉能为亡?"这里应该是指"道德和信仰"而不是"人"。意思是说:有道德信仰不能坚守就等同于没有道德信仰。儒家认为要像曾子所言的"士",才是有道德的人。(见译证)

三

原文

子夏之门人问交于子张。子张曰:"子夏云何?"对曰:"子夏曰:'可者与之,其不可者拒之。'"子张曰:"异乎吾所闻。君子尊贤而容众,嘉善而矜不能。我之大贤与,于人何所不容?我之不贤与,人将拒我,如之何其拒人也?"

子夏的学生求教子张应当如何交朋友。子张说："子夏怎么告诉你的呢？"学生回答："认为这个人好就与他交往，认为不好就不要交往。"子张说："这和我知道的不一样。高尚、智慧的人会尊敬杰出的人，包容普通的人，赞扬有能力的人，怜悯能力差的人。如果自己非常优秀，为什么不能对人宽容一些呢？如果自己都不好，别人就会拒绝与我交往，我又拿什么去拒绝别人呢？"

译解

"君子尊贤而容众，嘉善而矜不能"明确地回答了"君子"与人相处的正确态度。所以，对"无友不如己者"的理解这一章可以作为参考。

四

原文

子夏曰："虽小道，必有可观者焉。致远恐泥，是以君子不为也。"

常见译文

子夏说："就是一般的技艺，也一定有它值得欣赏的地方。但是要想它长远发挥作用，恐怕是不行的。因此，君子不去碰这些小技艺。"

译文

子夏说："即使是小的技艺，也有它存在的道理。但是过于专注这些小技艺会阻碍人的理想发展。所以有道德理想的人不会去碰这些小技艺。"

译解

"致远恐泥"常见译文是说"小道走不远"。其实小道也是可以走得远的，如"百工居肆以成其事"。但是子夏认为这些不是读书人所应当追求的，这和子夏"学而优则仕"的思想是一致的。

五

子夏曰:“日知其所亡,月无忘其所能,可谓好学也已矣。”

译文

子夏说:“每天都学到新的知识,过一个月也能记住学过的知识,可以说是善于学习的人。”

译解

“亡”是“没有”的意思,要做到子夏所言的“好学”则必须学习勤奋和善于记忆。

六

原文

子夏曰:“博学而笃志,切问而近思,仁在其中矣。”

常见译文

子夏说:“能广泛学习,能坚定志向,恳切发问,能联系当前问题思考,仁就在里面了。”

译文

子夏说:“不但学识渊博,而且意志坚定。不但善于发现问题,而且思考问题缜密。这样的人生会有好结局。”

译解

“仁”在这里有“好的、满意的结局”之意。

七

原文

子夏曰:“百工居肆以成其事,君子学以致其道。”

常见译文

子夏说:“各种工匠在作坊里完成他们的工作,君子则通过学习来掌握大道。”

译文

子夏说:“各行各业的工匠费尽心思,目的是要做出好的作品,读书人努力学习、勤于思考,目的是要掌握人生的道理。”

译解

“居肆”,何新认为应该训为“极思”,有“极尽思考”之意。并引赵佑《温故录》:“此‘居肆’疑多一‘居’字。”这样原文则是“百工肆(思)以成其事,君子学以致其道”。不过,工匠确实做到“极思”才能够做出好作品。想想那些出土的精美的西周文物,这样借用也是恰当的。而“居肆”解为“在作坊里”则显得平淡无味。

八

原文

子夏曰:“小人之过也必文。”

译文

子夏说:“自私自利的人做了错事,必定会想办法掩盖。”

译解

这是君子“过则勿惮改”的反证。

九

子夏曰:“君子有三变:望之俨然,即之也温,听其言也厉。”

常见译文

子夏说:“君子给人三种不同的印象:远看,给人庄严的样子;走近他,使人感到温和亲切;听他说话,使人感到振奋。”

译文

子夏说:“和高尚、智慧的人交往有三种不同的感受:初次交往,会感到他威严;接触多了,会感到他和蔼可亲;听他讲话,会感到言词严谨,有说服力。”

译解

译文的表述更自然合理。不然“远看”“走近看”应该如何理解呢?

十

原文

子夏曰:“君子信而后劳其民。未信,则以为厉己也;信而后谏。未信,则以为谤己也。”

常见译文

子夏说:“君子要获得百姓的信赖才去役使他们,否则百姓会以为你在虐待他们;君子得到信任以后才去劝谏,否则听者会以为你在诽谤他。”

译文

子夏说:“作为一个领导者,应当先取得老百姓的信任,然后才能让他们做义务劳动。没有信任，老百姓会认为是在虐待他们；而对于自己的领导，则应当取得信任以后才给他提意见。没有信任，会认为你是在诽谤他。”

译解

译文把“君子”译为“领导者”（或执政者），以说明“君子”的身份。不然一般的君子，老百姓凭什么听你的呢？

“未信”意为“君子未信”的省略，这个君子则是被领导者。这一章体现了儒家的政治智慧。

十一

原文

子夏曰：“大德不逾闲，小德出入可也。”

常见译文

子夏说：“人在大的节操上不能超过界限，在小节问题上可以略有出入。”

译文

子夏说：“涉及道德原则不得逾越底线，而小的道德（如生活习惯等方面）则可以各有不同。”

译解

译文对“大德、小德”作了界定，原文意思表达得更清楚。

十二

原文

子游曰：“子夏之门人小子，当洒扫、应对、进退，则可矣，抑末也。本之则无，如之何？”子夏闻之，曰：“噫！言游过矣！君子之道，孰先传焉，孰后倦焉，譬诸草木，区以别矣。君子之道，焉可诬也？有始有卒者，其惟圣人乎？”

常见译文

子游说："子夏的学生，叫他们做些打扫卫生、接待客人的工作，那是可以的，不过是末节小事而已。但是他们缺乏学术基础，这样怎么可以呢？"子夏听了这些话，说："唉！子游说错了。君子的学术，哪些该先讲？哪些又该后讲？学术如像草木，也是要分门别类的。君子的学术，怎么可以歪曲呢？能有始有终的，大概只有圣人吧！"

译文

子游说："子夏的学生，做洒扫庭院、迎来送往客人的事情还是可以。但这是小事情，没有学到根本的知识，这怎么行呢？"子夏听说后，说："嘿！子游言过其实！老师传授知识，先讲什么，后讲什么，就像对待草木一样，是有分门别类的。老师传授道理的方法，岂可随便乱说呢？从头到尾全部知识都一学就通，岂不是成了圣人？"

译解

"有始有卒者，其惟圣人乎？"常见译文并没有说出"圣人"的味道，因为学习"有始有终"并非不能做到，而"从头到尾一学就通"则是不可能的。

十三

原文

子夏曰："仕而优则学，学而优则仕。"

常见译文

子夏说："做了官有余力便去学习，学习了有余力便去做官。"

译文

子夏说："官做得好则应当从事教学，而一个优秀的学生，则应当走入仕途，为国家服务。"

译解

这一章以常见译文为多，但是“余力”指的是什么则没有说明。不过，在原文中的前一个“学”应该是“斅”（xiào，教导，使觉悟）的借用，是教的意思。因为在当时，教学任务都是由士大夫官员来承担的。如果按常见译文，那么应当如何安排学习和做官呢？而“做官”又岂是“有余力”想做官就能去做的？相比之下译文则合理，它不但说明了当时教师的来源，也给优秀的读书人指明了前途。

十四

原文

子游曰：“丧致乎哀而止。”

常见译文

子游说：“居丧，能表现他的悲哀之情就可以了。”

译文

子游说：“临丧之时，能尽情表达哀伤是最重要的。”

译解

译文所表达的语气更加真挚、虔诚。

十五

原文

子游曰：“吾友张也为难能也，然而未仁。”

常见译文

子游说：“我的朋友子张所做的已经是难能可贵的了，但是却还没有达到仁。”

子游说："我的朋友子张的学问和修养已经是难得的了，但是也还没有达到完美的境界。"

译解

"仁"前面说过，如果不译，读者难以理解。这里的"仁"表达的是"完美境界"之意。

十六

原文

曾子曰："堂堂乎张也，难与并为仁矣。"

常见译文

曾子说："仪表堂堂的子张啊，很不容易和他一起做到仁。"

译文

曾子说："性情孤傲的子张啊，实在难以达到他那样的修养高度。"

译解

"堂堂乎张也"，据说子张确实长得一表人才。译文用"性情孤傲"来描写子张，是要说明"子张不仅仅是仪表堂堂，还有孤芳自赏的君子品格"，如果只是"仪表堂堂"，何以会有"难与并为仁矣"的感慨呢？

十七

原文

曾子曰："吾闻诸夫子：'人未有自致者也，必也亲丧乎！'"

译文

曾子说："我听老师说过：'人不会完全表露自己的真实感情，除非是在父母亡故的时候'。"

译解

儒家所言之"孝"，首先是基于血缘之亲的情感。

十八

原文

曾子曰："吾闻诸夫子：'孟庄子之孝也，其他可能也，其不改父之臣与父之政，是难能也。'"

译文

曾子说："我听老师讲过：'孟庄子的孝道，其他方面容易做到，但是他不弃用父亲的旧臣，不改变父亲的国政，这是难以做到的'。"

译解

这可以是对孔子"无改于父道"的说明。

十九

原文

孟氏使阳肤为士师，问于曾子。曾子曰："上失其道，民散久矣。如得其情，则哀矜而勿喜！"

译文

孟氏（鲁国贵族官员）要阳肤（曾子的学生）担任典狱官，阳肤来问曾子。曾子说："当政者执政腐败，老百姓离心离德已很久了。如果确实查出犯罪实情，对他们要有同情、怜悯之心，而不应自鸣得意。"

“上失其道，民散久矣”，孔子说执政者的道德像风，老百姓的道德像草。风吹向哪边，草必然会倒向哪边。所以，曾子这一段话体现了儒家的责任政治观。

二十

原文

子贡曰：“纣之不善，不如是之甚也。是以君子恶居下流，天下之恶皆归焉。”

常见译文

子贡说：“商纣的恶行，不像现在说的那样严重吧。所以君子最讨厌处在下游，不然天下什么坏事都会集中到你的身上。”

译文

子贡说：“商纣王的恶行，并非像人们说的那么严重。所以位高权重的人一旦沉湎于放荡的生活，天下的坏名声就会都落到他的头上。”

译证

《阳货篇》第二十四章　子贡曰：“君子亦有恶乎？”子曰：“有恶。恶称人之恶者，恶居下流而讪上者……”

译解

“是以君子恶居下流”的译文是将这里的“君子”视为像“商纣王这样的权贵”而不是一般意义上的君子；“恶居下流”的“恶”是“恶劣”而非“厌恶”，即“沉湎于下流的生活”。这与译证的“恶居下流而讪上者”意思不同（据考证晚唐以前的版本，这里没有“流”而只有“居下”，是身份低贱之义。因此“下流”一词在《论语》中应该只此一处）。这里应当理解为子贡是告诫“君子”（像商纣王这样位高权重的人)们:如果沉湎于下流放荡的生活,就会像"纣"一样臭名远扬。历史也告诉人们:声色犬马、放荡不羁的生活,常常是位高权重者难以割舍的。

二十一

原文

子贡曰:"君子之过也,如日月之食焉。过也,人皆见之;更也,人皆仰之。"

常见译文

子贡说:"君子的错误,就像日食、月食一样。犯错误的时候,人人都看得见;改正了错误,人人都会敬仰他。"

译文

子贡:"位高权重的人有过错会像日食和月食一样。他犯错误时,人人都能看得见;错误一旦改正了,人人又都会敬仰他。"

译解

"君子"译文为"位高权重"者,不然,一般的人何以敢比肩"日月"呢?

二十二

原文

卫公孙朝问于子贡曰:"仲尼焉学?"子贡曰:"文、武之道,未坠于地,在人。贤者识其大者,不贤者识其小者,莫不有文、武之道焉。夫子焉不学?而亦何常师之有?"

译文

卫国官员公孙朝问子贡:"仲尼的学问从哪里学来的?"子贡说:"文王、武王所建立的文明并没有失传,还在人间。杰出的人追求大道理,一般的人学习小道理，这些都包含了文王、武王时代的文明。老师怎么会没有可学的东西呢？何必一定要有固定的老师呢？”

孔子讲“多闻，择其善者而从之；多见而识之、知之。次也”。这里子贡所言，说明了孔子“既好学，又善于学习”。

二十三

原文

叔孙武叔语大夫于朝曰：“子贡贤于仲尼。”子服景伯以告子贡。子贡曰：“譬之宫墙：赐之墙也及肩，窥见室家之好；夫子之墙数仞，不得其门而入，不见宗庙之美、百官之富，得其门者或寡矣。夫子之云，不亦宜乎？”

叔孙武叔（鲁国贵族）在朝廷对官员们说：“子贡的贤能超过了仲尼。”子服景伯（鲁国官员）把这话告诉了子贡。子贡说：“如果拿房屋的围墙作比喻：我的房屋围墙只有肩高，墙外的人都能看见室内的好东西；老师的房屋围墙几丈高，找不到进去的门，是无法看见里面神庙般的美丽，众多宫室般的富有，然而，能够找到房门的人太少了。所以，叔孙武叔的说法，不是也正常吗？”

译解

这一章生动地表达了子贡对自己老师孔子的敬佩之情。

二十四

叔孙武叔毁仲尼。子贡曰：“无以为也！仲尼不可毁也。他人之贤者，丘陵

也，犹可逾也；仲尼，日月也，无得而逾焉。人虽欲自绝，其何伤于日月乎？多见其不知量也。”

常见译文

叔孙武叔诋毁仲尼。子贡说：“不要这么做！仲尼是无法诋毁的。别人的才德如丘陵，还可以超越；仲尼的才德如太阳、月亮，没有可能去超越。一个人如果要自绝于日月，对日月又有什么伤害呢？只是显示了他自不量力而已。”

译文

叔孙武叔诋毁仲尼。子贡说：“不要这样做！仲尼是诋毁不了的。如果把一般贤能的人比作丘陵，尚可以逾越；仲尼，像天上的日月，是不可能逾越的。也许有人不承认这种说法，可是对日月能有什么伤害呢？只能显示出他的不自量力。”

译解

“人虽欲自绝”的常见译文显得生硬，实际上就是“不愿意承认对孔子的评价”。“一个人如果要自绝于日月”这样的译文让人不好理解。

二十五

陈子禽谓子贡曰：“子为恭也，仲尼岂贤于子乎？”子贡曰：“君子一言以为知，一言以为不知，言不可不慎也。夫子之不可及也，犹天之不可阶而升也。夫子之得邦家者，所谓立之斯立，道之斯行，绥之斯来，动之斯和。其生也荣，其死也哀。如之何其可及也？”

常见译文

陈子禽对子贡说：“你太谦虚了，仲尼怎么会比你贤能呢？”子贡说：“君子能用一句话表明他的聪明，也能用一句话表明他的无知，所以说话不能不谨慎。老师不可能被赶上，就像天空不可能靠梯子爬上去一样。老师如果能得到诸侯之国、大夫之家的任用，他就能使人人立足于社会；引导百姓，百姓就会自己前进；安抚百姓，百姓就会自己从远方来归服；动员百姓，百姓就会同心协力。老师生前誉满天下，去世后也备受哀悼。我怎么能赶得上呢？”

陈子禽对子贡说：“您已经做得够好了，难道仲尼还会超过你？”子贡说：“一个人说一句话可以显示他的聪明，说一句话也可以显示他的无知，所以说话不可以不慎重。我的老师无法超越，就好比上天是无法用梯子攀登一样。如果我的老师有机会管理国家，应有的礼仪都会建立，倡导的道德都会通行天下，国家安定会随之到来，社会动荡会随之平息。他的生，会得到至高无上的荣誉；他的死，会带给人们无限的哀痛。这样的伟人，别人怎么可能比得上呢？”

译解

一部《论语》共二十篇，到此本书已经译解了十九篇。孔子这位伟大的思想家、教育家、政治家和智者，一生学道、行道、弘道，以“躬行君子”为做人的准则，终其一生也没有得到实现自己政治抱负的机会。而被孟子称为“智足以知圣人”的孔子的学生子贡，在这一章中为自己的恩师设计了一个愿景，用一个伟大的梦想来圆了一个伟人的梦。然而有意思的是，这个梦却让后来者将它译成了不同的梦。下面，对于原文中差异较大的部分，按著者年代的先后列出具有代表意义的译文。

原文部分：“夫子之得邦家者，所谓立之斯立，道之斯行，绥之斯来，动之斯和。其生也荣，其死也哀。如之何其可及也？”

(1)“如果我们的主——孔子——生在帝王或国君之家，那么他或许已经实现传说中的古代圣人帝王所要做的事情：‘所主张的事情会变成法律，所命令的事情会被立即执行。不管在哪里召集百姓，百姓都会跟随；只要影响到的地方，就会和平安宁；只要活着，就会被全世界拥戴；一旦死亡，全世界都为之动容。’怎么可能有人可以和我们的主，孔子平起平坐呢？”（辜鸿铭的译文）

(2)“我们夫子若得有一国一家之位,那真是所说的教民立,民就立;导民行,民就行。经他安抚都来了,经他鼓动都和了。他生时,大家都荣耀;他死后,大家都哀痛。这样的人,如何可及得呀!”(钱穆的译文)

(3)“我的老师如果做了诸侯或大夫,那才真是站立到了该在的地位上,大道于是才能得以实行,安定于是也才能降临,动乱于是才能平息。他活着时能使万物滋荣,死了会使大家悲痛。这样的人怎么能够被超越呢?”(何新的译文)

以上三译文的差异,主要是对“立之斯立,道之斯行,绥之斯来,动之斯和”的理解不一样。而从这几句译文存在的差异,也可以看出《论语》译解的难度。

本书译文本着“依仁从善”的态度,综合了以上各名家的翻译,“择其善者而从之”,希望用最能体现原文思想的文字来翻译,用读者最容易理解的语言来表达。

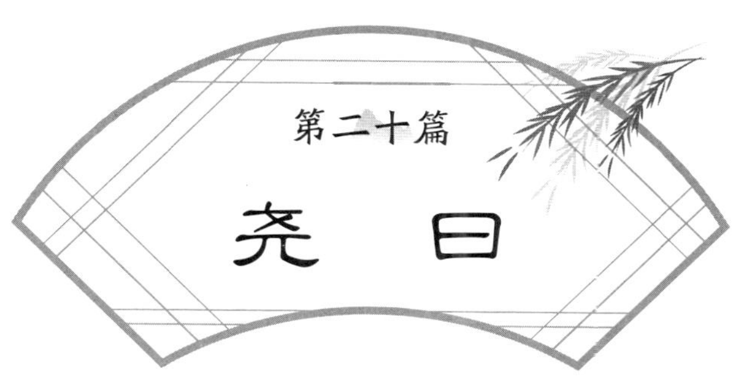

第二十篇 尧曰

一

原文

尧曰:“咨!尔舜!天之历数在尔躬,允执其中。四海困穷,天禄永终!”舜亦以命禹。曰:“予小子履,敢用玄牡,敢昭告于皇皇后帝:有罪不敢赦。帝臣不蔽,简在帝心。朕躬有罪,无以万方。万方有罪,罪在朕躬。”周有大赉,善人是富。“虽有周亲,不如仁人。百姓有过,在予一人。”谨权量,审法度,修废官,四方之政行焉。兴灭国,继绝世,举逸民,天下之民归心焉。所重:民、食、丧、祭。宽则得众,信则民任焉,敏则有功,公则说。

常见译文

尧对舜说:“听着!你这位舜!上天的任命已经落在你的身上,你要忠实地把握正义的原则,一直到四海干涸,天命终结。”舜也用这话告诫禹。商汤说:“在下履,斗胆用黑公牛作祭品,明白地禀告光明伟大的天帝:对有罪的人,我绝不敢赦免。您的臣仆所作所为,我也不敢隐瞒,您心中是非常明白的。如果我本人有罪,请您不要责怪天下人;如果天下百姓有罪,罪就由我一人承担。”周武王恩赐天下,善人就富了起来。周武王说:“我即使有近亲,也不如有仁人。百姓如果有过错,由我一人来承担。”谨慎地审查度量衡,重新恢复废弃的官职,四方的政令得以通行。复兴灭亡了的国家,承续已经断绝的世族,提拔被遗弃的人才,天下的百姓就心悦诚服了。当权者重视的是:百姓、粮食、丧礼、祭祀。宽厚就会得到大众的爱戴，信实就会得到百姓的依赖，勤敏就会有成绩，公正就会使百姓满意。

尧帝说："你听好了！舜！上天的使命将降临到你身上。你要永远执行公允、正直的律法。如果天下老百姓遭受穷困，上天给你的禄命将永远终结。"舜帝也这样告诉禹。商朝遇大旱之年，开国君主汤（名履）在求雨祈祷上天时说："在下履，您的儿子，斗胆用黑公牛做牺牲，斗胆禀告光明辉煌的天帝：对有罪的人，我绝不敢赦免。您臣下的贤能，我绝不敢隐瞒，天帝您都明察在心。如果我有罪，请不要惩罚天下的百姓；如果百姓冒犯了您，请处罚我一人。"周朝大颁赏赐，使善良的人都过上富裕的生活。（周武王）说："虽然我有周家的血缘至亲可以任用，但是不如任用有贤德的能人。老百姓如果有过错，责任都应我一人承担。"谨慎地审立度量衡，重建官制，政令开始通行四方。复兴已经灭亡的诸侯国，恢复了断绝的世袭家族，举荐任用了隐居的贤能之士。天下的老百姓都过上安心的生活。（执政者）重视的是：人民的生活，粮食的生产，丧者的善后，国家的祭祀活动。（执政者的贤明体现在：）宽厚容众，所以得到老百姓拥护；恪守信用，所以老百姓乐于被征用；勤政英明，所以事业取得成功；执政公正，所以老百姓心悦诚服。

译解

"四海困穷，天禄永终"有两种解释，以译文为合理，因为按常见译文舜就应该永远地活下去，这不合理。

从"谨权量……"以后，原文没有言明所指是谁。一说是指孔子如果得到天下将这样做，一说是指周朝的执政者。本书从后说。

二

子张问于孔子曰："何如斯可以从政矣？"子曰："尊五美，屏四恶，斯可以从政矣。"子张曰："何谓五美？"子曰："君子惠而不费，劳而不怨，欲而不贪，泰而不骄，威而不猛。"子张曰："何谓惠而不费？"子曰："因民之所利而利之，斯不亦惠

而不费乎？择可劳而劳之，又谁怨？欲仁而得仁，又焉贪？君子无众寡，无小大，无敢慢，斯不亦泰而不骄乎？君子正其衣冠，尊其瞻视，俨然人望而畏之，斯不亦威而不猛乎？"子张曰："何谓四恶？"子曰："不教而杀谓之虐，不戒视成谓之暴，慢令致期谓之贼。犹之与人也，出纳之吝谓之有司。"

子张问孔子："怎么做才能搞好政务呢？"孔子讲道："遵从五美，摒弃四恶，可以搞好政务。"子张问："哪五美？"孔子讲道："执政者给老百姓带来好处但是没有耗费；让老百姓义务劳动他们不怨恨，有所追求而不贪婪，以礼待人而不傲慢，神态威严而不凶猛。"子张问："什么叫给老百姓带来好处又不产生耗费呢？"孔子讲道："对老百姓有利的事情让他们自己去做，这不是给了老百姓好处又不产生耗费吗？选择老百姓能做到的事情让他们做，有谁会怨恨呢？你希望做的是符合道德的事情，怎么会存在贪婪呢？无论对方人多人少，权势大小，既不蔑视，也不怠慢，这不就是既有礼也不傲慢吗？衣着庄重，目光矜持又使人看见会产生敬畏之心，这不就是神态威严而不凶猛吗？"子张说："什么是四恶呢？"孔子讲道："不给以教育就杀人，是残忍；事先不告诫而事后惩罚，是专横；命令不及时却要限期完成，是不道德；已经答应给人，到时候却舍不得，是吝啬。"

"尊五美，屏四恶"是孔子从正反两方面说明一个合格的执政者应当具备的品质和应当避免的错误。这样的要求，即使放在今天也不过时。

三

孔子曰："不知命，无以为君子也。不知礼，无以立也。不知言，无以知人也。"

常见译文

孔子说："不知道天命，就不能成为君子。不知道礼仪，就不能立身处世。不能分析别人的言论，就无法了解别人。"

译文

孔子讲道："不知道自己的人生使命，就不能实现人生价值。不了解国家政治制度和正当的做事规则，就无法确立人生努力的方向。不能正确判断别人的思想表达，就无法了解别人。"

译解

"不知命，无以为君子也"中的"命"和"君子"，不管这个"命"理解为"天命""命运"都难以让人信服，因为它们实在难以和后面的"君子"合乎逻辑地联系起来。《论语》中孔子说到"命"常常是一种无奈，因为不管是"命、命运和天命"都是自己无法知道和无法控制的事情。然而这里的"命"译为"人生使命"则是合适的。孔子"五十而知天命"正是他知道了自己的"人生使命"。而"人生使命"则是每个有志气、有理想的"君子"能够自己把握，努力达成的人生目标；而"君子"则应该按"子曰：'论笃是与，君子者乎？色庄者乎？'"（见《先进篇》第二十一章）里的"君子"一词来理解，所表达的是一种"道德状态"，一种"人生境界"。

"不知礼，无以立也"之"礼"，应该是对"国家政治、礼仪规矩以及历史沿革而来的社会习俗"的统称。因为只有懂得这些，一个读书人才能成为杰出的政治家。

"不知言，无以知人也。"对这里的"不知言"有两说：一说是"自己应当会说话"，一说是"了解他人说的话"。本译文从后说。孔子讲的"知言"是手段、方法，目的是"知人"。而"知人"则是一种智慧，一种能力，一位优秀的政治家应当具备的素质。两千多年来，历朝历代有多少仁人志士和风云人物，就是从"知言"到"知人"，从"知人"到成为"知己"，最后结为"生死与共的命运共同体"，进而推演出了一幕幕惊天地、泣鬼神的改朝换代的历史大戏。

一部《论语》，前人对它的思想内容和文化价值做出了各种各样的归纳和总结。蔡尚思总结孔子的中心思想时说："在孔子的思想中，似以礼、仁、孝、忠、中庸五者为最重要。"（见蔡尚思著《论语导读》）以我之愚见，《论语》给我们的启示主要在三方面：人生价值、国家政治、社会关系。这是永恒不朽的启示。

《论语》从第一篇第一章的"学而"开始，以第二十篇第三章的"不知言"结尾，如果不是先人刻意所为，也一定是天作之合。

第一篇　学　而

七

子夏曰："贤贤易色，事父母，能竭其力，事君，能致其身，与朋友交，言而有信；虽曰未学，吾必谓之学矣。"

译文

子夏说："一个人能够像男人喜欢漂亮的女子一样去向那些比自己优秀的人学习。孝敬父母能够尽心尽力，为君主做事能够忠心耿耿、全力以赴，朋友相交能够信守承诺。即使这个人谦虚地说自己学养不够，我也会说他是个学养很好的人。"

九

曾子曰："慎终追远，民德归厚矣。"

译文

曾子说："慎重地对待父母去世，永远记住父母的养育之恩和教导。这样，老百姓的道德就会越来越好。"

十二

原文

有子曰:"礼之用,和为贵。先王之道,斯为美。小大由之,有所不行;知和而和,不以礼节之,亦不可行也。"

译文

有子说:"作为国家的制度、政策,以及要求人们遵守的行为规范(礼),在制定和实施中做到相互间合理、协调是最重要的。古代圣明的君主在这方面都做得非常完美。让贫穷的人越来越穷,富有的人越来越富,这种状况是不行的;但是无原则地调和,不用好的制度、政策和道德来规范和调节,也是不行的。"

第二篇　为　政

四

原文

子曰:"吾十有五而志于学,三十而立,四十而不惑,五十而知天命,六十而耳顺!七十而从心所欲不逾矩。"

译文

孔子说道:"我十五岁时开始认真地学习。到三十岁,确立了自己的人生目标。四十岁时,我勤勉于事业,心无旁骛。到了五十岁,我知道了自己所肩负的使命。六十岁,我顺从使命坚定地走下去!到了七十岁,我只做自己感兴趣的事情,不再过问国家政治。"

十二

原文

子曰:"君子不器。"

孔子讲道："道德高尚、聪明智慧的人，对任何事情都有主见而不会被他人利用。"

第三篇　八　佾

八

子夏问曰："'巧笑倩兮，美目盼兮，素以为绚兮。'何谓也？"子曰："绘事后素。"曰："礼后乎？"子曰："起予者商也！始可与言《诗》已矣。"

子夏问孔子："'她的笑容多么迷人，她的美目顾盼生辉。然而，她朴实无华的面容胜过了绚丽的描绘。'这几句诗是什么意思呢？"孔子讲道："任何绘声绘色的描写都要基于其本来的面目。"子夏说："那礼仪也只有在修养仁德的基础上才有用了？"孔子高兴地说道："商，你提醒了我啊！现在可以给你讲《诗经》了。"

第四篇　里　仁

六

子曰："我未见好仁者，恶不仁者。好仁者，无以尚之。恶不仁者，其为仁矣，不使不仁者加乎其身。有能一日用其力于仁矣乎？我未见。力不足者？盖有之矣，我未之见也。"

孔子讲道："我没有见过道德修养非常完美，而且完全不犯错误的人。能自

觉提高道德修养，就会成为高尚的人。反对不道德的事，就是维护道德，避免自己犯同样的错误。但是，会不会有人一天到晚做的事都符合道德呢？我没有见过。是因为努力不够才没有做到吗？也许是吧，但是我没有见过。”

八

子曰："朝闻道，夕死可矣。"

译文

孔子说道："即使早上才懂得真理(改正了过去的错误认识)，傍晚就死去了也可以说没有遗憾。"

十三

原文

子曰："能以礼让为国乎，何有？不能以礼让为国，如礼何？"

译文

孔子讲道："按照礼仪，相互协商、谦让，处理国家关系有什么困难的呢？不按照礼仪，相互不协商、不谦让，礼仪有什么用呢？"

十九

子曰："父母在，不远游。游必有方。"

译文

孔子讲道："父母年老在世，不应当远离父母让他们失去照顾。确实不得不远离，一定要安排好父母的生活再离开。"

第五篇　公冶长

十三

原文

子贡曰："夫子之文章，可得而闻也；夫子之言性与天道，不可得而闻也。"

译文

子贡说："老师讲文献方面的知识，我们听了能够理解；但是老师讲性与天道（《易经》的内容）的知识，我们听了却理解不透。"

第六篇　雍　也

十九

原文

子曰："人之生也直。罔之生也幸而免。"

译文

孔子讲道："人一生应当过正直的生活。如果为了某种个人欲望而失去正直的生活，是得不偿失的。"

二十三

子曰："知者乐水，仁者乐山；知者动，仁者静；知者乐，仁者寿。"

译文

孔子讲道："具有智慧，做事像水一样顺势而为，具有道德，做事像山一样意志坚定；智慧使人敏捷果断，道德使人沉着冷静；智慧使人兴趣广泛，道德使人美名长留。”

第七篇　述　而

十七

子曰："加我数年，五、十以学《易》，可以无大过矣。"

孔子晚年研究《易经》。他说道："如果老天能让我多活几年，五年或者十年吧，我研究《易经》就不会有大的遗憾。"

第八篇　泰　伯

九

原文

子曰："民可使由之，不可使知之。"

译文

孔子讲道："对于老百姓，应该让他们过自己的生活，而不应该让他们担心国家政治。"

十四

子曰："不在其位，不谋其政。"

译文

孔子讲道："不在执政的岗位上，就不能谋划政府的政策。"

第十篇 乡 党

二十四

原文

寝不尸，居不客。

译文

孔子在家，睡觉不会像"尸礼"上的人一动不动，起居生活也不会像见客人那样庄重拘礼。

第十一篇 先 进

一

原文

子曰："先进于礼乐，野人也；后进于礼乐，君子也。如用之，则吾从先进。"

译文

孔子讲道："学习礼乐非常努力的，常常是那些家境贫寒的百姓子弟；而不那么努力的，常常是那些家庭富有的贵族子弟。如果用人，我则主张用学习努力的。"

十二

原文

季路问事鬼神。子曰："未能事人，焉能事鬼？"曰："敢问死？"曰："未知生，焉知死？"

译文

季(子)路问应该如何看待鬼神之事。孔子回答他:“多想想如何做人吧,去想做鬼的事干什么呢?”又问:“冒昧地再问一下,应该如何看待死亡呢?”孔子回答道:“没有懂得人生的意义,又怎么会懂得人死后的意义呢?”

二十

原文

子张问善人之道。子曰:“不践迹,亦不入于室。”

译文

子张问完善自我、提高修养的正确做法。孔子讲道:“不要盲目地跟着别人走,更不要陷入迷信。”

二十一

原文

子曰:“论笃是与,君子者乎?色庄者乎?”

译文

孔子讲道:“一个人的信仰是否真诚、实在,就看他是按自己的信仰去做呢?还是只把信仰挂在嘴上,装装门面呢?”

第十二篇　颜　渊

一

原文

颜渊问仁。子曰:“克己复礼为仁。一日克己复礼,天下归仁焉。为仁由己,而由人乎哉?”颜渊曰:“请问其目。”子曰:“非礼勿视,非礼勿听,非礼勿言,非礼勿动。”颜渊曰:“回虽不敏,请事斯语矣。”

颜渊问天下（国家）政治应该怎样才算好。孔子讲道："个人提高道德修养，天下恢复正常礼仪，这就是最好的政治秩序。一旦做到这样，天下政治就完美了。提高道德修养只有靠自己，怎么能靠别人呢？"颜渊说："请问要达到什么目标。"孔子讲道："不合礼仪的事不看，不合礼仪的事不听，不合礼仪的事不说，不合礼仪的事不做。"颜渊说："我虽然不聪明，我会照着老师说的去努力。"

原文

子张问崇德辨惑。子曰："主忠信，徙义，崇德也。爱之欲其生，恶之欲其死。既欲其生，又欲其死，是惑也。'诚不以富，亦祇以异。'"

译文

子张问如何才能做到崇尚道德，不受迷惑。孔子讲道："把正直、诚信作为人生的信条，做事追求正义，这就是崇尚道德。而自己喜欢的东西总想越多越好，不喜欢的东西总想完全没有。一方面贪得无厌，另一方面又想完全摆脱，这就是迷惑。'之所以不幸福，皆因为想法多。'《诗经》里的这句诗，说的就是这个道理。"

第十三篇　子　路

一

子路问政。子曰："先之，劳之。"请益，曰："无倦。"

译文

子路问应当如何行政。孔子讲道："先要把政策制定好，然后照政策去执行。"子路请求再讲一点儿，孔子讲道："不要半途而废。"

十八

原文

叶公语孔子曰:“吾党有直躬者,其父攘羊,而子证之。”孔子曰:“吾党之直者异于是。父为子隐,子为父隐,直在其中矣。”

译文

叶公给孔子讲他家乡的事:“我家乡有个正直的人,他父亲偷了一只羊,他去告发了父亲。”孔子说道:“我家乡正直的人不会这样做。父亲会为儿子的过失感到心痛,并且会尽量想办法消除影响;儿子也会为父亲的过失感到心痛,并且会尽量想办法消除影响。正直应当这样体现。”

第十四篇　宪　问

七

原文

子曰:“爱之,能勿劳乎? 忠焉,能勿诲乎?”

译文

孔子讲道:“一个领导者,如果老百姓爱戴他,能不为他勤奋劳动吗? 如果老百姓忠于他,能不听从他的教诲吗?”

十

原文

子曰:“贫而无怨难,富而无骄易。”

译文

孔子讲道:“贫穷却没有怨言很难做到,富有能不骄傲则各有不同。”

第十五篇　卫灵公

十二

原文

子曰:"人无远虑,必有近忧。"

译文

孔子讲道:"做事情考虑不周密,眼前就会有麻烦。"

第十六篇　季　氏

九

原文

孔子曰:"生而知之者,上也;学而知之者,次也;困而学之,又其次也;困而不学,民！斯为下矣。"

译文

孔子讲道:"具有学习天赋的人理解能力是最好的;通过学习才提高理解能力的人其次;理解能力差,但是仍然能够努力学习的又在其次;天生愚钝还不努力学习,就像没有读书的老百姓！那是最差的了。"

第十七篇　阳　货

十四

原文

子曰:"道听而涂说,德之弃也。"

译文

孔子讲道："把听到的真理曲意乱讲，是完全丧失道德的。"

二十五

原文

子曰："唯女子与小人为难养也。近之则不孙，远之则怨。"

译文

孔子讲道："和有情感瓜葛的女子、缺乏教育的人长期相处是件困难的事情。若太亲近他们会无礼，若太疏远他们又会埋怨。"

第十九篇　子　张

二

原文

子张曰："执德不弘，信道不笃，焉能为有？焉能为亡？"

译文

子张说："懂道德却不去弘扬，有信仰却不坚定，那有了道德信仰又有什么用呢？没有道德信仰又有什么关系呢？"

十三

原文

子夏曰："仕而优则学，学而优则仕。"

译文

子夏说："官做得好则应当从事教学，而一个优秀的学生，则应当走入仕途，为国家服务。"

第二十篇　尧　曰

三

原文

孔子曰："不知命，无以为君子也。不知礼，无以立也。不知言，无以知人也。"

译文

孔子讲道："不知道自己的人生使命，就不能实现人生价值。不了解国家政治制度和正当的做事规则，就无法确立人生努力的方向。不能正确判断别人的思想表达，就无法了解别人。"

参考文献

1. 辜鸿铭. 辜鸿铭讲论语[M]. 北京:北京理工大学出版社,2013.

2. 钱穆. 论语新解[M]. 北京:中国盲文出版社,2015.

3. 钱逊. 钱逊讲《论语》[M]. 北京:中国盲文出版社,2014.

4. 何新. 论语新解[M]. 北京:北京工业大学出版社,2007.

5. 蔡尚思,吴瑞武. 论语[M]. 北京:中华书局,2018.

6. 杨逢彬. 论语新注新译[M]. 北京:北京大学出版社,2016.

7. 傅佩荣. 我读《论语》[M]. 北京:北京理工大学出版社,2011.

8. 杨树达. 论语疏证[M]. 长春:吉林出版集团股份有限公司出版社,2017.

9. 杨伯峻. 论语译注[M]. 北京:中华书局,2018.

10.(日)陈舜臣. 儒教三千年[M]. 龙利方,余晓潮,译. 桂林:广西师范大学出版社,2009.

11. 孙宝文. 贺知章草书孝经[M]. 长春:吉林文史出版社,2006.

12.(春秋)孔丘. 诗经[M]. 长春:吉林出版集团有限责任公司,2008.

13. 王盛元. 孔子家语译注[M]. 上海:上海三联书店,2012.

14. 许登孝. 孟子导读[M]. 成都:四川辞书出版社,2003.

15. 李大钊. 民彝与政治[Z]. 民彝,1916.

16. 百度资料.

译后记

一、关于本书的命名

本书在前言中说明了《〈论语〉重读》书名的含义。《论语》全书共二十篇，含五百一十二章节，由于本书译文与常见译文意思有差异的章节近一半，所以用《〈论语〉重读》作为书名。

二、关于本书翻译的指导思想

《〈论语〉重读》提出了一个翻译《论语》的指导思想——"依仁从善"。就是说我们应该以良好的愿望，从公正、客观的角度来研读《论语》，使每一章节的内容得到尽可能好的解读，而不要拘泥于文字、词句的局限和并不可靠的证据引用。但是，译文又不能脱离时代背景和对原文可以解释的范围，否则就违背了翻译的原则。该指导思想的目的就是在不违背原文所可能表达的意思的前提下，尽量从正面意义上理解和翻译原文。

三、关于本书"以论释论"的方法

"以论释论"，即以《论语》原文的相关内容作为证据解释《论语》，其理由在前言中也有说明。这是我国著名的历史学家、国学大家蔡尚思教授（尚思先生7岁始读"五经"，先后受教于王国维、梁启超、陈垣、柳诒徵、蔡元培等国学大师。生前曾担任复旦大学历史系主任、副校长等职）提出的学术论点："以《论语》之言证《论语》之言，即以本证（直接证据）证本证，比较直接可靠。"（见蔡尚思著作《论语导读》）。

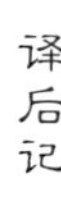

四、关于本书的翻译方法

《〈论语〉重读》以意译为主。这是遵从清末大儒、学贯中西的辜鸿铭先生《辜鸿铭讲论语》一书的翻译方法。辜先生为了使外国人能够读懂《论语》，对《论语》的翻译尽量采取“意译法”。力求用外国人能够理解的语言，在思想、精神和气质上表达出《论语》的精彩，而不只是在文字、句子的转换上下功夫。《〈论语〉重读》即是在这种方法的引导下完成的。此外，本书对《论语》一些难解的章节，从生活性、逻辑性以及古汉语的特点等多角度去探究原文，尽量避免不合逻辑、互相矛盾的译文出现。

《〈论语〉重读》一书，既是对过往诸多《论语》学术研究成果的学习和传承，也是对《论语》翻译解读的新尝试。希望本书能够引起更多人学习《论语》的兴趣，也希望能够引出更多、更新的《〈论语〉重读》。